普通高等教育"十一五"国家级规划教材
普通高等教育物流管理专业规划教材

货物运输与包装

第 2 版

主　编　林自葵
主　审　张文杰

机械工业出版社

本书介绍了物流的两大基本功能——运输与包装，以及它们之间的关系。本书既从运输系统的角度讨论了运输的组织与技术，又从用户企业的角度讨论了运输商务的内容，适用于普通高等院校物流管理和相关专业的教学，也可供从事物流工作的人员学习使用。

本书共分九章：第一章绪论部分介绍了运输与包装的基本概念、基本特征及相互关系等内容；第二章至第六章是货物运输部分，介绍了货物运输的基本方式、联合运输、运输费用、运输决策以及运输绩效管理等内容；第七章至第九章是包装部分，介绍了包装材料与设备、储运包装技术与方法以及包装管理等内容。

本书注重理论方法与应用的结合，在理论、原理的基础上，强调应用性分析，注重物流理念的发展。

图书在版编目（CIP）数据

货物运输与包装/林自葵主编. —2版. —北京：机械工业出版社，2009.11（2021.8重印）
普通高等教育"十一五"国家级规划教材.普通高等教育物流管理专业规划教材
ISBN 978-7-111-28682-0

Ⅰ.货… Ⅱ.林… Ⅲ.①物流-货物运输-高等学校-教材②物流-包装技术-高等学校－教材 Ⅳ.F252.TB48

中国版本图书馆 CIP 数据核字（2009）第 195003 号

机械工业出版社（北京市百万庄大街 22 号　邮政编码 100037）
策划编辑：易　敏　曹俊玲　责任编辑：孙晶晶　版式设计：霍永明
封面设计：刘　科　　　　　责任校对：张玉琴　责任印制：邰　敏
北京富资园科技发展有限公司印刷
2021 年 8 月第 2 版第 9 次印刷
185mm×230mm・17.75 印张・352 千字
标准书号：ISBN 978-7-111-28682-0
定价：45.00 元

电话服务　　　　　　　　　网络服务
客服电话：010-88361066　　机　工　官　网：www.cmpbook.com
　　　　　010-88379833　　机　工　官　博：weibo.com/cmp1952
　　　　　010-68326294　　金　书　网：www.golden-book.com
封底无防伪标均为盗版　　　机工教育服务网：www.cmpedu.com

第2版前言

本书第1版自2005年出版以来,已经多次印刷,取得了良好的社会效益和经济效益,感谢读者对本书的厚爱。本次再版,本着"体系完善与实用性"的原则,编者一方面总结自身教学实践体会,一方面吸收兄弟院校及广大读者的建议,更吸收国内近年出版的相关著作中许多有益的内容,对第1版进行了修订。

本书第一至第六章由林自葵撰写,第七、第八章由王青温撰写,第九章由兰洪杰撰写。全书由北京交通大学张文杰教授主审。北京交通大学的卞文良博士,以及陈磊、任杰、陈曦、温迪、谢慧娟、饶艳等硕士研究生在本书的编写过程中做了大量的资料收集工作,并参与了部分内容的编写,在此对他们一并表示感谢。本书在编写过程中参阅了国内外许多同行的学术研究成果,参考和引用了所列参考文献中的某些内容,谨向这些文献的编著者致以诚挚的感谢。

由于编者水平有限、时间仓促,书中难免会有不足之处,殷切希望广大读者批评指正,以利今后改进。

编 者

本书作者制作了配套PPT,使用本书作教材授课的教师可联系本书编辑索取(cmp 9721@163.com)。

第1版前言

进入 21 世纪，全球化浪潮席卷世界，市场竞争加剧，中国企业所面临的内外部环境日趋严峻。随着电子商务的发展，物流瓶颈日益明显，物流热持续升温。物流成为企业公认的第三利润源泉，是企业提高利润水平的重要因素。

在物流的诸多功能要素中，最重要且最能体现物流核心本质的功能要素就是运输。物流要实现其空间效用，运输是必要手段；物流成本中运输成本所占比重很高；运输占用时间对物流周期影响很大，运输效率在某种程度上决定物流效率。

包装是生产物流的最后一个环节，是最后一道工序，标志着生产的完成。同时，包装也是销售物流的第一个环节。包装必须根据产品的性质、形状和生产工具进行，必须满足生产的要求。作为物流的始点，包装完成后便具有物流的功能，在整个物流过程中，包装可发挥对产品的保护作用。包装程度和成本对物流影响很大。

运输和包装都是物流系统中重要组成部分，它们是物流活动得以顺利、高效实施的必然要素。运输和包装在物流活动中是整个系统的构成元素，在系统中两者的关系也是相辅相成、互相影响的，不同运输方式、种类选择不同的包装。

为满足社会各界人士对物流知识的学习要求，很多出版社以很快的速度出版了大量物流类书籍，而把运输与包装结合在一起，深入地阐述二者之间的关系的书籍，目前还不多。

本书先介绍运输的内容，然后阐述包装的内容。掌握运输与包装的普遍规律、基本原理和一般方法对于学习物流管理与工程的人士十分必要。在此基础上，本书力争使读者能够综合运用理论知识对实际问题进行分析，初步掌握解决运输与包装问题的能力，从而培养大家的综合物流管理素质。

本书由北京交通大学（原北方交通大学）多年从事物流教学和科研工作的教师编写而成的。全书由林自葵主编，共十章。其中，第一章至第六章由林自葵编写，第七章至第九章由王青温编写，第十章由兰洪杰编写。田亚静、衣春光、孙雷等同学在本书的编写过程中做了大量的资料收集与整理工作，在此对他们一并表示感谢。本书在编写过程中参阅了国内外许多同行的学术研究成果，谨向这些文献的编著者致以诚挚的感谢。

由于编者水平有限、时间仓促，书中难免会有不足之处，殷切希望广大读者批评指正，以利今后改进。

编 者

目　录

第2版前言
第1版前言
第一章　绪论 …………………………… 1
　　第一节　货物运输概述 ………………… 1
　　第二节　包装概述 ……………………… 11
　　第三节　货物运输与包装的关系 … 16
第二章　运输方式 ……………………… 28
　　第一节　铁路运输 ……………………… 28
　　第二节　公路运输 ……………………… 42
　　第三节　水路运输 ……………………… 51
　　第四节　航空运输 ……………………… 61
　　第五节　管道运输 ……………………… 67
第三章　联合运输 ……………………… 71
　　第一节　联合运输概述 ………………… 71
　　第二节　联合运输组织 ………………… 76
　　第三节　国际多式联运 ………………… 83
　　第四节　国际多式联运的事故
　　　　　　处理 ……………………………… 89
第四章　运输费用 ……………………… 98
　　第一节　运价概述 ……………………… 98
　　第二节　各种运输方式的运价和
　　　　　　运费 ……………………………… 103
　　第三节　铁路货物运输费用的
　　　　　　计算 ……………………………… 112
　　第四节　水路货物运输费用的
　　　　　　计算 ……………………………… 120
　　第五节　公路、航空货物运输费用
　　　　　　的计算 …………………………… 131
第五章　运输决策 ……………………… 140
　　第一节　运输决策概述 ………………… 140
　　第二节　运输方式选择 ………………… 146
　　第三节　运输路径优化 ………………… 154
　　第四节　车辆装载决策 ………………… 174
第六章　运输绩效管理 ……………… 179
　　第一节　运输绩效管理概述 ………… 179
　　第二节　运输设备绩效管理 ………… 184
　　第三节　运输服务质量绩效
　　　　　　管理 ……………………………… 188
　　第四节　运输绩效评价方法 ………… 195
第七章　包装材料与设备 …………… 200
　　第一节　包装材料概述 ………………… 200
　　第二节　主要包装材料及其
　　　　　　特点 ……………………………… 203
　　第三节　包装容器 ……………………… 218
　　第四节　物流包装设备 ………………… 221
第八章　储运包装技术与方法 …… 225
　　第一节　储运商品概述 ………………… 225
　　第二节　缓冲包装技术 ………………… 229
　　第三节　防潮包装技术 ………………… 235
　　第四节　防霉包装技术 ………………… 239
　　第五节　防锈包装技术 ………………… 245
　　第六节　各类危险品的包装 ………… 252
第九章　包装管理 ……………………… 255
　　第一节　包装管理概述 ………………… 255
　　第二节　包装质量管理 ………………… 258
　　第三节　包装成本管理 ………………… 265
参考文献 …………………………………… 278

第一章 绪 论

衣食住行是人类生活的四大基本要素，无论哪一项，都与交通运输息息相关。

自古以来，人类深受交通运输不发达的困扰，生产、生活受到极大限制。最早的水上交通工具是独木舟，而陆上交通则依靠畜力或人力。18世纪下半叶蒸汽机的发明，并相继应用于船舶和铁路，揭开了一个崭新的机动船舶时代和铁路机车牵引时代的序幕。19世纪末到20世纪初，汽车和飞机也相继诞生，很快成为现代运输的主要工具。

对于国民经济体系而言，生产、流通、分配、消费诸环节是一个统一的整体。它既表现在各社会经济部门，也表现在各地区和城市之内以及各地区和城市之间。如何才能实现这些复杂的联系呢？这就要通过交通运输这个纽带。如果把整体国民经济看做人的躯体，交通运输就是它的循环系统。

时至今日，世界各国的交通运输已相当发达，不仅可以满足客货运输的不同需求，而且快速、舒适、方便、安全、可靠。

第一节 货物运输概述

一、货物

所有被运送的物资，从它们被接受承运起，一直到交付收货人止，统称为货物。货物的种类繁多、性质各异，在其被运送的过程中，操作工艺、作业要求并不完全相同。有些货物可以配载，有些货物则必须有特殊包装并需要单独装载，甚至还需要提供专用车辆、专用仓库以及特殊的装卸作业手段和操作工艺。

充分认识各类货物的特性，对确保货运服务质量、提高运输的安全性和时效性、降低运输成本具有较大的实际意义；同时，对公路运输的固定设施和移动设备的规划、配置、运用等也有密切的关系。

二、货物运输的概念

运输是人和物的载运及输送。货物运输专指"物"的载运及输送。它是在不同地域范围间（如两个城市、两个工厂之间，或一个大企业内相距较远的两个车间之间），以改变"物"的空间位置为目的的活动，对"物"进行空间位移。GB/T 4122—1996《物流术语》对货物运输的定义为："用设备和工具，将物品从一个地点向另一个地点运送的物流活动。其中包括集货、分配、搬运、中转、装入、卸下、分散等一系列操作。"

（一）货物运输产生的原因

货物从生产领域转移到消费领域的整个流通过程中，都要经过一次或几次运输。货物运输特别是商品运输不仅是商品流通中不可缺少的重要环节和手段，而且是商品生产在流通领域内的继续，是生产性的劳动。这是因为：

（1）生产和消费在空间上的分离。由于生产和消费往往不在同一地点，城市的日用工业品要运往农村，农村的农副产品要运往城市，地区与地区之间、国内与国外之间也存在物资交流。由于商品的生产地和消费地之间有一定距离，要进行商品交换，就必须借助于运输。

（2）生产和消费在时间上的分离。由于生产和消费在时间上往往不是同步的。如有的日用工业品的生产是全年性的、均衡连续性的，消费却是季节性的、间断性的；大部分农副产品的生产是季节性的、间断性的，消费却是全年性的、连续性的。要使两者在时间上一致，就需要商品储存。而商品从生产地转移到储存场所，只有通过运输才能实现。

由此可见，社会再生产过程中的生产、分配、交换、消费四个环节都需要通过运输相连接。在一定意义上说，货物运输是社会经济发展的一个重要因素。

（二）货流的不均衡性

货流的不均衡性表现在方向上和时间上两个方面。

1. 货流方向上的不均衡性

方向上的不均衡性是指货流在相向方向上的差异，以回运系数 K_v 表示。如以 $G_{轻}$ 表示轻载方向货流量，$G_{重}$ 表示重载方向货流量，则

$$K_v = \frac{G_{轻}}{G_{重}}, \quad K_v \leq 1$$

例如，AB、BC 间距为 100km 及 50km，AC、CB、BA 的货运密度分别为 1000t、1000t、500t，于是得出各区段回运系数如下：

$$K_v(A-B) = \frac{500}{1000} = \frac{1}{2}$$

$$K_v(B-C) = \frac{1000}{1000} = 1$$

$$K_v(A-C) = \frac{1000 \times 50 + 500 \times 100}{1000 \times 150} = \frac{2}{3}$$

因此回运系数必须分区段计算。

（1）货流方向不均衡的生产力布局因素。生产力布局是造成货流方向不均衡性的主要原因。这首先表现在采掘工业和加工工业分布的地域差异上。一般说来，采掘工业

生产的产品在重量上远远超过其消费掉的材料，例如，煤矿运入的坑木，在重量上只是产煤量的 1/8～1/10，这样，就使采掘工业所在地成为"出超"区。加工工业情况较复杂，其中有一些部门的原料和燃料失重性很大，如 2t 铁矿石（含铁 50%）和 1.2t～1.6t 煤才能炼出 1t 铁。在制糖和榨油工业中，成品和原料的重量比为 1∶6 左右。这样，有些加工工业集中地便成为"入超"区。另外，在大中城市，因居民生活需要，造成对粮食、副食品、民用煤的大量消费，也引起运入、运出的不均衡。由于许多大中城市同时也是大的加工工业中心，这一趋势更为严重。

（2）货流方向不均衡的经济后果。从运营上来看，货流方向不均衡造成了空车（船）的调拨，提高了交通线总的运营费。

重车流和空车流产生重车公里 $\sum ns_{重}$ 和空车公里 $\sum ns_{空}$，后者与前者的比率称为空率，用 α 表示，即

$$\alpha = \frac{\sum ns_{空}}{\sum ns_{重}}$$

如果前例中货流通过铁路上载重 50t 的棚车运输，则

$$\alpha(A-C) = \frac{10 \times 100}{20 \times 150 + 10 \times 50 + 10 \times 150} = \frac{1}{6}$$

实际情况下，由于车船的专门化和不同物料对运输工具的特殊要求，如石油要求油罐车承运、鲜肉要求冷藏车承运等，又使空载率大为增加。上例中若由 C 至 B 一半为石油货流，需用载重 50t 的油罐车运送，此时

$$\alpha(A-C) = \frac{10 \times 150 + 10 \times 50}{20 \times 150 + 10 \times 150 + 10 \times 50} = \frac{2}{5}$$

可见，即使货流在方向上较均衡，也不排除空车调拨的可能性。例如，大庆的原油南运，设备、建材、日用品运入，并不能在车辆上利用回空，这也是敷设油管的一个条件。在海上运输，回空船只为了保持其稳定性，又往往需人为地增加载重量，形成更大的浪费。

货流方向上的不均衡性，造成了新修或改建交通线投资的增加，因为路线及枢纽均需以重车方向的货流为设计依据，从而大大降低了线路的经济效果。

（3）货流方向不均衡的改善措施。想绝对消除货流方向上的不均衡性是不现实的。但是，通过一些技术经营措施和生产力布局措施，可以使这种不均衡得到缓和。

技术经济措施是一些治标的办法，包括：路线上可以采用有利于重车方向的运营制度，如单线铁路使用不成对运行图，双轨铁路一线当做单线使用；车辆与船舶不过分专门化；设计陆路交通线时，将空车方向采用较陡的上坡；对空车方向运价给予折扣等。

生产力布局措施是治本的办法。这方面必须注意以下各点：尽量使采掘工业和原料、燃料失重性很大的加工工业在地域上结合，组织联合企业，如将采矿、焦化、钢铁冶炼工业结合在一起；在大城市、工业区附近建立粮食、副食品、燃料基地；在交通线两端的煤炭和铁矿石基地各建钢铁企业并进行原料互换；适当选择分布广泛的原材料如砂石、粘土、石灰石等的产地和加工厂，使其能利用回空方向运输。

2. 货流在时间上的不均衡性

这类不均衡性反映了货流在不同时间的差异，包括年度的和季度的。而在我国，由于生产和人民消费日益提高，货流表现为逐年增长。但不管在什么经济条件下，按季、按月的货流都是有波动的，且表现出一定的规律。

（1）货流季节不均衡性及其影响。这种不均衡性一般以季节不均衡系数 K_s 表示。以 $G_{平均}$ 表示交通线网或枢纽全年平均货流量，以 $G_{最大}$ 表示其某一时期最大货流量，则

$$K_s = \frac{G_{最大}}{G_{平均}} \quad K_s \geq 1$$

以上公式反映了最大货流量与平均货流量的关系。对于组织运输，准备后备运力有巨大意义。但要表示货流变动的一般情况。可求均方差 σ。如以 G_i 表示每一时期的货流量，N 表示时期的总和数，则

$$\sigma = \sqrt{\frac{\sum (G_i - G_{平均})^2}{N-1}}$$

根据均方差求变差系数

$$C = \frac{\sigma}{G_{平均}}$$

如果两个码头的货物吞吐量季度分配分别为 2、3、4、3（万 t）和 1、3、4、4（万 t），两个码头的 $G_{平均}$ 均为 3（万 t），季度不均衡系数 K_s 均为 1.33，而变差系数分别为 0.24 和 0.41，即后一码头货流的波动要比前一码头大些。

货流季节不均衡对交通运输有巨大影响。交通路线和站港的设计运量不能根据平均货流量，而是要根据最紧张时期的货流量确定，这样，平时的固定设备便搁置不用，影响了资金的周转。日常的运输组织工作，也因为货流的季节波动而引发许多麻烦，如必须调配劳动力、调剂车船等。

（2）运输方式的季节性对货流季节性的影响及其改进措施。由于交通线路所在区域自然条件和线路技术装备水平的差异，往往使某种运输方式在一定程度上产生季节性货流波动。水路交通尤其明显。高纬度地区的内河航道和海港，往往由于冬季封冻而被迫停航。我国北方河川封冻期一般有 1~3 个月，而在东北则达 4~6 个月。另外，在有些河川的洪、枯水期，运输工作也难以进行。公路交通在一些地区则受到冬季积雪、春

季翻浆和夏秋洪水的影响，特别是低级路面，所受影响更为严重。铁路交通因有一定的技术装备和措施，较少引起季节性运输停顿。因此水路交通和公路交通往往是货流发生季节性波动的原因。

各种运输方式的相互影响也必须在实际工作中予以估计。一种运输方式因受季节性影响，必然涉及另外一种，如水路的封冻会将大量货流转移到平行的铁路上。另外，如果支线或补给线路受季节影响，则必然使干线货流也出现很大季节波动。如果公路因春季翻浆而货流减少，则相应的铁路地方货流也减少。

由运输方式引起的货流季节波动，可以通过技术措施予以避免或削弱。例如，提高交通线设计标准，冬季进行道路防雪措施等；水上交通在封冻期利用破冰船开辟航道，修建水库调剂洪枯水量等。当然，技术措施会引起投资的增加，应在经济合理的情况下进行。另外，在布局地区交通网时，应考虑各种运输方式的季节特点及其相互配合，以使这种季节性对货流的不均衡性和对地区经济的危害减弱。

（3）区域生产和消费的特点对货流季节不均衡的影响。由于货物的生产或消费集中在全年的某一季节，再加上生产和消费在地域上的分离，便引起货流的季节性波动。有些货物的生产和消费在全年是均衡的，因此货流在全年分配是稳定的。大部分工业货流、特别是重工业货流如煤炭、石油、矿石、钢材等，基本上无季节变化。但有些货流则是不稳定的。

一些货物生产具有季节性，而消费在全年是均衡的，如粮食、棉花、糖等。我国粮食货流，在一年一作区和二年三作区集中在夏收和秋收之后，即 8~10 月；一年二作区则有夏收后和秋收后两个高峰。

一些货物生产比较均衡，但消费具有季节性。如我国北方的冬季对建筑材料的需求显著减少，对民用煤的需求则显著增多。又如化肥根据不同的农时，货流量也不相同。

一些货物的生产与消费均具有季节性，如一些木材利用放筏运输，只有在河川开冻后才能被放出，而正好冬季建筑上需要木材不多，这是生产与消费的季节性一致的例子。又如大白菜生产在秋季，而主要消费季节在冬春之际，这又是生产与消费的季节性不一致的例子。不管如何，生产与消费均有季节性的货物，其货流的季节性更为显著。

在市场经济下，加强运输计划工作，特别是按季、按月组织均衡运输，调剂季节性货流的运输时间，对延缓交通线网的货流季节波动、缩小并集中货流淡旺季差别有巨大意义。

（4）合理布局仓库对缓和货流季节波动的作用。由于运输方式以及各区生产和消费的季节特点，很多情况下需要先将货物进行储存保管，于是，合理的仓库或转运栈的区位，对调节季节性货流有着重要作用。

生产具有季节性而消费则为均衡性的货物，应在生产地就近建仓库。如粮食和棉花在收获后，可先集中在附近的火车站或汽车站附近，然后在一年内均衡运出。如将粮仓建在消费区大城市，其优点是可以集中修建较少的大型仓库，避免了在生产地建立分散小仓库的缺点，投资和管理均较经济，还可及时满足消费者需要。但如果考虑到货流季节不均衡性给国家带来的损失，以及对交通线网造成的巨大压力，则分散建库的多余支出，往往可由运输费用的节约补偿且有余。当然，建立仓库，特别是粮仓，还应着眼于"广积粮"的战备因素，所以，分散储备是更为合理的。

生产均衡、消费具有季节性的货物，如建筑材料、民用煤等，可在消费地扩大仓库规模和仓库网。如我国北方，应将建筑材料预先运入工地，这虽然积压了建筑部门的资金，但并不增加整个国民经济的支出。因为这并不延长物资的储存期限，只是变更储存地点。这种变更能给运输带来巨大节约。

生产和消费都均衡的货物，在运输方式具有季节性的条件下，则又往往需在生产地和消费地均设置仓库进行调剂，以便在交通线运营期达到货流均衡，不至于造成生产或消费上的不便。

三、货物运输的特征

马克思把交通运输业称为第四个物质生产部门。他在《剩余价值论》中指出："除了采掘工业、农业和加工工业以外，还存在第四个物质生产领域……这就是运输业。"又指出："它又具有如下的特征：它表现为生产过程在流通过程内的继续，并且为了流通过程而继续。"交通运输是国民经济的一个重要部门，是发展国民经济的基础设施。货物运输是整个交通运输的重要组成部分，它在社会再生产过程中具有如下基本特征：

1. 货物运输是生产性的活动

货物运输同工农业生产一样，在生产过程中具有三个要素，即运输工人的劳动、作为劳动对象的货物和交通线路设施、运输工具等劳动资料。其活动形式是人的劳动通过劳动资料（运输工具及其设备）作用于劳动对象（所运货物）。货物运输同样是劳动力与生产资料的结合，是生产性的劳动。但货物运输也有区别于工农业生产的特征。货物运输不能生产出任何新的物质产品，它的产品只是货物空间位置的变更。因此，位移就是货物运输的劳动成果，它是以运输量与位移距离的乘积来计量的，其单位一般是"吨公里"。货物的空间位移所产生的使用价值同工农业生产把原料变为产品所产生的使用价值具有同样的性质。工农业生产的产品，在生产领域里只是潜在的使用价值，只有把它送到消费地，才有可能把潜在的使用价值变为现实的使用价值。马克思指出："在产品从一个生产场所运到另一个生产场所以后，接着还有完成的产品从生产领域运到消费领域，产品只有完成这个运动，才是现成的消费品。"这就是货物运输实现空间位置变化的社会效用。在货物运输过程中，所消耗的物化劳动和活劳动，被转移和追加到所运的货物中去，成为货物价格的一个要素，从而增大了货物价值。因此，货物运输工作劳动是创造价值与国民收入的劳动，是生产性的劳动。

由于货物运输所耗费的社会劳动，实质上是在流通领域内对社会生产费用的一种追加，这就要求我们在组织货物运输时，要力求提高劳动生产率，充分发挥运输设备的效能，以最小的劳动消耗取得最大的经济效益。

2. 货物运输的生产过程和消费过程是结合在一起的

货物运输的整个生产过程的完结，并不像工农业生产过程的完结那样，能生产出有实物形态的东西，而是从生产过程中分离出来，进入流通领域，投入市场或储存。货物运输是货物的空间移动，这实质上是生产过程本身，是不能和生产过程分离的产品。马克思指出："运输业所出售的东西，就是场所的变动。它产生的效用，和运输过程即运输业的生产过程不可分离地结合在一起。"因此，不论在时间上和空间上，它的生产过程和消费过程都是紧密结合在一起的，并随着生产、销售的活动而活动。运输业无法将其生产过程任意提前或错后，应根据商品流通的需要组织货物运输。

3. 货物运输只改变运输对象的空间位置，不改变其属性或形态

货物运输不改变运输对象的属性或形态，只改变其空间位置。在货物运输过程中，保证货物完整无损显得非常重要和突出。因此，在组织运输过程中，要加强运输质量管理，科学、合理地组织运输，坚持"质量第一"的方针，根据货物的特性来调用适用的运输工具，做好运输过程中的防护安全措施，使货物按时、保质、保量地运达目的地。

4. 货物运输过程需要消耗大量的人力、物力和财力

在货物运输过程中，货物总量并不因运输而增加，但却要占用大量的人力和资金，消耗大量的能源和物资材料等。据统计，我国运输业职工人数占全国职工总人数的7%，铁路、水路、公路、航空和管道等五种运输方式的固定资产占全国国营企业总资产的较大比例。这还不包括数以万计的汽车制造厂、机车车辆厂、船厂和修理企业以及非交通部门的运输人数和资产。在商品流通中，仅运输费用就占商品流通费用的1/4左右。马克思指出："在其他条件不变的情况下，由运输追加到商品中去的绝对价值量和运输业的生产力成反比，和运输的距离成正比。"因此，在货物运输工作中，要力求提高运输工作效率，减少运输环节，尽可能缩短运输距离，避免一切不合理运输。同时，要加强费用管理，注重经济效益，降低商品流通费用。

5. 货物运输在空间上具有较大的分散性、不平衡性和复杂性

货物运输具有点多、面广、运距长、业务复杂、环节多等特点。货物运输不仅受铁路、交通运输部门的运输路线、运输工具、运输能力等多种因素的制约和限制，而且也受工业生产和市场销售变化的影响。这就决定了货物运输在空间上具有较大的分散性、不平衡性和复杂性。

6. 不同运输方式具有相同的产品

货物运输与其他生产部门之间的区别，不仅表现在生产过程上，而且表现在其原料和产品的性质上。交通运输企业中没有原料，而且不同的运输方式，其产品是相同的，都是货物的空间位移，其计量单位都可以换算为吨公里。工、农业各部门是分工生产不同的产品，运输中不同运输方式，则是用不同的生产工具生产同样的产品。因此，不同的运输方式进行协作和分工，加强交通运输的统一计划和组织，进行合理的综合交通网的规划布局，具有更重要的意义。

基于上述特点，为了适应其他经济部门的需要，交通运输必须成为一个"先行"部门。也就是说，新开发地区首先要建成必要的交通线网；而且，无论在新旧地区，运力都应有一定储备，以适应运量变化和增长的需求。否则，交通运输就会成为其他部门发展的障碍。

四、货物运输的地位与作用

货物运输是社会再生产过程的一个生产过程，是商品生产在流通领域内的继续。货物运输是联系社会生产、分配、交换和消费的纽带，是沟通城乡、促进生产、搞活流通、繁荣经济的重要环节。它一头连接商品从生产领域进入流通领域的收购环节，另一头连接商品从流通领域转入消费领域的销售环节。同时，在流通范围内，货物运输又把商品的购销和调存紧紧地连接起来，以实现商品流通的基本职能。如果没有货物运输，就不可能完成商品流通的全过程，也就不可能实现社会主义市场经济的基本职能。随着商品生产的迅速发展，商品流通体制的改革，货物运输的地位越来越重要。货物运输在商品流通中的重要地位，决定了它在国民经济中的作用。

货物运输在商品流通过程中的作用，概括起来主要有以下几点：

（1）把商品从生产地运达消费地，从而实现商品的价值和使用价值，促进社会再生产的发展。货物运输是组织商品经营活动和实现购销任务的必要条件。社会再生产过程包括生产、分配、交换和消费四个既相对独立又相互联系、相互制约的环节组成的对立统一体。在这个统一体内，商品总是从生产开始，经过分配、交换，最后进入消费环节。在这个过程中，必须经过运输把商品从生产地运到消费地才能实现。运输的作用就是要做好商品运输的组织工作，把城乡之间、工业与农业之间以及产、供、销之间联系起来，及时发运商品，加速商品流转，以实现商品的价值和使用价值，促进商品经济的发展。

（2）改善企业经营管理，降低流通费用，提高经济效益。做好货物运输工作，可以加速商品调运，减少商品待运时间和在途时间，对促进购销业务发展、减少资金占压、降低流通费用、提高经济效益等有十分重要的作用。

（3）加强地区之间、国民经济各部门之间的经济联系，搞活流通，促进商品经济的发展。我国地域辽阔，各个地区的生产和消费有着密切的经济联系，商业网点遍布全国各个角落，要依靠运输来连接。做好货物运输组织工作。只有把大量的商品及时运到消费地，才能促进各地区、各部门之间的经济联系，促进国民经济的发展。

五、运输与物流的关系

物流从诞生之日起，就与运输结下了不解之缘。物流与运输的基本内涵都是物质的空间位移。无论是传统意义上的以物资配送为核心的早期物流活动，还是当今社会以信息技术为基础、以供应链服务为特征的现代物流服务，都把运输作为实现物流服务的基本手段。但是运输与物流在服务方式和内涵上有本质区别，因此，明晰物流与交通运输的服务特点，对两者的现实运作和长远发展均具有较为重要的意义。

现代物流是指物质资料从供给者向需求者的物理转移，是创造时间性、空间性价值的经济活动。它是以给顾客提供优质的服务为目标，以信息技术为支撑，以交通运输为主要手段，结合包装、装卸、搬运、储存等环节，为供应链各个节点上的企业提供后勤服务的经济活动。而传统意义上的运输是指公路、铁路、水运、航空和管道等各种交通运输方式单独或组合在一起，以满足货物移动为目标的经济活动。两者在概念上有相似的地方，两者的关系如下。

1. 物流与运输是系统与要素之间的关系

整个物流活动是由包装、装卸、库存管理、流通加工、运输和配送等活动组成的，其中运输是物流活动的主要组成部分，是物流的核心环节。不论是企业的输入物流、输出物流，还是流通领域的销售物流，都依靠运输实现。可以这样说，没有运输，就没有物流。为了适应物流系统的需要，要求具有一个四通八达、畅通无阻的运输线路网系统作为支持。

显然，物流是一个系统，而运输就是这一系统中不可或缺的要素。没有运输的参与，要做好物流就是一句空话。对于刚刚起步的我国物流业来讲，运输业显得尤为重要，可以说运输是我国物流业发展的一个突破口。随着物流业的发展，大系统中的其他要素的重要性也会相继显现出来，此时，运输要素的地位不会受到威胁，反而会得到完善，从而更强有力地支撑整个系统的良性循环和发展。

同时，由于在整个物流活动中各个要素之间不是孤立运作而是互相结合的，在物流系统中，运输子系统组织与实施深刻地影响系统其他因素。运输的组织与实施影响着运输货物的包装特点；同时，使用不同类型的运输工具决定其配套使用的装卸搬运设备以及接收和发运站台的设计；企业库存储备量的大小，直接受运输状况的影响，发达的运输系统能够适量、快速和可靠地补充库存，以降低必要的储备水平。

2. 运输是实现物流的手段

运输业是物流的基本载体。第二次技术革命之后，世界范围内的生产过程和生产服务都逐步走向专业化,从产品的生产到商品的使用,从原材料的供应、加工、储存、组装、销售到产品送到用户手中,整个过程都要靠运输完成,在产品中深刻地凝结了运输价值。不论是制造业、冶炼业还是加工业等生产型企业,都离不开运输。离开运输,产品难以投放市场,不能成为商品,企业不能取得合理的经济效益,物流活动也无法得到最终实现。

显然,物流系统要实现自己创造物质产品空间效用和时间效用的功能,必须依靠运输、包装、装卸、储存和信息等要素,其中运输是最重要的物流构成要素之一,或者说是物流的主干。

运输费用在物流费用中占很大比例。组织合理运输,以最小的费用,较短的时间,及时、准确、安全地将货物从其产地运到销地,是降低物流费用和提高经济效益的途径之一。

3. 物流是运输的发展

现代物流是一个通过不同的经济管理活动(如计划、实施与控制),对资源从原产地到最终消费者的有关选址、移动和存储等业务进行的优化过程。其实质是货物的有效流动,而这恰恰是运输的基本功能。因此,可以说现代物流实际上是对运输概念的一种延伸,是对传统运输方式的一个革命性突破与发展。

第一,这种突破表现为物流是多种运输方式的集成。它把传统运输方式下相互独立的海、陆、空的各个运输手段按照科学、合理的流程组织起来,从而使客户获得最佳的运输路线、最短的运输时间、最高的运输效率、最安全的运输保障和最低的运输成本,形成一种有效利用资源、保护环境的"绿色"服务体系。

第二,它打破了运输环节独立于生产环节之外的分工界限,通过供应链建立起对企业产供销全过程的计划和控制,从整体上完成最优化的生产体系设计和运营。在利用现代信息技术的基础上,实现了货物流、资金流和信息流的有机统一,降低了社会生产总成本,使供应商、厂商、销售商、物流服务商及最终消费者达到协调的战略目的。

第三,它突破了运输服务的中心是运力的观点,强调了运输服务的宗旨是客户第一。客户的需求决定运输服务的内容和方式,在生产趋向小批量、多样化和消费者需求趋向多元化、个性化的情况下,发展专业化、个性化的运输服务成为必然。

第四,在各种运输要素中,物流更着眼于运输流程的信息管理,使传统运输的"黑箱"作业变得公开和透明,有利于适应生产的节奏和产品销售的计划。

第五,现代物流与电子商务日益紧密地结合在一起。随着互联网的普及,电子商务的应用呈现迅猛增长之势。电子商务的推广,加快了世界经济的一体化,使国际物流在整个商务活动中占有举足轻重的地位。电子商务带来对物流的巨大需求,推动了运输的进一步发展,而物流也促进了电子商务的发展。

总的来说，物流的出发点是以客户为中心，而运输是物流的必要环节，永远处于从属地位。有物流必然有运输，而再完善的运输也远不是物流。

第二节 包装概述

一、包装的概念

包装的概念是随着包装的发展而发展的。早期的观点认为，包装是容纳物品的器具或是对物品进行盛装捆扎以对容纳物施予保护的材料。这种观点是从静态的角度看待包装的，即包装是一种手段。现代的包装定义是从整个物流环节中用动态的观点表达的。

GB 4122—1983《包装通用术语》中，对包装是这样定义的：包装为在流通过程中保护产品、方便储运、促进销售，按一定技术方法而采用的容器、材料及辅助物等的总体名称；也是指为了达到上述目的而采用容器、材料和辅助物的过程中，施加一定技术方法等的操作活动。

这一定义除了说明包装是一种技术和方法外，进一步强调包装在商品流通中的作用，明确指出包装是一个过程，它可以使商品处于稳定状态，使商品在运输、保管、装卸、搬运时完好无损并便于销售。

国外对包装的定义主要强调的是包装的目的及包装的构成。在美国，包装的定义为：包装是使用适当的材料、容器并应用一定的技术以便能使产品安全到达目的地，即在产品输送过程的每一阶段，不论遇到怎样的外来影响，都能保护其内容物而不影响其价值。在日本，包装是指在运输及保管物品时，为保护其价值和状态，以适当的材料和容器，施加于物品的技术和施加于包装后的包装状态。由此可见，我国的包装定义与国外的包装定义基本一致，只是强调了包装有促进销售的作用，这与现代包装的发展方向相一致。

二、包装的基本功能

包装的发展，对包装的功能要求越来越多，但包装最基本的功能有三个，即防护功能、方便功能和促销功能。

(一) 防护功能

包装的防护功能有两方面的含义，一方面，包装能够防止被包装物在物流过程中受到质量和数量上的损失；另一方面，包装能够防止危害性内装物对与其接触的人、生物和环境造成的危害或污染。

被包装物在流通过程中，最易受到外来因素的影响。维护商品质量，保护商品安全是包装的主要目的，也是商品正常流转的必要条件，因此防护是包装的最基本功能。一般要求包装能够保持被包装物化学成分的稳定性及鲜活物品的正常生理活动，防止其在流通中损坏、变质；防止由于潮气及光线引起的商品劣化以及来自鼠虫的危害；保持物品的技术性能，对物品施加保护，防止运输中振动、装卸时的碰撞等各种外力带来的损伤；防止由于封缄不当造成散失、丢失和盗失；保护人、生物和流通环境的安全，对那些具有易燃、易爆、腐蚀、有毒、放射性物品，应采用特殊包装并打上危险货物标志和说明文字，防止流通过程中污染环境，保障人和生物的安全。

（二）方便功能

现代商品包装能为人们带来许多方便，这对于提高工作效率和生活质量，都发挥着重要作用。包装的方便功能应体现在以下几方面。

1. 方便生产

对于大批量生产的产品，包装要适应生产企业机械化、专业化、自动化的需要，兼顾资源能力和生产成本，尽可能地提高劳动生产率。

2. 方便储运

对每件包装容器的质量、体积（尺寸、形态等），除了应考虑各种运输工具的方便装卸、便于堆码外，还应考虑人工装卸货物质量一般不超过工人体重的40%（限于20kg左右）等；同时还要考虑流通过程中运入仓库、商店、住宅的仓储、堆码方式，货架陈列效果，消费过程中室内摆设、保管等。

3. 方便使用

合适的包装应使消费者在开启、使用、保管、收藏时感到方便。如用胶带封口的纸箱、易拉罐、喷雾包装、便携式包装等，应在包装上以简明扼要的语言或图示，向消费者说明注意事项及使用方法，以方便使用。

4. 方便处理

方便处理是指部分包装具有重复使用的功能。例如，各种材料的周转箱，装啤酒、饮料的玻璃瓶，包装废弃物（纸包装、木包装、金属包装等）的回收再生，便于环境保护，有利于节省资源。

经过适当包装的商品，包装件的外形符合一定的规格，便于仓库存储的堆码叠放，提高仓库利用率和增加车船等运输工具的装载能力，因此能够较合理地利用物流空间；整齐规矩的包装件外形也便于运输搬运，为装卸活动提供方便，因此能提高装卸作业效率；包装件外表面的储运标志能方便商品的清点、减少货差，从而提高验收工作效率。总之，正确、适当的包装，可以缩短各流通环节的作业时间、加速商品流转速度、提高工作效率、降低商品的流通费用。

（三）促销功能

包装的促销功能是指包装能促成商品的销售，加速商品的流转。一方面，包装尤其是特异包装的形状及构造，具有吸引顾客的魅力；另一方面，包装运用文字、图案、色彩等手段引起顾客的购买欲望,通过装潢艺术的特有语言,在瞬间引起消费者的注意,起到宣传介绍商品、推销商品的作用。有些包装还具有潜在价值,如美观适用的包装容器,在内装物用完后还可以用来盛装其他物品,造型独特别致的容器,印刷精美的装饰,不但能提高商品售价、促进商品销售,同时还可以作为艺术鉴赏品收藏。

一般而言,包装的三大基本功能是彼此联系、相辅相成的,它们通过包装容器被融为一体,并通过包装容器而共同发挥作用。这三个功能是最基本的功能。但是不同用途的包装,其功能的侧重会有所不同。如销售包装侧重于包装促进销售的功能;而运输包装则强调包装的防护、方便功能。

三、包装的种类

(一) 按包装在流通领域中的作用分类

按包装在流通领域中的作用,可将其分为物流包装和商流包装两大类。

1. 物流包装

物流包装主要包括运输包装、托盘包装和集合包装。

(1) 运输包装。根据国家有关标准,将运输包装定义为:以满足运输储存要求为主要目的的包装。它具有保障商品的安全、方便储运装卸、加速交接和检验的作用。

(2) 托盘包装。根据国家有关标准,将托盘包装定义为:以托盘为承载物,将包装件或产品堆码在托盘上,通过捆扎裹包或胶贴等方法加以固定,形成一个搬运单位,以便使用机械设备搬运。

(3) 集合包装。将一定数量的包装件或商品,装入具有一定规格、强度,适宜长期周转使用的重大包装器内,形成一个合适的装卸搬运单位的包装。例如,集装箱、集装托盘、集装袋等。

集合包装的出现一方面进一步提高了物流效率和顾客服务水平;另一方面也是对传统储运的较大改革,使传统的物流发生了较大的变化。

2. 商流包装

商流包装就是我们所说的销售包装。根据国家有关标准,将商流包装定义为:直接接触商品,并随商品进入零售网点和消费者或客户直接见面的包装。

商流包装在设计时重点考虑的是包装造型、结构和装潢。因为与商品直接接触,所以包装材料的性质、形态、式样等因素,都要以保护商品为目的,结构造型要有利于流通。图案、文字、色调和装潢要能吸引消费者,能激励消费者的购买欲,为商品流通创造良好条件。另外,包装单位要适宜顾客的购买量和商店设施条件。这种包装同时具有一定的保护功能和方便功能。

(二) 按包装形态层次分类

按包装形态层次,可将其分为单包装、内包装、外包装。

1. 单包装

它是直接盛装和保护商品的最基本包装形式。单包装的标识和图案、文字起指导消费、便于流通的作用。

2. 内包装

它是单个包装的组合形式，在流通过程中起保护产品、简化计量和方便销售的作用。

3. 外包装

它是商品的外层包装，起保护商品、简化物流环节等作用。

（三）按包装的使用范围分类

按包装的使用范围，可将其分为专业包装和通用包装。

专业包装是指针对被包装物品的特点专门设计、专门制造，只适用于某一专门物品的包装。

通用包装是指根据包装标准系列尺寸制造的包装容器，用于无特殊要求的或符合标准尺寸的物品。

（四）按包装容器分类

（1）按照包装容器的变形能力，可将其分为：软包装和硬包装。

（2）按照包装容器的形状，可将其分为：包装袋、包装箱、包装盒、包装瓶和包装罐等。

（3）按照包装容器的结构型式，可将其分为：固定式包装、折叠式包装和拆解式包装。

（4）按照包装容器使用的次数，可将其分为：一次性使用包装、多次使用包装和固定周转使用包装。

（五）按被包装商品种类分类

商品包装可按商品种类不同而分成建材商品包装、农牧水产品商品包装、食品和饮料商品包装、轻工日用品商品包装、纺织品和服装商品包装、化工商品包装、医药商品包装、机电商品包装、电子商品包装和兵器包装等。

各类商品的价值高低、用途特点、保护要求都不相同，它们所需要的运输包装和销售包装都会有明显的差异。

四、包装标志

1. 运输包装标志概述

商品运输包装标志是指在运输包装外部制作的特定记号或说明。包装好的货物只有依靠标志，才能进入现代的物流而成为现代运输包装。物流环节繁多，要完成各种交接，这就需要依靠标志识别货物；货物通常是包装在密闭的容器里，经手人很难了解内装物是什么，更何况内装产品性质不同、形态不一、轻重有别、体积各异，保护要求也就不一样。这就需要通过标志来了解内装产品，以便正确、有效地进行交接、装卸、运输、储存等。

运输包装标志主要是赋予运输包装件传达功能。其目的是：识别货物，实现货物的收发管理；明示物流中应采用的防护措施；识别危险货物，暗示应采用的防护措施，以保证物流安全。

2. 危险货物包装标志

危险货物包装标志是用来标明化学危险品的。为了能引起人们特别警惕，这类标志采用特殊的颜色或黑白菱形图示。

危险货物包装标志图形应按规定的颜色印刷或标打。用于粘贴的标志可单面印刷。印刷标志时应采用厚度适当、有韧性的纸张印刷。使用危险货物包装标志时，对粘贴或拴挂的标志，箱状包装应位于包装两端或两侧的明显位置；袋状、捆扎包装应位于包装明显的一面；桶形包装应位于桶盖或桶身；集装箱应粘贴四面。标志的粘贴应保证在货物储运期内不脱落。对钉附的标志，应用有标志的金属板或木板，钉在包装的两端或两侧的明显位置。

3. 包装储运图示标志

包装储运图示标志是根据产品的某些特性确定的，如怕湿、怕振、怕热、怕冻等。其目的是为了在货物运输、装卸和储存过程中，引起从业人员的注意，使他们按图示标志的要求进行操作。

包装储运标志图形应按图规定的颜色印刷。涂印的标志，如因货物包装关系不宜按图规定的颜色涂印时，可根据各种包装物的底色，选配与其底色不同的、符合明显要求的其他颜色。印刷时外框线及标志名称都要印上；涂印时外框线及标志名称可以省略。印刷标志时应采用厚度适当、有韧性的纸张印刷。

使用包装储运图示标志时，对粘贴的标志，箱状包装应位于包装两端或两侧的明显位置；袋、捆包装位于包装明显的一面；桶形包装应位于桶盖或桶身。对涂打的标志，可用油漆、油墨或墨汁，以镂模、印模等方式按上述粘贴标志的位置涂打或者书写。对钉附的标志，应用涂打有标志的金属板或木板，钉在包装的两端或两侧的明显位置。对于"由此起吊"和"重心点"两种标志，要求粘贴、涂打或钉附在货物包装的实际位置。

标志的文字书写应与底边平行。粘贴的标志应保证在货物储运期间内不脱落。

4. 运输包装收发货标志

收发货标志是外包装件上的商品分类图示标志及其他标志和文字说明排列格式的总称。运输包装收发货标志是在物流过程中为辨认货物而采用的。它对物流管理中收发货、入库以及装车配船等环节起特别重要的作用。它也是在发货单据、运输保险文件以及贸易合同中有关标志事项的基本部分。

五、包装的地位与作用

（一）包装在物流中的地位

包装是生产的终点、物流的起点。作为生产的终点，包装是最后一道工序，标志着生产的完成，包装必须根据产品的性质、形状和生产工具进行，必须满足生产的要求。作为物流的起点，包装完成后便具有流通的条件。在整个物流过程中，包装便可发挥对产品的保护作用。

如果包装是从生产的终点要求出发，就难以满足流通要求。包装与物流的关系比与生产的关系要密切得多，作为物流起点的意义比作为生产终点的意义要大得多，因此包装属物流系统，这是现代物流的新观念。

（二）包装在物流中的作用

1. 包装在运输中的作用

（1）防护作用。保证商品在复杂的运输环境中的安全，保证其质量和数量不受损失。

（2）方便作用。提高运输工具的装载能力，降低运输难度，提高运输效率。

2. 包装在装卸搬运中的作用

（1）有利于采用机械化、自动化装卸搬运作业，降低劳动强度和难度，加快装卸搬运速度。

（2）在装卸搬运中使商品能够承受一定的机械冲击力，达到保护商品、提高工效的目的。

3. 包装在储存中的作用

（1）方便计数。

（2）方便交接验收。

（3）缩短接收、发放时间，提高运输速度及效率。

（4）便于商品堆、码、叠放。

（5）节省仓库空间。

（6）良好的包装能抵御储存环境对商品的侵害。

第三节 货物运输与包装的关系

运输和包装都是物流系统中的两个重要组成部分，它们是物流活动得以顺利、高效开展的必然要素。在物流系统中，两者的关系也是相辅相成、互相影响的。

一、运输与包装相互影响

（一）运输与包装的效益背反

在满足物流要求的基础上，包装费用越低越好。为此，必须在包装费用和物流时的损失两者之间寻找平衡点。为了降低包装费，包装的防护性也往往随之降低，商品的流通损失就必然增加，这样也会降低经济效果。

相反，如果加强包装，商品的流通损失会降低，但包装费用就必然会增加。如果完全不允许存在流通损失，就必然存在"过剩包装"，物流及包装费用必然会大大增加，由此带来的支出的增加会大于不存在过剩包装时的必然损失。因此，对于普通商品，包装程度应当适中，才会有最优的经济效果。

（二）运输对包装的影响

运输对包装的影响是全方面的，这里从以下几点说明：

1. 运输方式决定包装与否

商品在运输过程中不一定都需要包装，随着运输装卸技术的进步，越来越多的大宗颗粒状或液态商品，如粮食、水泥、石油等，都采用散装方式，即直接装入运输工具内运送，配合机械化装卸工作，既降低了成本，又加快了速度。另外，有的可以自行成件的商品，在运输过程中，加以捆扎即可，这种方式称为裸装，如车辆、钢材、木材等。

2. 运输方式决定包装种类

前面讲到，包装可分为运输包装和销售包装。其中，运输包装就是为了运输的需要而进行的，其目的是为了减少货物在运输过程中造成的货损、货差，以及避免货物在运输过程中的不安全隐患。

3. 运输方式决定包装设计

运输也对货物的包装设计有很大的影响，尤其是规格设计。除了考虑克服运输过程中的各种碰撞，避免产生各种货损、货差外，为了运输的机械化与集装化操作，充分提高运输操作效率，合理利用车容，提高车体装载量，包装的设计、规格都必然要服从运输工具的规格要求。

4. 运输方式决定包装成本

如果能够合理地组织和实施货物运输，则既能保证商品不因包装而受影响，又能适当降低包装成本。

（三）包装对运输的影响

包装对运输的影响是整体性的。从组织的过程来看，货物包装对运输方式的选择、操作流程、配载、装车、运输物资的在途管理都有很大的影响，运输方式的选择就是根据货物本身的特点以及包装的特点进行选择的。可以说，包装影响整个运输过程的组织与实施。同时，包装技术的不断发展，也深刻影响着运输行业的发展趋势。

1. 包装状况影响运输成本

物资的包装材料、包装规格、包装方法等都不同程度地影响运输。因为包装的外廓尺寸与承运车辆的内部尺寸构成可约倍数，车辆的容积才可以得到最充分的利用，提高了车容利用率，也就相应地降低了营运成本，节约了物流成本。

2. 包装状况影响运输组织

在整个货物运输组织以及货物的在途管理上也会根据包装特点的不同，进行相应的调整。对于包装简单的货物需要选择运输相对平稳、快速的运输方式。对于包装良好的货物的运输就相对宽松一些，可以有多种选择。同时，货物的包装也对货物在途管理影响很大，例如，包装的抗震性不好则会在车体内部放入一些缓冲材料，防止货物与车厢侧壁碰撞而导致货物受损；如果货物包装的稳定性不好，在运输过程中也会对其在车体内进行牢固，等等。

3. 包装状况影响运输发展

随着储运机械化程度的提高，出口商品运输包装逐步向大型化方向发展。近几年来，在矿产品、化工产品等出口中，柔性集装箱的使用量越来越大，其他中型散装容器及可移动槽罐的使用得到了进一步推广。运输包装的大型化既有利于降低运输包装的成本，又有利于提高装卸出口货物的效率。对应地，运输方式也要向此方向发展。

二、不同运输方式的货物包装

（一）铁路运输的货物包装

1. 贵重品类

贵重品、精密产品、易碎品、流质品、小五金、机械零件、仪器、金属制品、重质物品以及散落容易丢失的物品等使用木箱包装。木箱包装包括全木箱、木架箱、木格箱、胶合板箱、纤维板箱、刨花板箱、硬质塑料箱等包装，如表1-1所示。

表1-1　木箱包装

全木箱包装	木材质量不腐朽，箱板厚度为12~15mm，横带宽为40~60mm。木箱外部用铁腰或塑料腰在两端捆扎箍紧加固
木架箱（木格箱）包装	每块箱板厚度为12~15mm，宽度不小于40mm，横带宽为40~60mm，两板间距以内装物品不露出为准；装入整体物件时，两板间距不超过80mm。木箱外部用铁腰或塑料腰在两端捆扎箍紧加固
胶合板、纤维板、刨花板材料的木箱包装	要有质量良好的木材做框体；木箱外部用绳索捆扎成"井"字形加固
硬质塑料箱包装	塑料箱板的坚韧度相当于10mm厚木板的韧度；塑料箱外部用塑料腰或绳索捆扎成"井"字形加固
精密产品、易碎品的包装	必须用软质材料衬垫填实；零散小件物品要有内包装；怕振、怕潮湿的物品要有防震和防潮湿的措施

2. 日用百货类

家用电器、日用百货、录像带、录音带、针织品、服装、药品、烟、酒、饮料、塑料制品、各种零散物品，使用纸箱包装。纸箱的质量必须坚韧，能承受所装物品的重量，箱内底、盖要有垫板，装箱时按层摆满，不留空隙，以增强纸箱的抗压力。外部用绳索（铁腰、塑料腰）捆扎成"井"字形加固，绳索交叉处结死扣。如表1-2所示。

表1-2 日用百货类物品的包装

日用百货、录像带、录音带、针织品、服装、药品、香烟等	纸箱外部必须用麻袋片、棉布片、化纤编织片包裹后缝合，再用绳索（铁腰、塑料腰）捆扎成"井"字形加固，绳索交叉处结死扣。怕潮湿的物品要有防潮湿的内包装
电视机、录相机、组合音响、录音机、收音机、电冰箱、空调机、洗衣机等家用电器	出厂原包装纸箱坚固的，可以使用原包装。但包装外部必须用绳索或塑料腰捆扎成"井"字形加固
小件易碎品等	纸箱质量要坚固，内部还必须有软质材料隔垫填实，不晃动。零散小物件必须有盒、袋等内包装，按层摆满。纸箱内底、盖要有垫板。纸箱上下口盖全部要密贴粘合，再用胶条封严。外部要用绳索（铁腰、塑料腰）捆扎成"井"字形加固，绳索交叉处结死扣

3. 瓜果食品类

瓜果、蔬菜、秧苗、花木、鱼类、肉类、蛋类、禽类、小家畜、小动物以及零散小件等，使用筐、笼、篓、箱、桶、袋包装。筐、笼、篓必须牢固、结实，筐盖、笼口、篓口要用铁丝拧紧，外部用绳索或塑料腰捆扎成"米"字形加固，绳索交叉处结死扣。如表1-3所示。

表1-3 瓜果食品类物品的包装

禽类、小家畜、小动物	筐、笼、篓底部要有防止粪便外溢的衬垫
瓜果、蔬菜、秧苗、蛋类	筐、篓或坚硬的纸箱包装，不怕挤压的蔬菜也可以用袋包装，鱼苗种蛋必须使用坚硬的纸箱包装，外部用绳索或塑料腰捆扎成"井"字形加固
鲜鱼类、肉类	必须用铁、塑料箱包装，并加锁
零散小件物品	应将散件用铁丝或绳索捆在一起，装筐塞满挤实，在筐内不滚动，防止冲撞使筐破损

4. 种子及印刷品类

种子、颗粒状等物品使用袋或桶包装；布匹、毛线类、纺织类、棉胎类、行李卷类以及不怕挤压等物品，使用包（包括麻包、布包、化纤布包、纸包）或袋（包括麻袋、布袋、化纤纺织袋）包装。如表1-4所示。

表 1-4　种子及印刷品类物品的包装

颗粒状和容易散落的物品	使用袋包装时，要有结实的内包装，内包装袋的封口处，先折叠后密缝，再装入袋内封严口，不准扎口
布匹、毛线类、纺织类	使用包、袋包装时，必须有防潮湿的内包装。若用麻袋包装时，两条麻袋对口套装缝合。使用上述包、袋包装的物品及行李卷要裹严缝合，内物不准外露，外部用绳索或塑料腰捆扎成"井"字形，捆绳不少于两道，并在绳索交叉处结死扣
纸包包装的书籍、印刷品类	先用绳子捆扎结实，加防湿内包装，再用两层以上的牛皮纸包严裹好，外部用绳索或塑料腰捆扎成"井"字形加固，绳索交叉处结死扣

5. 家具类

自行车、家具、道具、测量用具、运动器具、树苗以及适合包裹运输的铁、木件等，用绳索捆绑包装。根据货件不同，可用麻袋片、纤维编织片、草绳、布条、塑料条、绳索等包装材料，捆绑要结实、牢固，在运输中不至松散、脱落。小型家具、容易断裂的部位和棱角，自行车怕碰的部位要包装好，但自行车要能推行以便装卸。

6. 酱菜类

榨菜、腐乳、酱菜等物品用坛、罐包装。坛、罐口要密封，然后装入筐或木格箱内，再用软质材料隔垫塞实不晃动，外部用绳索或塑料腰捆扎成"十"字形加固。

7. 流质类

流质类、乳类、粉状、颗粒状等物品用桶（铁桶、塑料桶、木桶）包装，桶要坚固、不渗漏。如表 1-5 所示。

表 1-5　流质类物品的包装

薄铁桶（马口铁桶）、塑料桶装流质、乳状等物品	桶口要封严不漏，然后装木架箱内，外部用绳索或塑料腰捆扎成"十"字形加固
胶合板木桶（纤维板桶）装粉状、颗粒状等物品	要有内包装，防止流失，外部用绳索或塑料腰捆扎成"十"字形加固

8. 集装箱适箱货

此类货物选用相应的集装箱包装即可。

（二）水路运输的货物包装

1. 水运货物包装的种类

水路运输的货物包装目的主要是为了保护货物以适应运输过程中正常的装卸、积载和堆码，承受外界环境的变化及一般的碰撞、挤压、摔跌等外力的作用。货物的运输包装常见的有箱装、包捆装、袋装、桶装、特殊包装、裸装等，详见表 1-6。

表 1-6　水运货物包装种类

包装名称		适装货类
箱装 （CASe）	木箱（BOX）	小箱，适装五金等
	木箱（CHEST）	小型轻便箱，适装茶叶等
	明格箱（SKELETON CASE）	土豆、红葱等
	胶合板箱（VENEER）	
	夹板箱（PLYWOOD BOX）	
	席包箱（MATTED）	
	柳条箱（WILLOW CASE）	
	亮格箱（CRATE CASE）	自行车、玻璃、机械等
	纸板箱（CARDBOARD CASE）	
	纸箱（CARTON）	易碎品、香烟、日用品等
包捆装 （BALE）	包、捆（BALE）	纺织品等
	机包（PRESSED BALE）	棉花、棉布、纸张等
	席包、蒲包（MAT）	
	布包（BURLAP）	砂糖、籽棉等
	麻布包（JUTE CLOTH）	
袋装 （BAG）	袋（BAG）	袋装总称，粮食、水泥等
	麻袋（GUNNY BAG）	大米、豆类、砂糖等
	草袋（STRAW BAG）	谷物、盐等
	布袋（CLOTH BAG）	面粉、滑石粉、淀粉等
	布袋（SACK）	
	聚乙烯袋（POLYETHY—LENEBAG）	化肥、氢氧化铵等
	牛皮纸袋（PAPER BAG，KRAFTBAG）	水泥、石灰、化肥等
桶装	鼓形桶（BARREL）	油类、肠衣、松脂等
	桶（KEG）	小五金、油漆等
	桶（CASK）	水泥、碱性染料等
	罐头桶（CAN）	油漆等
	听（TIN）	猪肉、油漆、药品等
	铁桶（DRUM）	酒类、染料、药品等
	桶（TUB）	酱、酱油等
	手提桶（PAIL）	油漆等

（续）

包装名称		适装货类
桶装	桶（BUTT）	酒等
	大木桶（HOGSHEAD）	烟叶、酒类等
特殊包装	瓶（BOTTLE）	酒类、化学药品等
	柳筐瓶（DEMIJOHN）	酸类等
	坛（JAR）	榨菜、咸蛋、酸类等
	钢瓶（CYLINDER）	液化气体、压缩气体等
	细颈瓶（FLASK）	化学药品等
	笼（CAGE）	鸟类容器等
	篓、篮（BASKET）	水果、蔬菜等
	包裹（PARCEL）	样品、赠品、行李等
裸装	裸装（UNPACKED）	汽车、挖掘机等
	盘（COIL）	盘圆、铁丝、绳索等
	卷（ROLL）	卷席、筒纸、油毡等
	卷（REEL）	电线、电缆、铁丝等
	捆、扎（BUNDEL）	铜棒、铁筋、藤条等
	大捆（SKID）	可锻铸铁、废铁片等
	管（PIPE，TUBE）	钢管、铁管等
	块（INGOT，SLAB，CASTWHEEL）	铸铁块、铅块、豆饼块等
	棒（BAR）	铁棒、铁条、角铁等
	张（SHEET）	铁皮、铜板等
	个、件（PACKAGE）	个数的总称
	个、件（PIECE）	铁条、型钢等
	对（PAIR）	成对的车轮等
	组（SET）	成套的轮胎等
	头、匹（HEAD）	牛、马等

2. 水运货物忌装要求

在水运货物运输的管理中，正确选定各种包装货物的合理舱位也是保证货运质量的重要措施之一。但是，对确因货物包装不良所引起的货损，承运人不负赔偿责任。水运货物忌装要求如表1-7所示。

表1-7 水运货物忌装要求

忌装货名	互抵货名	混装后果	忌装要求
钢材、生铁、金属设备、干电池等	酸、碱、化肥	酸、碱、化肥对钢材、生铁、金属设备有腐蚀作用，会使金属生锈；干电池遇酸碱后会起铜绿作用，会使电池走电，甚至烂掉	与贵重钢材、设备、干电池不同舱室；与一般金属制品不相邻堆装
白铁皮、紫黄铜、铝锭、镀锌五金	纯碱	锌遇碱性就会发生中和作用。会加重锌皮锈蚀；纯碱腐蚀金属表层，并使金属发绿生锈	不同室
白铁皮、黑铁皮	食盐	白（镀锌）铁皮、黑（镀锡）铁皮遇盐溶解，产生黄色锈水而退锌退锡，加速铁皮生锈	不同室
棉制品、皮制品、文具、纸张	酸碱	棉制品遇酸碱使棉花纤维脆弱，皮制品遇酸碱使皮面生裂纹，纸张文具遇酸碱受蚀，失去使用价值	不同室
橡胶	酸、碱、苯、乙醚、二硫化碳等	橡胶遇上述物质受腐蚀使其表面生裂纹，失去弹性或溶解	不同室
玻璃及其制品	纯碱及潮湿货	玻璃接触纯碱会使玻璃表面受蚀发毛；玻璃受潮后会影响其透明度或不易分开	不同室
硫酸铵、氯化铵过磷酸等酸性肥料	碱类	酸性化肥与碱起中和作用，失去肥效	不同室
茶叶	酸性物质	茶叶中的茶碱与酸性物质中和使茶叶无味	不同室
尼龙及其制品	樟脑	两者有亲和力，樟脑气体进入尼龙纤维内部，影响其强度和染色牢度	不同室
水泥	食糖、氧化镁、铵肥	水泥遇万分之一的糖类会失去凝固作用，食糖混入水泥也不能食用；水泥中如有氧化镁，在使用时氧化镁会与水化合，体积膨胀，影响水泥制品的质量；铵肥混入水泥会使水泥加速凝固，降低其使用价值，混入水泥的化肥也会降低肥效并影响土质	不同室
莹石、白云石、方解石	酸类	它们多为散装，莹石遇酸易产生有强毒和腐蚀性的氟化氢；白云石和方解石遇酸会溶解	不同室

（续）

忌 装 货 名	互 抵 货 名	混 装 后 果	忌 装 要 求
食品类货物	气味货	食品类货物混入异味均影响食品的食用价值	一般至少不同室，有的或气味严重或极易吸味或能挥发气味的应不同舱
食品类货物	有毒物质	食品类货物染毒便不能食用	不同室或不同舱
滑石粉、膨润土	生铁、矿砂等粉粒状货物	滑石粉混入杂质不能用做造纸、医药、化妆品等原料；膨润土为白色块状物质，作翻沙模型用，混入杂质会影响翻砂质量	不同室
耐火材料（镁砂、焦宝石、黏土、矾土等）	铁、煤、石屑、木块、氧化镁、氧化钙、垃圾	耐火材料混入杂质会影响其制品的耐火温度，失去使用价值	不同室
纸浆、木浆及苇浆	生铁、砂渣、纯碱	纸浆、木浆及苇浆是造纸和人造棉的原料，混入杂质会影响其制品的质量且会损坏机器	不同室
精锌块、铁矿粉	各种矿、砂、煤等	混入杂质会影响其产品质量	不同室
焦炭	硫化铁	焦炭混入含硫物质会影响炼钢质量	不同室
铅块、铝块、铝锭	铁、锌、煤等硬质杂质	铝锭为铜丝电缆的代用品，铅块用做电缆外层的保护层，混入杂质均影响产品质量，铝块也如此	不同室
棉花及棉麻制品	桶装油类、种籽饼类、五金机械类（内含防锈油）、火腿、肉类	该类物质油污后易自热、自燃且影响其质量	不相邻
生丝、棉麻及其制品	扬尘污染货	受污染后会影响其质量	一般应不同室，包装封闭时只须不相邻
工艺品、棉花及其制品	潮湿货	工艺品受潮会影响其质量甚至失去其使用价值、棉花及其制品受潮会影响其质量甚至会发热自燃	不同舱
茶叶、烟叶、罐头	潮湿货	茶叶、烟叶受潮霉变，罐头受潮生锈	不同舱
砂糖、水泥	潮湿货	砂糖受潮结块发酸；水泥受潮结块影响质量	不同舱

（三）航空运输的货物包装

1. 航空货物包装的一般规定

（1）货物包装要求坚固、完好、轻便，在一般运输过程中能防止以下情况发生：包装破裂，内件漏出散失；因垛码、摩擦、震荡或因气压、气温变化而引起货物损坏或变质，伤害人员或污损飞机、设备及其他物品。

（2）包装的形状除应适合货物的性质、状态和重量外，还要便于搬运、装卸和堆放，包装外部不能有突出的棱角及钉、钩、刺等；包装要清洁、干燥、没有异味和油腻。

（3）在特定条件下承运的货物，如鲜活易腐货物等，其包装应符合对该货物特定的要求。

（4）凡用密封舱飞机运送的货物，不得用带有碎屑、草末等材料作包装（如稻草袋、绳等），包装内的衬垫材料（如谷糠、木屑、纸屑等）不得外漏，以免堵塞飞机密封设备。

（5）货物包装内不准夹带禁止运输或限制运输的物品、危险品、贵重物品、保密文件和资料等。

（6）对包装不符合要求的货物，应要求发货人改进或重新包装后方可承运。

2. 对几类货物的包装要求

（1）液体货物。不论瓶装、罐装或桶装，内部必须留有5%～10%的空隙，必须封盖严密，容器不得渗漏。用陶土、玻璃容器盛装的液体，每一容器的容量不得超过500L，并要外加木箱，箱内用衬垫和吸附材料填塞妥实，防止晃动，每件重量以不超过25kg为宜。

（2）粉状货物。用袋盛装的，最外层要有保证粉末不漏出的包装，如塑料涂膜编织袋或玻璃纤维袋等，容量不得超过50kg；用硬纸桶、木桶、胶合板桶盛装的，要求桶身不破，接缝紧密，桶盖密封不漏，桶箍坚固结实；用玻璃瓶装的，每瓶容量不得超过1kg，并要外加纸箱或木箱，箱内用衬垫材料填塞妥实。

（3）精密易损、质脆、易碎货物。每件毛重以不超过25kg为宜，并根据货物的易损程度，分别采用以下包装方法。

1）多层次包装。多层次包装由内到外依次是货物—衬垫材料—内包装—衬垫材料—运输外包装。

2）悬吊式包装。悬吊式包装即用几根弹簧或绳索，从箱内各个方面把货物悬置在箱子中，如大型电子管、X射线管等。

3）防倒置包装。防倒置包装即将容器做成底盘大、箱盖有手提把环或屋脊式箱盖等。不宜平放的玻璃板、挡风玻璃等必须用防止平放的包装（底盘大、用支架竖起），方可承运。

4）显像管的包装。应用足够厚底的塑料泡沫或其他衬垫材料围裹严实，外加坚固的瓦楞纸箱或木箱，箱内物品不得晃动。

5）捆扎货物用的绳索的强度应以能承受货物的全部重量为准，用手提起整件货物时，绳索不致断开。

（4）裸装货物，不怕碰压的货物。如轮胎等可不用包装。但不易清点件数、形状不规则或容易碰坏飞机的货物，仍应用绳索、麻布包扎或外加包装。

（5）贵重物品除满足以上包装条件外，外包装应加装"井"字形铁腰。

3. 对几种包装容器的质量要求

（1）纸箱抗压能力应可承受同类包装货物垛码 3m 高的总重量，要有绳索或腰子扎紧。

（2）木箱厚度及结构要适应货物安全运送的需要；盛装贵重、精密、易碎物品的木箱，不得有腐朽、虫蛀、裂缝等缺陷；毛重在 20kg 以上的包装应有铁腰扎紧。

（3）条筐、竹篓要求不断条，编织紧密整齐；直径 50cm 左右的条筐、竹篓的容量以不超过 40kg 为宜，盖子要比口径稍大，并能承受垛码几层的压力，内装货物及衬垫材料不得漏出。

（4）铁桶，铁皮的厚薄应与货物的重量相适应。中小型铁桶，容量 25kg、50kg、100kg 的应用 0.6~1mm 的黑铁皮制作；大型铁桶，容量在 150~180kg 的，应用 1.25~1.5mm 的黑铁皮制作。

货运工作人员应主动帮助发货人了解航空货物包装的有关规定和要求，宣传做好货物包装工作的必要性。经过运输以后，如果发现包装不能保证货物安全时，应及时与发货人共同研究改进，在未改善包装以前，不宜继续承运同类包装不良的货物。

三、运输对包装的要求

1. 包装尺寸模数化

物资的包装材料、包装规格、包装方法等都不同程度地影响运输。为了提高物流效率，在用载货汽车、铁路货车、集装箱等运载货物时，希望包装货物的尺寸在装运时没有空间上的浪费；利用托盘装卸时，希望货物在托盘上有较好的堆码效率。只有包装的外廓尺寸与承运车辆或托盘内尺寸构成可约倍数时，车辆的容积才可以得到充分利用。这些物流机械相互间的有效配合叫做"物流模数化"，以此确定的包装尺寸叫做"包装模数尺寸"。

现代物流系统运输高效化的关键在于使单元货载系统化，即把货物归整成一定数量的单件进行运输，其核心是自始至终地采用托盘运输，即从发货至货后的装卸，全部使用托盘运输的方式。为此，物流运输、仓储、装卸所用的设施、器具均应实行标准化、系列化，并以此作为包装尺寸模数化的基础数据。例如，按日本工业标准 JIS20603 规定，托盘以 1100mm × 1100mm 和 1000mm × 1200mm 为标准。将这一标准尺寸进行分割，可得出相应的包装尺寸。如在 1100mm × 1100mm 的托盘上，一层载货个数可以是长 ×

宽为 1100mm×1100mm 包装纸箱一个，或 1100mm×550mm 包装纸箱两个，或 1100mm×366mm 包装纸箱三个，或 600mm×250mm 包装纸箱八个，等等。经过分割和组合，采用不同的堆码式，在 1100mm×1100mm 型号托盘上可有 69 种长宽不同的纸箱组成的正方形，在 1000mm×1200mm 型号托盘上可有 40 种长宽不同的纸箱组成的长方形，这些不同的长宽组合的纸箱尺寸就是使用这两种型号托盘的模数尺寸。采用这种运输包装模数化、系列化尺寸，可以使货物恰到好处地码放在托盘上，既不会悬伸出托盘，也不留有空隙。

2. 合理的强度

包装件在运输过程中，不可避免地要经受各种振动和冲击以及多次搬运、装卸等机械或人力操作。在进行包装设计时，要考虑各种运输环境，选择特性符合要求的包装结构和缓冲材料，使包装件能够适应运输过程的各种操作而不损坏。在实际流通过程中，由于包装的不合格，不能有效地保护商品，导致商品破损变形、发生化学变化的事例屡有发生，如玻璃仪器碎裂、电脑主机运到时机箱凹凸不平、显示器屏幕破碎、书籍受潮等。包装在保护商品自身的同时，也相应保护运输工具或同一运输工具上的其他商品及自然环境，如油漆等因商品包装不当而污染了车厢及其他物品，鲜活畜类包装不当，其粪便污染了飞机等案例也时有发生。

用纸箱包装，要质量坚韧，能承担所载货物的重量。货物装箱后堆码高度既要考虑运输器具中的堆码高度，也要考虑到仓储过程中的堆码高度，应以两者中较大高度为准。进行纸箱包装设计时，纸箱内应装满不留空隙，以增强纸箱的抗压强度等。同时还需考虑运输过程中的各种恶劣环境条件，如气候、生物、机械等对包装结构及材料的劣化与侵蚀作用，避免包装结构强度降低。

用木箱包装，应根据货物的性质、价值、体积和重量选用材料。对价值高、容易散落丢失的货物，应使用密封木箱，其他可使用胶木板箱、花格箱等。对重量较大、体积较大的货物应增加箱挡和箱板厚度等。

3. 包装完整，箱面标志清楚

货物的运输包装一般应完整、满装、成型。内装货物应均匀分布，装载、排摆整齐、压缩体积、内部货物固定、重心位置居中靠下，对庞大的产品应考虑拆装，以使拆装后的体积小于原来整体产品的体积或满足运输工具装载的规定。同时在箱面应印刷必要的标志，以方便理货、识别和引起应有的注意。如当某种原因发生货、单分离时，就可根据包装标志来加以辨认；对某些有防护要求（防潮、易碎、易燃等）的包装件，则可根据相应的标志，对其进行合理的操作。

一般货物的运输包装应符合 GB 9174—1988《一般货物运输包装技术条件》的规定。货物运输包装标志应符合 GB 191—1990《包装储运图示标志》、GB 6388—1986《运输包装收发货标志》和 GB 5892《对辐射能敏感的光学材料图示标志》的规定。

第二章 运输方式

经济发展的同时，货物运输方式也在不断地变化与发展，各种运输方式相应地由单独作业趋向于相互影响、相互协调。铁路、公路、水路、航空和管道等多种运输方式在具体的货物运输过程中都发挥各自的优点，相互结合、相互协作，更好地为货物运输系统服务。本章主要介绍各种运输方式的特点、体系和运输种类，帮助货主合理组织货物运输。

第一节 铁路运输

一、铁路运输概述

（一）铁路运输的概念

铁路运输是从轨道运输发展起来的。铁路运输是利用机车作为动力牵引车辆，沿着轨道行进，从而实现的运输。

铁路是一种适宜担负远距离、大宗的客货运输的重要运输方式。在我国这样一个幅员辽阔、人口众多、资源丰富的大国，铁路运输不论在目前还是在可以预见的未来，都是运输网中的骨干和中坚。

（二）铁路运输的体系构成

（1）运载工具：铁路机车与车辆。

（2）装卸场所：车站、货站。

（3）运输通道：铁路网。

（4）管理系统：铁路运输管理系统。

（三）铁路运输的特点

1. 铁路运输的优点

（1）巨大的运送能力。

（2）廉价的大宗运输。

（3）较少受气象、季节等自然条件的影响，能保证运行的经常性和持续性。

（4）计划性强，比较安全、准时。

（5）运输总成本中固定费用所占的比例大（一般占60%），收益随运输业务量的增加而增长。

2. 铁路运输的缺点

(1) 始建投资大，建设时间长。

(2) 始发与终点作业时间长，不利运距较短的运输业务。

(3) 受轨道限制，灵活较差，必须有其他运输方式为其集散客货。

(4) 大量资金、物资用于建筑工程，如路基、站场等，一旦停止营运，不易转让或回收，损失较大。

二、铁路运输的种类

(一) 整车、零担和集装箱运输

铁路货物运输按其组织方法可分为整车、零担和集装箱三种。

1. 整车货物运输

一批货物在重量、体积、形状或性质上需要以一辆或一辆以上货车运输的，应按整车运输。但有些货物，由于性质特殊，或需特殊照料，或受铁路现有设备条件的限制，尽管不够整车运输条件，也必须按整车托运（特准者除外），这些货物包括：

(1) 需要冷藏、保温或加温运输的货物。

(2) 规定限按整车办理的危险货物（例如，限按整车托运的爆炸品、1t以上的放射性包装货件、气体放射性货物等）。

(3) 易于污染其他货物的污秽品（例如，未经过消毒处理或未使用密封不漏包装的牲骨、湿毛皮、粪便、炭黑等）。

(4) 蜜蜂。

(5) 不易计算件数的货物。

(6) 未装容器的活动物（铁路局规定在管内可按零担运输的除外）。

(7) 一件货物的重量超过2t、体积超过3m^3或长度超过9m的货物（经发站确认不致影响中转站和到站装卸作业的除外）。

2. 零担货物运输

无论从一批货物的重量、体积、形状或性质上均不需要单独使用一辆货车装运的货物，可按零担方式办理运输。按零担托运的货物，一件体积最小不得小于0.02m^3（一件重量在10kg以上的除外），每批不得超过300件。

在专用线或专用铁路内组织直达整装零担车运输，经铁路分局同意，由车站和托运人协商，并签订协议后办理；如组织中转整装零担车，应经铁路局批准。

3. 集装箱运输

符合集装箱运输条件的适箱货物，可装入集装箱，按集装箱托运。贵重、怕湿、易碎货物都适于采用集装箱运输。但下列货物严禁使用铁路通用集装箱装运：

（1）易于污染和腐蚀箱体的货物，如水泥、炭黑、化肥、盐、油脂、生毛皮、油漆等。

（2）易于损坏箱体的货物，如生铁块、废钢铁、无包装的铸件和金属块等。

（3）鲜活货物（经铁路局确定，在一定季节和一定区域内不易腐烂的货物除外）。

（4）危险货物（另有规定的除外）。

集装箱运输只能在指定的集装箱办理站之间进行，自备集装箱还可在铁路局批准的专用线发送或到达。

（二）直通运输与联合运输

1. 直通运输

按整车托运的货物，为了方便托运人或收货人，免去在途中换装作业站或者不同产权归属的交接站办理运输手续，而使用一份运输票据完成货物的全程运输，这种货物运输方式称为直通运输。

我国目前已开办整车的准、米轨的直通运输，也开办了某些地方铁路与国家铁路的直通运输。但鲜活货物及需要冷藏、保温或加温运输的货物，以及需要使用罐车运输的货物、每件重量超过5t（特别商定者除外）或长度超过16m，或者体积超过米轨货物装载限界的货物，均不得办理准、米轨直通运输。

国家铁路与地方铁路由于管理体制不同，收费标准也不同。实行一票直通运输时，必须按《国家铁路与地方铁路货物直通运输规则》办理，实行分段计费，一次核收的办法。

2. 联合运输

铁路与其他运输工具或我国铁路与国外铁路共同参加，并以一份运输票据完成货物全程运输服务的运输组织方法称为铁路参加的货物联合运输。其形式主要有：

（1）铁路与水路货物联运，简称水陆联运，水陆联运综合了铁路与水路的优势，可以以较短的径路、较快的速度和较低的运输价格将货物运抵目的地。我国铁路与内河港口、沿海港口都开展了这项联运服务。铁道部与交通部也联合制定了《铁路和水路货物联运规则》、《水、陆联运货物月度运输计划统一编制办法》和《铁路和水路货物联运费用的清算办法》等水陆联运规章。这些规章详细规定了两种运输工具联运的原则、办理货物的范围、运送条件、运输计划的编制执行、换装作业、运输费用核收和相互清算、货运事故的赔偿处理及联运双方的权利、义务等内容。

（2）国际铁路货物联运，即在两个或两个以上国家的铁路全程运送中，使用一份统一的国际联运票据，并以连带责任办理的货物运送。国际铁路货物联运为参加联运的国家开辟了一条经济、文化交流的便捷渠道，方便了托运人和收货人，简化了许多繁琐的手续、加快了货物送达速度和资金的周转，还促进了铁路沿线外向型经济和铁路运输业的发展。货物在国境站可以进行不同轨距的换装作业，相同轨距的两国也可以直接过轨运输。

（3）铁路与公路货物联运，即由铁路和公路以一份运输票据完成货物的全程运输。我国曾在1958年开办过该项业务，当时称为一条龙运输，后因种种原因而停办。目前我国未正式开办该项业务，一般只由物流部门用延伸服务方式开办一定范围的"门到门"全程运输服务。

随着社会的不断发展和法制的日臻完善，各种运输工具应该逐渐从竞争走向联合。因为联运有利于发挥各种运输方式的优势，从而能以最高的效率和最好的服务完成货物的全程运输。

（三）货物快速运输

为加速货物送达、提高货物运输质量、适应市场经济的需要，铁路开办了货物快速运输（简称快运），并在全路的主要干线上开行了快运货物列车。

1. 货物快速运输的种类

货物快速运输，分为必须按快运办理和按托运人要求办理两种。

（1）托运人要求按快运办理的货物。托运人托运的整车、集装箱、零担货物，除不需按快运办理的煤、焦炭、矿石、矿建等品类的货物外，托运人要求按快运办理时，经铁路同意，即可按快运办理。

（2）必须按快运办理的货物。必须按快运办理的货物是指由许昌、驻马店、信阳、孝感、岳阳、长沙北、株洲、衡阳、新龙华、嘉兴、金华、义乌、绍兴、鹰潭、向塘等车站发往深圳北站的用于供应港澳地区的整车鲜活货物。

托运人托运按快运办理的货物时，应在月度要车计划表内用红色戳记或红笔注明"快运"字样。经批准后，向车站托运货物时，须提出快运货物运单，车站填写快运货票。

车站对办理的零担快运货物，应在票据封套上加盖横式带边的红色"快运"戳记。

2. 快运货物列车

我国铁路开行的快运货物列车主要有"五定"班列、集装箱快运直达列车和鲜活快运直达列车三种。

（1）"五定"班列。为适应市场经济的发展，铁路开发了"五定"班列。"五定"班列是指定点（装车站和卸车站）、定线（运行线）、定车次（直达班列车次）、定时（货物运到时间）、定价（全程运输价格）的直达快运货物列车。

"五定"班列具有以下特点：①运达快捷。"五定"班列日均运行 600~800km，运达速度快。②手续简便。托运人可在车站一个窗口，一次办理好货物承运手续。③价格优惠。"五定"班列明码标价，档次高、价格合理，多运多优惠。④安全优质。"五定"班列保质保量，货物运到时间有保证，安全系数高。

(2) 集装箱快运直达列车。从 1992 年起，铁道部组织开行了定点、定线集装箱快运直达列车。开行通过编组站不解体的集装箱快运直达列车，体现了快速、高效、安全的特点，是提效扩能的有效措施。

(3) 鲜活货物快运直达列车。为了保证内地将鲜活货物及时运送到港澳地区，铁路每天分别从江岸西（或长沙北）、新龙华、郑州北各开行一列快运货物列车到深圳北站。从 1962 年至今，三趟快车已开行了 40 多年，保证了"及时、均衡、适量、优质"地供应港澳地区鲜活商品的特殊需要。

(四) 国际铁路联运

1. 国际铁路货物联运的范围

参加《国际货协》的各国铁路（阿尔巴尼亚、朝鲜、越南铁路除外）开办国内货运营业的所有各站间，都办理国际铁路货物联运。我国各站营业办理限制按国内的《货物运价里程表》规定办理。朝鲜铁路按其公布的车站办理国际铁路货物联运（目前约有 343 个办理站），越南铁路目前办理国际铁路货物联运的车站为：同登、老街、海防、安员、甲八、岘港、双神 7 个车站。我国与邻国铁路的国境站如表 2-1 所示。

表 2-1　我国与邻国铁路的国境站

相邻国家	相邻国境站（属国）	双方轨距/mm	距国境线里程/km
中俄	满洲里（中）	1435	9.8
	后贝加尔（俄）	1520	1.3
	绥芬河（中）	1435	5.9
	格罗迭科沃（俄）	1520	20.6
中哈	阿拉山口（中）	1435	4.0
	德鲁日巴（哈）	1520	8.1
中蒙	二连浩特（中）	1435	4.8
	扎门乌德（蒙）	1524	4.5

（续）

相邻国家	相邻国境站（属国）	双方轨距/mm	距国境线里程/km
中朝	丹东（中）	1435	1.4
	新义州（朝）	1435	1.7
	集安（中）	1435	7.3
	满浦（朝）	1435	3.8
	图们（中）	1435	2.1
	南阳（朝）	1435	1.3
中越	凭祥（中）	1435	13.2
	同登（越）	1435、1000	4.6
	山腰（中）	1000	6.5
	老街（越）	1000	4.2

（1）参加《国际货协》各国家铁路间的货物运送。参加《国际货协》各铁路间的货物运送，是从发站以一份运送票据，由铁路负责直接或通过第三国铁路运往最终到站交付收货人。

由于《国际货协》参加国铁路轨距不同或铁路互不连接，所以联运货物的运送方式也不同：

1）在相同轨距各国铁路之间，可用发送国车辆直接过轨，不必换装而直通运送。

2）在不同轨距各国铁路之间，由接收路准备适当的车辆，货物在国境站换装或更换货车轮对后继续运送，也可采用变距轮对的方式运送。

3）在铁路不连接的《国际货协》参加国铁路之间，其货物运送可以通过参加国铁路某一车站予以转运。如阿尔巴尼亚与其他协约国铁路不连接，参加《国际货协》各铁路向该国发运的货物，可以通过匈牙利的布达佩斯站或东欧某个国家铁路的车站，由托运人或收货人的代理人领取后，用其他运输工具继续运往阿尔巴尼亚。

（2）由参加《国际货协》国家铁路运送货物时，托运人在发送路用《国际货协》票据办理至参加《国际货协》的最后一个过境铁路的出口国境站，由国境站站长或发、收货人委托的代理人办理转送至最终到站。

由未参加《国际货协》的国家铁路向参加《国际货协》的国家铁路发运货物时，与上述办理程序相反。

(3) 通过港口的货物转运。我国通过波兰格但斯克、格丁尼亚、什切青等港口站，或波罗的海国家各港口站向欧洲一些国家发货，或蒙古、中亚各国通过中国铁路经大连、新港、黄埔等港口向韩国、日本和一些欧洲国家发货，以及相反方向运送时，发站和港口间用《国际货协》运单办理，并由托运人或收货人委托的代理人在港口站办理转发送。

2. 国际铁路货物联运的办理种类

国际铁路货物联运的办理种类分为：整车货物、零担货物和大吨位集装箱货物。

(1) 整车货物。按一份运单托运的按其体积或种类需要单独车辆运送的货物即为整车货物。

根据托运人的书面申请，如参加运送的各铁路均表示同意，按一份运单办理同一到站、同一收货人、装有同类货物（矿石、煤等）的直达车组的运送也为整车货物。在这种情况下，托运人必须填写必要份数的"按一份运单直达运送的车辆清单"，并连同运单一起提出。

中俄铁路间运送的整车货物不应超过63t，用机械冷藏车（车组）运送的货物，每车重量不应超过44t；中哈铁路间运送的整车货物换装时不应超过63t，换车辆转向架时不应超过66t；中越铁路间运送的整车货物，按一车一票办理，对跨装、爬装及使用游车的货物，准许每车组（不超过5辆）按一票运送。

在其他方面，按货物发送国的铁路国内现行规章办理。

(2) 零担货物。按一份运单托运、重量不超过5000kg、按其体积或种类无需单独车辆运送的货物，即为零担货物。一件重量不足10kg、体积小于0.1m³的货物不能按零担办理。根据参加运送各铁路间的商定，总重超过5000kg的货物，如按其体积不需要单独车辆运送，也准许按零担货物条件运送。

中朝铁路相互间和从朝鲜通过中国运往越南、蒙古及相反方向运送的零担货物，不受《国际货协》中有关每批零担货物重量不应超过5000kg的规定限制，而是每批重量不得超过29t、体积不得超过62m³。每件货物重量超过2t时，应使用敞车、平车、砂石车装运，2t以下的货物，不受车种限制。中朝间一件重量不足10kg的零担货物可以运送，不受《国际货协》规定的限制。

中越铁路相互间运送一批重量超过5000kg但体积不超过32m³，或一件重量不足10kg但体积不少于0.01m³的货物，如不需要单独车辆运送时，均可按零担货物办理。

(3) 大吨位集装箱货物。按一份运单托运的，用大吨位集装箱运送的货物或空的大吨位集装箱，即为大吨位集装箱货物。

所用大吨位集装箱必须是符合国际标准化组织第1系列集装箱外部尺寸和额定质量的6.1m、9.1m、12.2m国际标准集装箱（即20ft、30ft、40ft国际标准集装箱）。

此外，国际铁路货物联运，按运送速度又可分为慢运和快运，根据有关铁路间的商定，整车货物或大吨位集装箱货物也可随旅客列车挂运。

目前，我国国内不办理国际联运货物快运。按快运条件发到我国的进口货物，在我国铁路暂按慢运办理。

3. 国际铁路货物联通的运输限制

（1）不准运送的货物。不准运送的货物如下：

1）属于参加运送的铁路的任一国家禁止运送的物品。

2）属于参加运送铁路的任何一国邮政专运的物品。

3）炸弹、弹药和军火，但体育和狩猎用的除外。

4）爆炸品、压缩气体、液化气体、在压力下溶解的气体、自燃品和放射性物质（《国际货协》附件2《危险货物运送规则》各表中未列载的）。

5）一件重量不足10kg，并且体积不超过$0.1m^3$的零担货物（中朝、中越铁路间运送按两国国境铁路议定书的规定办理）。

6）在换装联运中，使用不能揭盖的棚车运送的一件重量超过1.5t的货物。

7）在换装联运中，使用敞车类货车运送的一件重量不足100kg的零担货物，但不适用于《国际货协》附件2《危险货物运送规则》规定的一件最大重量不足100kg的货物。

（2）不准在一辆车内混装运送的货物。不准在一辆车内混装运送的货物如下：

1）一种易腐货物与运输条件不同的另一种易腐货物。

2）易腐货物与非易腐货物。

3）危险货物同按照《国际货协》附件2《危险货物运送规则》的规定禁止在一辆车内混装的其他货物。

4）托运人装车的货物同铁路装车的货物。

5）根据发送路国内规章不准许在一辆车内混装运送的货物。

6）堆装运送的货物同其他货物。

三、铁路运输的作业过程

铁路货物运输作业，按货物运输过程分为货物发送作业、货物途中作业和货物到达作业三部分。

（一）货物发送作业

货物发送作业又称货物在发站的货运作业，包括托运人向作为承运人的发站申报运输要求、提交货物运单、进货、缴费以及与发站共同完成承运手续；发站受理托运人的运输要求，审查货物运单，验收货物及其运输包装，与托运人共同完成承运手续，编制货物运送票据，核收运费，在货物运单上加盖发站的日期戳，组织装车（整车货物先装车后承运，零担和集装箱货物则先承运后装车）。

（1）托运是指托运人向承运人提出货物运单和运输要求。托运人在托运货物时应做好以下工作：

1）提交货物运单。货物运单是承运人与托运人之间，为了运输货物而签订的一种运输合同。运单体现了在货物运输中双方的权利、义务和责任，是处理承运人与托运人、收货人间责任的依据，因此双方应该认真填写货物运单并对所填写的内容负责。

运单的填写，分为托运人填写和承运人填写两部分。在运单粗线的左侧和领货凭证各栏由托运人用钢笔、毛笔、圆珠笔或用加盖戳记的方法填写。右侧各栏由承运人填写。运单的填写要做到正确、齐全、字迹清楚。如有更改，属于托运人填写的，由托运人盖章证明；属于承运人填写的，由车站加盖站名戳记。

2）备齐证明文件。托运人托运需凭证明文件运输的货物，必须在托运货物前备齐相应的证明文件。根据中央或省（市）、自治区法令，需凭证明文件运输的货物，托运人在托运货物时应将证明文件与货物运单同时提出，并在货物运单托运人记载事项栏注明文件名称和号码。车站应在证明文件背面注明托运数量，并加盖车站日期戳，然后退还托运人或按规定留发站存查。①物资管理方面的，如托运麻醉品、枪支、民用爆炸品等货物，托运人必须提供药政管理部门或公安部门的证明文件。②物资运输归口管理方面的，如托运烟草、酒类等，托运人应提供有关物资管理部门的证明文件。③国家行政管理方面的，如托运进出口货物，托运人须提供进出口许可证。④卫生检疫方面的，如托运种子、苗木、动物及其产品等，托运人应提供动植物检疫部门的检疫证明文件。

对需凭证明文件运输的货物，若托运人未按规定提供证明文件，承运人可以拒绝受理。

（2）进货在车站内公共场所装车的货物，托运人应按车站指定日期凭铁路受理的货物单将货物全部搬入车站。托运的货物应该符合以下要求：

1）货物包装要求。托运人托运货物，应根据货物的性质、重量、运输种类、运输距离、气候以及货车装载等条件，使用符合运输要求、便于装卸作业和保证货物安全的运输包装。货物包装不仅对货物在运输中的安全完整至关重要，而且对有效地利用货车载重力和容积、提高货物装卸效率、缩短货车停留时间也有密切的关系。

有国家包装标准或行业包装标准的，应按国家包装标准或行业包装标准执行。货物的运输包装不符合要求时，应由托运人改善后承运。没有统一规定包装标准的，托运人和车站研究制定货物运输包装暂行标准，共同执行。除另定者外，对于需要试运的货物运输包装，托运人可与车站商定条件组织试运。

货物状态有缺陷，但不致影响货物安全，托运人在货物运单内具体注明后承运。

2）标明标记和标志。货物标记是根据运输需要，用文字形式显示的运输指示标记。其内容包括：发站、到站、托运人、收货人、货物品名、件数和运输号码，并必须和与其相关的货物运单记载内容相符。它的作用是将货物和与其相关的运输票据联系起来。在运输作业中，铁路工作人员凭此进行票、货核对，在发生票货分离时，可以凭它来确认货物的所属和去向。因此，正确地按规定作好货物标记，对准确、迅速地将货物运至指定到站，交付给正当收货人具有重要作用。

托运人托运零担货物，应在每件货物上标明清晰明显的标记（货签）。标记应用坚韧的材料制作，在每件货物两端各粘贴钉固一个，包装不适宜粘贴或钉固时，可使用拴挂的方法。集装箱应在门把手上拴挂一个货签（1t 集装箱另在吊环上加挂一个），货签上货物名称免填。箱体上严禁张贴任何标记。不适宜用纸制货签的货物，应使用油漆在货件上书写标记或用金属、木质、布、塑料板等材料制成的标记。包装规格相同而到站、收货人不同的零担货物，可选用带色货签，防止互串。

托运搬家货物，托运人应对每一货件进行编号，并将其编号分别填记于物品清单上和每件货物标记（货签）总件数之后。有包装的货件内还必须由托运人存放记有到站、收货人地址的字条。

托运人应根据货物性质按照国家标准，在货物包装上标明"包装储运图示标志"。它是根据货物性质及其在运输、保管、搬运过程中需要注意的事项，以图示形式显示于货件上。与本批货物无关的运输标记和包装储运图示标志，托运人必须撤除或抹消。

3) 货物的重量。货物的重量是货车装载和计费的依据，货物重量（包括包装重量）必须正确确定，重量不足会造成车辆使用上的浪费，如果以多报少还会因超重而损坏车辆，甚至造成行车事故。因此，货物重量的正确与否，对保证运输安全，提高运输效率，有着重要的作用。货物的重量以 kg 为单位，确定的方法是：

整车货物和使用集装箱运输的货物，由托运人确定。

整车货物的重量不得超过货车容许载重量。托运人组织装车的整车货物，装载超过货车规定的容许载重量的，除应补收运费外，还应按规定核收违约金。

货车容许载重量 = 货车标记载重量 + 允许增载量 + 允许多装量

根据现行规定，标重 60t 的 C62A、C62B 型敞车允许增载 2t；标重 60t 的平车装载军运特殊货物允许增载标重的 10%；国际联运的中、朝、越铁路货车允许增载标重的 5%；货车涂刷有禁增标记的，不允许增载。

允许多装是由于货物包装、防护物重量影响净重或机械装载不易计算件数的货物，装车后减吨确有困难时，可以多装，但不得超过货车标记载重量的 2%。

对于用体积换算方法确定重量的散堆装货物，装车时，应由托运人在货车内壁标划装车白线，车站货运员复查，装后由装车单位负责平整顶面，托运人与货运员会同验收，防止超载、亏吨。

零担货物，除标准重量、标记重量、有过秤清单及一件重量超过车站衡器最大称量的货物外，都由铁路确定重量，并核收过秤费。托运人确定重量的整车货物、集装箱货物和零担货物，铁路应进行抽查，重量不符，超过国家规定的衡器公差时，可以向托运人或收货人核收过秤费。

4）货物的件数。铁路运输货物按重量和件数承运，但下列货物按整车运输时，只按重量承运，不计件数。①散堆装货物。②成件货物规格相同（规格在三种以内的视为规格相同），一批数量超过2000件；规格不同，一批数量超过1600件。

下列整车货物，无论规格是否相同，按一批托运时，每件平均重量在10kg以上，托运人能按件点交给车站的，铁路都按重量和件数承运：①针织品、纺织品、衣、袜、鞋、帽；②钟表、中西成药、卷烟、文具、乐器、工艺美术品；③面粉、肥皂、糖果、橡胶、油漆、染料、轮胎、罐头食品、瓶装酒类、医疗器械、洗衣粉、缝纫机头、空钢瓶、化学试剂、玻璃仪器、241L空铁桶；④电视机、收音机、录音机、电唱机、电风扇、计算机、照相机。

上述明定品名的货物与未明定品名的货物作为一批托运时，按未明定品名货物的规定办理。

托运人组织装车，到站由收货人组织卸车的货物，按托运人在货物运单上填记的件数承运。

整车运输按规定可不派押运人运输的爆炸品、毒害品，应按件数和重量承运，按规定只按重量承运的货物，如托运人在运单"托运人记载事项"栏内填写货物件数，对承运人无约束力。

（3）装车是货物发送作业中十分重要的一个环节，货物运输的质量在很大程度上取决于装车作业组织的好坏。货物装载方法不当、使用的货车状态不良，往往是造成事故的主要原因。装车工作还直接影响到货车载重量的利用效率。

1）装（卸）车作业的责任范围。货物装车和卸车的组织工作，在车站公共装卸场所以内由承运人负责；在其他场所，均由托运人或收货人负责。但罐车运输的货物、冻结易腐货物、未装容器的活动物、蜜蜂、鱼苗、一件重量超过1t的放射性同位素，以及用人力装卸带有动力的机械和车辆，均由托运人或收货人负责组织装车或卸车。

其他货物由于其性特殊，经托运人或收货人要求，并经承运人同意，也可由托运人或收货人组织装车或卸车。

2）车辆的选择。货车是铁路运输货物的主要工具，其使用是否正确、合理，对于保证货物安全、货车完整和方便装卸作业都有很大的影响。合理使用车辆的原则是车种要适合货种。①车辆使用必须符合"货车使用限制表"的规定。②对保密物资、涉外物资、精密仪器、展览品，能用棚车装运的必须使用棚车装运，不得用其他货车代替。

③装运活鱼、家禽、家畜时，不得使用无窗棚车，以防禽畜窒息。装运牛、马、驴、骡等大牲畜时，不得使用铁地板货车，以防牲畜打滑偏向车辆一侧，形成偏重而导致行车事故或牲畜碰伤。④装运特殊条件下运送的货物，如阔大货物、危险货物或易腐货物等，应使用规定要求的货车。

3) 装车作业。

①装车前检查。为保证装车工作质量，使装车工作顺利进行，装车前应做好三检工作。

检查货物运单：核对运单记载的到站有无停装和限装命令；核对要求的车种、车吨与计划表上记载的车种、车吨是否相符；对轻重配装和整车分卸的货物，要检查其到站顺序是否合理；零担货物配装的中转站是否符合零担车组织计划的规定；货物运单内托运人有无特别记载事项。

检查货物：按照运单记载内容对待装货物进行检查，检查货物的品名、件数和堆码货位号码与运单记载是否相符；托运人记载事项与货物实际状况是否相符；加固材料、加固装置及装车备品是否齐全、符合要求；如同一货位或相邻货位上有易于混淆的货物时，应分别做"±"标记（标记符号，防止误装）。

检查车辆：检查车体（包括透光检查）、车门、车窗是否完整良好；货车使用上有无限制，有无装载（通行）限制；车内是否干净、是否被毒物污染。装载食品、药物、活动物或有押运人乘坐时，检查车内有无恶臭异味；冷藏车要检查车体设备是否完整良好，装运超限、集重货物要注意选择车型，跨装和使用游车时要选择与车底板高度一致的车辆。

②货物的装车。在装车作业开始前，应向装车工组传达要求和注意事项。作业开始后，应与装车工密切配合，努力改进装载技术，巧装满载，充分利用货车的载重力和容积，并充分注意装卸安全、堆码稳固，并认真清点件数，防止漏装和误装。

③装车后检查。有以下检查工作：

检查车辆装载：检查棚车车门、车窗和罐车的盖、阀关闭状态；敞车要检查车门插销、底开门搭扣；有无超重、偏重、集重现象，装载是否稳固；篷布苫盖和施封是否符合要求，表示牌插挂是否正确。

检查运单：检查车种、车号和运单记载是否相符；有关篷布和施封事项是否填记齐全、正确。

检查货位：检查货位有无误装或漏装的情况。

4) 货车和集装箱的施封。为了划分铁路承运人与托运人或铁路内部各个部门在运输中的责任，应对货车和集装箱施封。①凡使用棚车、冷藏车、罐车运输的货物，由组织装车单位负责施封。派有押运人的货物、需要通风运输的货物以及组织装车单位认为不需施封的货物，可以不施封。②使用集装箱运输的货物，由托运人负责施封。③托运人委托承运人代封时，托运人应在货物运单上注明"委托承运人施封"字样，由承运人以托运人责任施封，并核收施封作业费。

应施封运送的货车、集装箱均须采用施封锁施封。使用施封锁施封的货车，应用粗铁线将两侧车门上部门扣和门鼻拧紧，在每一车门下部门扣处各施封锁一枚。施封后，应对施封锁的锁闭状态进行检查，确认施封有效，车门不能开启。在货物运单、货车装载清单或货运票据封套上记明 F 及车牌号码（如 F246853、1w6854）。车门构造每侧只有一个门扣的货车施封，按下部施封办理，遇车门下部门扣损坏须在上部门扣处施封时，所属单位应编制普通记录证明。

5）货物的押运。有些货物因性质特殊，在运输途中需要有熟悉货物性质的人加以特殊的防护和照料，才能保证货物在运输途中的安全与完整。托运人必须派人押运的货物：活动物、需要浇水运输的鲜活植物、需要生火加温运输的货物、挂运的机车和轨道起重机以及按特殊规定应派人押运的货物。押运人数，除特定者之外，每批不超过2人。

（4）制票和承运整车货物在装车完毕后，零担和集装箱货物在验收完毕以后，托运人应向车站货运室交付运输费用，并办理制票和承运作业。

制票是指根据货物运单填制货票。货票是铁路运输的凭证，也是一种财务票据。它是铁路清算运输费用、确定货物运到期限、统计铁路完成的工作量、确定货运进款和运送里程及计算有关货运工作指标的依据。货票是有价证券并带有号码，必须妥善保管，不得遗失。

制票后，货运员应向托运人核收运输费用，在运单及货票上加盖发站承运日期戳，并将领货凭证及货票丙联交给托运人，然后将运单及货票丁联折叠整齐，填记票据移交本并办理移交。托运人应将领货凭证及时交给收货人，收货人据此到站领取货物。

零担和集装箱货物在发站验收完毕，整车货物在装车完毕，并核收运输费用后，发站在货物运单上加盖承运日期戳记的作业，称为承运。货物承运意味着托运人和承运人的运输合同签订完毕，开始生效。承运是铁路负责运输的开始，也是承运人对托运人履行运输合同的一个重要标志，它表示铁路开始对托运人托运的货物承担运输义务，并承担运输上的一切责任。

（二）货物途中作业

货物途中作业是指途经区间和车站所进行的作业。

（1）货运合同的变更和解除。

1）货运合同变更。托运人或收货人由于特殊原因，对铁路承运后的货物，可按批向货物所在中途站或到站提出变更到站、变更收货人。

但下列情况承运人不予变更：①违反国家法律、行政法规、物资流向、运输限制的货物和密封的货物；②变更后的货物运到期限大于容许运输期限；③变更一批货物中的一部分；④第二次变更到站。

2）货运合同的解除。承运后发送前托运人可向发站提出取消托运。

3）货运合同变更或解除的办理。托运人或收货人要求变更时，应提供领货凭证和货物运输变更要求书。无法提供出领货凭证时，应提供其他有效证明文件，并在货物运输变更要求书内注明。

解除合同，发站退还全部运费与押运人乘车费。但特种车使用费和冷藏车回送费用不退。此外，还应按规定支付变更手续费、保管费等费用。

（2）运输阻碍的处理因不可抗力的原因致使行车中断，货物运输发生阻碍时，铁路局对已承运的货物，可指示绕路运输。或者在必要时先将货物卸下妥善保管，待恢复运输时再行装车继续运输。因货物性质特殊（如危险货物发生燃烧、爆炸或动物死亡、易腐货物腐烂等）绕路运输或卸下再装，会造成货物损失时，车站应联系托运人或收货人，请其在要求的时间内提出处理办法。超过要求时间未接到答复或因等候答复使货物造成损失时，比照无法交付货物处理，所得剩余价款通知托运人领取。

（三）货物到达作业

货物到达作业也就是货物在到站进行的货运作业。货物到达作业包括收货人向作为承运人的到站查询、缴费、领货，与到站共同完成交付手续；到站向收货人发出货物催领通知，接受到货查询、收费、交货、交单，与收货人共同完成交付手续；由铁路组织卸车或收货人自己组织卸车，到站向收货人交付货物或办理交接手续。

1. 到货查询

货物到达到站后，如果是承运人组织卸车的货物，到站应不迟于卸车完了次日内向收货人发出催领通知。催领的方式有电话、书信、揭示等方式，收货人也可与车站商定其他通知方法。

收货人在到站查询所领货物时，车站要认真确认货物是否到达，如果确实未到达时，到站应在领货凭证背面加盖车站日期戳，证明"货物未到"。

货物运抵到站，收货人应及时领取，如果拒绝领取时，应出具书面说明，自拒领之日起，5日内到站应及时通知托运人和发站，征求处理意见。托运人自接到通知次日起，30日内提出处理意见答复到站。

为了加速车站货位的周转，同时给收货人一定的准备时间，铁路组织卸车的货物，收货人应于铁路发出催领通知的次日（不能实行催领通知或会同收货人卸车的货物为卸车的次日）起算，2日内将货物搬出。超过上述期限未将货物搬出，对超过的时间核收货物暂存费。

2. 货物的交付

货物的交付是铁路履行运输合同的最后一个程序,到站向货物运单内所记载的收货人交付货物完毕,即视为铁路履行合同的义务已经结束。货物的交付分为票据交付和现货交付。

(1) 票据交付。收货人在铁路货场领取货物时,必须提供领货凭证,并在货票丁联上盖章或签字,车站应认真核对货物运单和领货凭证的骑缝戳记。收货人为个人的,还需本人身份证,收货人为单位的,还需有该单位出具所领货物和领货人姓名的证明文件及领货人本人身份证。不能出具领货凭证的,可凭经车站同意的、有经济担保能力的企业出具担保书取货。对收货人在专用线或专用铁路内领取货物的,车站可与收货人商定票据交付办法。

到站在收货人办完领取手续和支付费用后,应将货物连同货物运单一并交给收货人。到达到站的货物,如已编有记录或发现有事故可疑痕迹,到站必须复查重量和现状。如已构成货运事故,到站在交付货物时,应将货运记录交给收货人。

(2) 现货交付。车站货运员在现场向收货人点交货物,并在运单上加盖"货物交讫"戳记。对装备物品和加固材料也应一并点交,同时在卸货簿或卸货卡片中将交付事项作记载。

铁路组织卸车和发站铁路组织装车,到站由收货人组织卸车的货物,在向收货人点交货物或办理交接手续后,即为交付完毕;发站由托运人组织装车,到站由收货人组织卸车的货物,在货车交接地点交接完毕,即为交付完毕。

(3) 货车的交接。收货人组织卸车的货物,除派有押运人的不办理交接外,承运人与收货人应按下列规定进行交接:①交接地点。在车站内或专用线内卸车的货物,在各该装卸地点。在特殊情况下,专用线内装车或卸车的,也可在商定的地点。专用铁路内装车或卸车的货物,在交接协议中指定的货车交接地点。②交接方法。到站与收货人使用货车调送单进行交接。施封的货车,凭封印交接;不施封的货车、棚车、冷藏车凭货车门窗关闭状态交接;敞车、平车、砂石车未用苫盖篷布的,凭货物装载状态或规定标记交接,苫盖篷布的凭篷布现状交接。

第二节 公路运输

一、公路运输及其特点

(一) 公路运输的概念

广义的公路运输是指利用一定的载运工具(人力车、畜力车、拖拉机、汽车等)沿公路(一般土路、有路面铺装的道路、高速公路)实现旅客或货物空间位移的过程。

而狭义的公路运输是指由于汽车已成为现代公路运输的主要载运工具，所以，现代的公路运输即是指汽车运输。

（二）公路运输的体系构成

（1）运载工具：各种车辆（主要指货车）。

（2）装卸场所：货运站、停车场。

（3）运输通道：公路网。

（4）管理系统：公路货运系统。

（三）公路运输的特点

1. 机动灵活，适应性强

由于公路运输网一般比铁路、水路网的密度大十几倍，分布面也广，所以公路运输车辆可以"无处不到、无时不有"。公路运输在时间方面的机动性也比较大，车辆可随时调度、装运，各环节之间的衔接时间较短。尤其是公路运输对客、货运量的多少具有很强的适应性，汽车的载重吨位有小（0.25~1t 左右）有大（200~300t 左右），既可以单一车辆独立运输，也可以由若干车辆组成车队同时运输，这对抢险、救灾工作和军事运输具有特别重要的意义。

2. 可实现"门到门"直达运输

由于汽车体积较小，中途一般也不需要换装，除了可沿分布较广的路网运行外，还可离开路网深入到工厂企业、农村田间、城市居民住宅等地，即可以把旅客和货物从始发地门口直接运送到目的地门口，实现"门到门"直达运输。这是其他运输方式无法比拟的。

3. 在中、短途运输中，运送速度较快

在中、短途运输中，由于公路运输可以实现"门到门"直达运输，中途不需要倒运、转乘就可以直接将客货运达目的地，因此，与其他运输方式相比，其客、货在途时间较短，运送速度较快。

4. 原始投资少，资金周转快

公路运输与铁路、水路、航空运输方式相比，所需固定设施简单，车辆购置费用一般也比较低，因此投资兴办容易、投资回收期短。有关资料表明，在正常经营情况下，公路运输的投资每年可周转 1~3 次，而铁路运输则需要 3~4 年才能周转一次。

5. 掌握车辆驾驶技术较易

与火车司机或飞机驾驶员的培训要求相比，汽车驾驶技术比较容易掌握，对驾驶员的各方面素质要求相对也比较低。

6. 运量较小，运输成本较高

目前，世界上最大的汽车是美国通用汽车公司生产的矿用自卸车，长大于 20m，自重610t，载重350t左右，但仍比火车、轮船少得多；由于汽车载重量小，行驶阻力比铁路大9～14倍，所消耗的燃料又是价格较高的液体汽油或柴油。因此，除了航空运输，就是汽车运输成本最高了。

7. 运行持续性较差

据有关统计资料表明，在各种现代运输方式中，公路的平均运距是最短的，运行持续性较差。

8. 安全性较低，污染环境较大

据历史记载，自汽车诞生以来，汽车已经吞吃掉3000多万人的生命，特别是20世纪90年代开始，死于汽车交通事故的人数急剧增加，平均每年达50多万人。这个数字超过了艾滋病、战争和结核病人每年的死亡人数。汽车所排出的尾气和引起的噪声也严重地威胁着人类的健康，是大城市环境污染的最大污染源之一。

二、公路运输的种类

公路货物运输也称道路货物运输，包括用汽车、拖拉机等机动车辆进行的货物运输和用人力车、畜力车等非机动车辆进行的货物运输，其中最主要的是用汽车进行的货物运输。

公路货物运输可根据不同的标准进行分类。

（一）按运输组织方法分类

公路货物运输按其组织方法可分为零担货物运输、整批货物运输和集装箱运输三类。

（1）托运人一次托运货物计费重量3t及以下的，为零担货物运输。

（2）托运人一次托运货物计费重量3t以上或虽不足3t但其性质、体积、形状需要一辆汽车运输的，为整批货物运输。

（3）采用集装箱作为容器，使用汽车运输的，为集装箱运输。集装箱运输又可按照以下标准进行分类：

1）根据集装箱箱型情况和贸易运输合同，集装箱运输可分为国际集装箱运输和国内集装箱运输。国内集装箱运输又可以分为国内标准集装箱运输和国内非标准集装箱运输。

2）根据集装箱所装载的货物的性质，集装箱运输可分为普通集装箱运输和特种集装箱运输。特种集装箱运输又包括危险货物集装箱运输、冷藏保温集装箱运输和罐式集装箱运输等。

3）根据集装箱内装载的货物是否属于同一托运人和收货人，集装箱运输可分为整箱运输和拼箱运输。

4）根据集装箱的所有者，集装箱运输可以分为用托运人的集装箱进行的运输和用承运人的集装箱进行的运输。

5）根据采用的集装箱运输车辆，集装箱运输可分为用单车形式车辆进行的集装箱运输和用牵引车加挂半挂车的列车组合形式进行的集装箱运输。

（二）按运输条件分类

按货物的运输条件，公路货物运输可分为一般货物运输和特种货物运输。其中，特种货物运输又可以分为大型特型笨重物件运输、危险货物运输和鲜活货物运输等。

1. 大型特型笨重物件运输

因货物体积、重量的特殊要求，需要大型汽车或专用汽车运输的，为大型特型笨重物件运输。

托运人托运大型特型笨重物件，应提供货物性质、重量、外廓尺寸及对运输要求的说明书；承运前承托双方应先查看货物和运输现场条件，需排障时由托运人负责或委托承运人办理；运输方案商定后办理运输手续。

2. 危险货物运输

承运公路《危险货物品名表》列名的易燃、易爆、有毒、有腐蚀性、有放射性等危险货物和虽未列入《危险货物品名表》但具有危险货物性质的新产品，为危险货物运输。

3. 鲜活货物运输

鲜活货物包括易腐货物、活动物和有生植物等。鲜活货物运输的条件主要有：

（1）托运需冷藏保温的货物，托运人应提出货物的冷藏温度和在一定时间内的保持温度要求。

（2）托运鲜活货物，托运人应提供最长运输期限及途中管理、照料事宜的说明书。货物允许的最长运输期限应大于汽车运输能够达到的期限。

（3）运输途中需要饲养、照料的活动物和有生植物，托运人必须派人押运。

（三）按经营方式分类

按照公路货物运输的经营方式划分，公路货物运输可以分为公共货物运输、契约货物运输、自用货物运输和货运代理经营的货物运输。

1. 公共货物运输

公共货物运输是以整个社会为服务对象的专业性公路货物运输，其经营方式主要有：

（1）定期定线运输是指不论货载多少，运输车辆在固定路线上按时间表行驶。

（2）定线不定期运输是指在固定路线上视货载情况，派车行驶。

（3）定区不定期运输是指在固定的区域内根据货载需要，派车行驶。

另外，采用装有出租营业标志的小型货运汽车，供货主临时雇用，并按时间、里程和规定费率收取运输费用的,是出租汽车货运。为个人或单位搬迁提供运输和搬运装卸服务,并按规定收取费用的,是搬家货物运输。

2. 契约货物运输

契约货物运输是指按照承托双方签订的运输契约进行货物运输。按契约规定,托运人保证提供一定的货运量,承运人保证提供所需的运力。契约期限一般都比较长,短的有半年、一年,长的可达数年。运输契约的托运人一般都是一些较大的工矿企业,常年运量较大而又较稳定。

3. 自用货物运输

自用货物运输是指工厂、企业、机关自置汽车,专为运送自己的物资和产品而进行的运输,自用货物运输一般不对外营业。

4. 货运代理经营的货物运输

货运代理本身既不掌握货源也不掌握运输工具。他们以中间人身份一面向货主揽货,一面向运输公司托运,并借此收取手续费用和佣金。有的汽车货运代理专门从事向货主揽取零星货载,加以归纳集中成为整批货物,然后自己以托运人的名义向运输公司托运,赚取零担和整批货物运费之间的差额。

三、公路运输的组织

货物运输的组织方法直接影响到运输费用。在各种运输方式竞争激烈的条件下,做好货物运输组织工作显得尤为重要。

货物运输组织的首要任务是货源组织,诸如与固定、大宗货源单位签订运输协议、在服务范围内建立若干货运服务网点等。货源组织工作的主要内容是:货源经济调查、运力运量平衡、联络协调承托双方。

在掌握一定货源的基础上,根据货物结构的不同,合理调配和使用车辆,做到车种适合货种,车重配合货重。

(一)普通货物和零担货物的公路运输组织

1. 普通货物运输

货物在运输、装卸、保管过程中无特殊要求的为普通货物。普通货物运输是指以通过道路、将汽车作为运送工具的运输。普通货物分为三等:一等普通货物主要是砂、石、渣、土等;二等普通货物主要是日用百货;三等普通货物主要是农产品、水产品等。普通货物在运输、装卸、保管过程中,除一等普通货物要注意防止扬洒外,其他货物无特殊要求。

普通运输形式包括用各种普通货车、翻斗车、拖挂车在专线或非专线上向社会提供货物运输服务。其特点是:①向全社会提供服务,讲究社会效益;②运输各种货物,讲究经济效益,追求利润;③保证准确送货、交易平等、收费合理。普通运输形式是营业范围最广泛的货运方式。它灵活、机动,运输的货物品种繁多,凡是能用普通卡车运输的商品都可采用此种方式运输。它包括专线、非专线普通杂货运输、合同运输、专业杂货运输和联合包裹运输配送等。

1) 直达行驶。公路货物运输行车组织常采用直达行驶和分段行驶两种。直达行驶是指每辆汽车装运货物由起点经过全线直达终点,卸货后再装货或空车返回,即货物中途不换车。其特点是车辆在路线上运行时间较长,因此驾驶员的工作制度可根据具体情况采取单人驾驶制、双人驾驶制、换班驾驶制等方式。

2) 分段行驶。分段行驶是指将货物运输路线全线适当分成若干段(即区段),每一区段均有固定的车辆工作,在区段的衔接点,货物由前一个区段的车辆转交给下一个区段的车辆接运,每个区段的车辆不出本区段工作。为了缩短装卸货交接时间,在条件允许情况下,也可采取甩挂运输。

3) 甩挂运输组织。甩挂运输也称为甩挂装卸,是指汽车列车(一辆牵引车与一辆或一辆以上挂车的组合)在运输过程中,根据不同的装卸和运行条件,由载货汽车或牵引车按照一定的计划,相应地更换拖带挂车继续行驶的一种运行方式。由于甩挂运输既保留了直达行驶的优点,又克服了分段行驶中转运时装卸时间长的缺点,使车辆载重量和时间利用均能得到充分发挥,具有较佳的经济效益。在不同的运输条件下,可以有多种甩挂方式,其依据的基本原理和采用的基本方法是相同的。一辆货车配备三辆全挂车,当汽车列车在甲地装货行驶至乙地时,先摘下重挂车①,卸车工人集中力量卸空主机,然后挂上已经卸空的全挂车②返回甲地;与此同时,乙地卸车工人完成甩下挂车的卸车作业。汽车列车回到甲地时,先摘下挂车②,装车工人集中力量装载主机,然后挂上已装毕的全挂车③继续向乙地行驶;同时,甲地装车工人完成挂车②的装车作业,依此循环工作。由此可见,甩挂运输实质上是使汽车列车运行作业与甩下挂车装卸作业平行进行的一种方法。它减少了整个汽车的装卸停留时间。当挂车的装卸时间小于汽车列车的运行时间时,采用上述"一线两点"甩挂运输是合理的。

2. 零担货物运输

零担货物是指托运人一次托运的货物计费重量在3t以下的货物。零担货物具有零星、批量小、批次多、品种繁多、流向分散的特点。此外,零担货物运输具有定线、定班的特点。零担货运按经营区域分为:县(市)内、地(市)内、省内、省际和国际零担货运;按送达速度分为:普通零担货运、快件零担货运、特快专运零担货运。零担货运经营活动是指零担货物的受理、仓储、运输、中转、装卸、交付等过程。

(1) 零担车的种类。零担车是指装运零担货物的车辆,可分为固定式和非固定式两大类。

1) 固定式零担车。固定式零担车是指车辆运行采取定线路、定班期、定车辆、定时间的一种零担车，也叫做"四定运输"，通常又称为汽车零担货运班车（简称零担班车）。零担班车一般是以营运范围内的零担货物流量、流向以及货主的实际要求为基础组织运行。运输车辆主要以厢式专用车为主。零担班车运行方式主要有以下几种：①直达零担班车。直达零担班车是指在起运站将多个发货人托运的同一到站且可以配载的零担货物装在同一车内，直接送达目的地的一种零担班车。②中转零担班车。中转零担班车是指在起运站将多个发货人托运的同一线路、不同到达站且允许配装的零担货物装在同一车内运至规定中转站，卸后复装，重新组织成新的零担班车运往目的地的一种零担班车。③沿途零担班车。沿途零担班车是指在起运站将多个发货人托运的同一线路、不同到达站且允许配装的零担货物装在同一车内，在沿途各计划停靠站卸下或装上零担货物继续前进，直至最后终点站的一种零担班车。

2）非固定式零担车。非固定式零担车是指按照零担货流的具体情况，根据实际需要，临时组织成的零担车。通常在新辟零担货运线路或季节性零担货物线路上使用。

（2）零担货运的作业程序。零担货运作业是根据零担货运工作的特点，按照流水作业构成的一种生产方式。

1）受理托运。由于零担货运线路、站点较多，货物种类繁杂，包装形状各异、性质不一，因此，受理人员必须熟知营运范围内的线路、站点、运距、中转范围、车站装卸能力、货物的理化性质及运输限制等一系列业务知识和有关规定。此外，托运站必须公布办理零担货运的线路、站点（包括联运站、中转站）、班期、里程和运价，张贴托运须知、包装要求及限运规定等。受理托运时，必须由托运人认真填写托运单，承运人审核无误后方可承运。对托运人在记载事项栏内填写的要求应予以特别审核，看其是否符合有关规定。如要求不合理或无法承担的，应向托运人作出解释，并在记录栏内作出相应记录。对负责事项也应在记录栏内注明。

2）过磅起票。业务人员在收到零担货物托运单后，应及时验货过磅，点件交接，作好记录。零担货物过磅后，连同"托运单"交仓库保管员，按托运单编号填写标签及有关标志，并根据托运单和磅码单填写"零担运输货票"，并收清运杂费。各站零担货运营业收入，应根据零担货票填造"货运营业收入日报"，向主管公司或主管部门报缴。

3）仓库保管。零担仓库要有良好的通风、防潮、防火和灯光设备，库房严禁烟火。露天堆放货物时，要有安全防护措施。货物进出仓库要履行交接手续按单验收入库和出库。以票对货，票票不漏，做到票、货相符。

4）配载装车。零担货物的配载必须遵循：①中转先运、急件先运、先托先运、合同先运的原则；对一张托运单和一次中转的货物，须一次运清，不得分送。②凡是可以直达运送的货物，必须直达运送；必须中转的货物，合理流向配载，不得任意增加中转环节。③充分利用车辆的载重量进行轻重配装，巧装满装。④认真执行货物混装限制规定，确保安全。⑤加强预报中途各站的待运量，并尽可能使同站卸装的货物在吨容积上相适应。

货物装车前必须做好以下准备工作：①按车辆的容载量和货物长短、大小、性质进行合理配载，填制配装单和货物交接清单。填单时按货物先远后近，先重后轻，先大后小，形状先方后圆的顺序填写，以便按此装车。对不同到达站和中转的货物要分单填制，不得混填一单。②各种随货单证，分附于交接单后面。③按单核对货物堆放位置，作好标记。

完成上述准备工作后，便可装车。装车时，除按交接清单的顺序要求点件装车外，还要注意以下事项：①将贵重物品放在防压、防撞的位置，保证其运输安全。②货物装妥后，要复查货位，防止错装、漏装；确认无误后，驾驶员（或随车理货员）要清点随货单证并在交接单上签章。③检查车辆关锁及遮盖、捆扎等情况。

5）车辆运行　零担车必须按时发车，不得误班。如属有意或过失责任造成误班必须按章对责任人给予处罚。定期零担班车应按规定线路行驶。凡规定停靠的中途站，车辆必停，并由中途站值班人员在行车路单上签证。行车途中，驾驶员（随车理货员）应经常检查车辆装载情况。如有异常情况，应及时处理或报请就近车站协助处理。

6）中转交接到站　卸货班车到站后，仓库理货员应会同驾驶员（或随车理货员）检查车载情况，检查运输途中有无异状，并作记录，然后按货物交接清单点交验收。如无异常，则由仓库理货员在"交接单"上签字，并加盖专用章；如发现异常情况，则应按下列情况分别处理：①无货时，双方签注情况后，在"交接单"上销号，原单返回。②有货无单时，经查验标签，确是运到车站，应予以收货，并填写收件内容，双方签章后，交起运站查补票据。③货物到站错误时，由原车带回起运站或带至货物应到站。④货物短缺、破损、受潮、污染和腐坏时，由到达站会同驾驶员（或随车理货员）验货，复磅签章后，填写"商务事故记录单"，按商务事故处理程序办理。

7）货物交付是零担运输的最后环节。货物入库后，应及时用电话或书面形式通知收货人凭"提货单"提货，并作好通知记录，逾期提取的按有关规定办理。对预约"送货上门"的货物，则由送货人按件点交收货人签收。货物交付要按单交付，做到票货相符。货物点交完毕后，应及时在提货单上加盖"货物交讫"戳记。

零担货运通常由多个运输企业（或站、点）连续作业才能完成，因此在零担运输作业的全过程中，每个环节都必须严格办理交接手续，否则，就会产生手续不清、责任不明等问题，甚至无法查明原因，造成混乱。

（二）特种货物的公路运输组织

货物在运输、装卸、保管中需采取特殊措施的为特种货物。特种货物一般可分为危险货物、超限货物、鲜活货物和贵重货物四大类。

1. 危险货物运输

由于危险货物具有爆炸、易燃、毒害、腐蚀、放射性等性质，在受理托运、仓储保管、货物装卸、运送、交付等环节，应加强管理。托运人只能委托有危险化学品运输资质的运输企业承运，在托运时必须说明货物名称、特性、防护方法、形态、包装、单件重量等情况。

2. 超限货物运输

(1) 公路超限货物运输概念。公路超限货物运输是指使用非常规的超重型汽车载运外形尺寸和重量超过常规车辆装载规定的大型物件（简称为大件）。大件是指符合下列条件之一的货物：①长度在14m以上或宽度在3.5m以上或高度在3m以上的货物；②重量在20t以上的单体货物或不可解体的成组（捆）货物。

(2) 公路超限货物等级。根据我国公路运输主管部门现行规定，公路超限货物按其外形尺寸和重量分成四级，如表2-2所示。在货物的重量和外廓尺寸中，有一项达到表中所列参数，即为该级别的超限货物；货物同时在外廓尺寸和重量达到两种以上等级时，按较高级别确定超限等级。

表2-2 大型物件级别

大型货件级别	重量 Q/kg	长度 L/m	宽度 B/m	高度 H/m
一级	$20 \leq Q < 100$	$14 \leq L < 20$	$3.5 \leq B < 4.5$	$3 \leq H < 3.8$
二级	$100 \leq Q < 200$	$20 \leq L < 30$	$4.5 \leq B < 5.5$	$3.8 \leq H < 4.4$
三级	$200 \leq Q < 300$	$30 \leq L < 40$	$5.5 \leq B < 6$	$4.4 \leq H < 5$
四级	$Q \geq 300$	$L \geq 40$ 以上	$B \geq 6$ 以上	$H \geq 5$

(3) 公路超限货物运输的特殊性。与普通公路货物运输相比，公路超限货物运输具有以下特殊性：

1) 大件货物要用超重型挂车作载体，用超重型牵引车牵引。而这种超重型车组（即汽车列车）是非常规的特种车组，车组装上大件货物后，其重量和外形尺寸大大超过普通汽车列车和国际集装箱汽车。因此，超重型挂车和牵引车都用高强度钢材和大负荷轮胎制成，价格昂贵，而且要求行驶平稳、安全可靠。

2) 运载大件货物的超重型车组要求通行的道路有足够的宽度和净空、良好的道路线形，桥涵要有足够的承载能力，有时还要分段封闭交通，让超重型车组单独通过。这些要求在一般道路上往往难以满足，必须事先进行勘察，运输前采取必要的工程措施，运输中采取一定的组织技术措施，超重型车组才能顺利通行。这就牵涉到公路管理、公安交通、电信电力、绿地树木等专管部门，必须得到这些部门的同意、支持和配合。

大型设备一般都是涉及国家经济建设的关键设备，稍有闪失，后果不堪设想。为此要有严密的质量保证体系，任何一个环节都要求有专职人员检查，按规定要求严格执行，未经检查合格，不得运行。所以，安全质量第一的要求，既是大件货物运输的指导思想，也是大件货物运输的行动指南。

由于公路大件货物运输要求严、责任重，所运大件价值高、运输难度大、牵涉面广，所以受到各级政府、各有关部门、单位和企业的高度重视。

(4) 超限货物运输组织工作的要点。根据公路超限货物的特点，其组织工作环节主要包括托运、理货、验道、制定运输方案、签订运输合同、线路运输工作组织，以及运输统计与结算等项。在办理托运时，应由大型物件托运人（单位）向已取得大型物件运输经营资格的运输业户或其代理人办理托运，托运人必须在托运单上如实填写大型物件的名称、规格、件数、件重、起运日期、收发货人详细地址及运输过程中的注意事项，应提供货物重心位置的资料并在货件上标明重心位置。凡未按上述要求办理托运或托运单填写不明确的，由此引发运输事故，由托运人承担全部责任。

3. 鲜活货物运输

鲜活货物是指在运输过程中，需要采取相应的保鲜活措施，并须在规定期限内运抵目的地的货物。鲜活货物一般具有季节性较强、运输责任性较大、运送时间比较紧迫等特点。良好的运输组织工作对保证鲜活货物的质量十分重要。汽车运输部门按鲜活货物的运送规律，提前做好各方面的准备工作，如事先做好货源摸底和核实工作，妥善安排好运力，保证及时运输。托运鲜活货物时，发货人应保证提供质量新鲜、包装容器符合要求、热状态符合规定的货物，并在托运单上注明最长的运达期限。

4. 贵重货物运输

贵重货物是指价格昂贵、运输责任重大的货物，因此装车时应进行严格清查。应该查看包装是否完整，货物的品名、重量、件数和货单是否相等，装卸时怕震的贵重货物要轻拿轻放，不要压挤。贵重物品应当用坚固、严密的包装箱包装，外加"井"字形铁箍，接缝处必须有封志。贵重物品需派责任心强的驾驶员运送，要有托运方委派专门押送人员跟车。交付贵重货物要做到交接手续齐全、责任明确。

第三节 水路运输

一、水路运输及其特点

(一) 水路运输的概念

水路运输是指利用船舶、排筏和其他浮运工具，在江、河、湖泊、水库、人工水道和海上运送旅客和货物的一种运输方式。水路运输是最古老的运输方式，远洋及江海水运干线具有成本低、运量大的特点，适合于大宗货物的运送。通常按其航行的区域，水路运输大体上可划分为远洋运输、沿海运输和内河运输三种类型。我国海洋运输主要是外贸运输，在内河及沿海，水运也常作为小型运输工具使用，担任补充及衔接大批量干线运输的角色。

（二）水路运输的分类

按其航行的区域，水路运输大体上可划分为沿海、远洋、内河运输三种形式。

1. 沿海运输

沿海运输是指利用船舶在我国沿海区域各地之间的运输。

2. 远洋运输

远洋运输通常是指除沿海运输以外所有的海上运输。

3. 内河运输

内河运输是指利用船舶、排筏和其他浮运工具，在江河、湖泊、水库及人工水道上从事的运输。

（三）水路运输的体系构成

（1）运载工具：各种货船。

（2）装卸场所：港口。

（3）运输通道：海上航道、内河航道和人工航道。

（四）水路运输的特点

（1）水路运输运量大、成本低，非常适合大宗货物的运输。

（2）水上航道四通八达，通航能力几乎不受限制，而且投资少。

（3）水路运输是开展国际贸易的主要方式，是对外经济发展和友好往来的主要交通工具。

（4）与其他运输方式相比，水路运输速度较慢，受自然气候和条件的影响较大。

二、水路运输的种类

1. 根据货物的包装形式分类

根据货物的包装形式，水路运输可以分为散装货物运输、成件货物运输和集装箱货物运输。

（1）散装货物运输。散装货物运输包括散装液体货物运输和散装固体货物运输。

（2）成件货物运输。成件货物运输主要是指成件包装货物运输。

（3）集装箱货物运输。集装箱货物运输是指将货物装入符合国际标准、国家标准或行业标准的集装箱进行运输。集装箱货物运输多用于零星或件杂货物运输。

2. 根据货物的性质分类

根据所运货物的性质，国内水路货物运输可分为普通货物运输和特种货物运输。特种货物运输包括散装液体货物运输、危险货物运输、笨重、长大货物运输、舱面装载货物运输、鲜活货物运输、内河拖航运输等。

3. 根据货物的装卸方式分类

根据货物的装卸方式，水路货物运输可以分为垂直装卸的货物运输、液体货物运输和单元滚装货物运输。

4. 根据船舶营运方式分类

根据船舶的营运方式，国际海上货物运输可以分为：

（1）班轮运输。班轮运输是指定期定航线的运输。

（2）租船运输。租船运输是指租用他人的船舶从事海上运输。在航运实践中，租船运输是一种常见的运输方式。人们通过租船可以运输自己的货物，也可以作为承运人来运输其他人的货物，还可以依法将船舶转租给第三人使用，而自己从中获利。在实践中，租船运输的方式主要包括航次租船运输、定期租船运输和光船租赁运输。

1）航次租船运输。航次租船运输是航运实践中最常见、最复杂的一种租船方式。该租船形式，明显具有水路运输的特征，承租人不仅在船舶某一航次或某几个航次中享有船舶使用权，也即承租人为了完成某一或某几个航次运输任务而使用该船舶，且是用来运输约定的货物。

2）定期租船运输。定期租船是指船舶出租人向承租人提供约定的由出租人配备船员的船舶，在约定的期间内，由承租人按照约定的用途使用，并支付租金的一种租船形式。

3）光船租赁运输。光船租赁是指船舶出租人向承租人提供不配备船员的船舶，在约定期间内由承租人占有、使用和营运，并向出租人支付租金的一种租船形式。在光船租赁中，有一种新的方式即融资租赁值得注意。它是指船舶出租人按照承租人对船舶的特殊要求和指定的供货方，出资购买船舶，交给承租人使用，由承租人支付租金。光船租赁是航运实践中一种典型的租船方式。通过这一方式，承租人不仅有权使用承租的船舶从事水路运输营运，而且暂时占用该船舶。租赁船舶的期限可长可短，长的可达数年之久。

三、水路运输组织

（一）内河货物运输组织

随着铁路和公路运输的发展，内河运输业务日渐衰退，班轮运输基本上已退出，只是一些租船业务得以保留。这里重点介绍内河租船运输业务的组织。

1. 货物的托运

填写货物运单时应注意以下几方面事项：

1）填写要求：①一份运单填写一个托运人、收货人、起运港、到达港；②货物名称填写具体品名，名称过繁的可以填写概括名称；③规定按重量或体积择大计费的货物应当填写货物的重量和体积（长、宽、高）；④填写的各项内容应当准确、完整、清晰；⑤危险货物应填制专门的危险货物运单（红色运单）。国家禁止利用内河以及其他封闭水域等航运渠道运输剧毒化学品以及交通部门禁止运输的其他危险化学品；除上述以外的危险化学品，只能委托有危险化学品运输资质的运输企业承运。因此，托运人在托运危险货物时，必须确认水运企业的资质。

2）货物的名称、数量、重量、体积、包装方式、识别标志等应当与运输合同的约定相符。

3）对整船散装的货物，如果托运人在确定重量时有困难，则可要求承运人提供船舶水尺计量数作为其确定重量的依据。

4）对单件货物重量或者长度（沿海为5t、12m，长江、黑龙江干线为3t、10m）超过标准的，应当按照笨重、长大货物运输办理，在运单内载明总件数、重量和体积。

5）托运人应当及时办理港口、检验、检疫、公安和其他货物运输所需的各项手续的单证，送交承运人。

6）已装船的货物，可由船长代表承运人签发运单。

7）水路货物运单一般为六联。第一联为起运港存查；第二联为解缴联，起运港航运公司留存；第三联为货运收据联，托运人留存；第四联为船舶存查联，承运船舶留存；第五联为收货人存查联；第六联为货物运单联，提货凭证，收货人交款、提货、签收后交到达港留存。

2. 提交货物

1）按双方约定的时间、地点将托运货物运抵指定港口暂存或直接装船。

2）须包装的货物应根据货物的性质、运输距离及中转等条件做好货物的包装。

3）在货物外包装上粘贴或拴挂货运标志、指示标志和危险货物标志。

4）散装货物按重量或船舶水尺计量数交接，其他货物按件数交接。

5）散装液体货物由托运人装船前验舱认可，装船完毕由托运人会同承运人对每处油舱和管道阀进行施封。

6）运输活动物，应将绳索拴好牲畜，备好途中饲料，派人随船押运照料。

7）使用冷藏船运输易腐、保鲜货物，应在运单内载明冷藏温度。

8）运输木（竹）排货物应按约定编排，将木（竹）排的实际规格、托运的船舶或者其他水上浮物的吨位、吃水，以及长、宽、高以及抗风能力等技术资料在运单内载明。

9）托运危险货物，托运人应当按照有关危险货物运输的规定办理，并将其正式名称、危险性质以及必要时应当采取的预防措施书面通知承运人。

3. 支付费用

托运人按照约定向承运人支付运费。如果约定装运港船上交货、运费由收货人支付，则应当在运输单证中载明，并在货物交付时向收货人收取。如果收货人约定指定目的地交货，托运人应缴纳货物运输保险费、装运港口作业费等项费用。

4. 领取货物

收货人在收到提货通知，办理提货手续时，其程序为：①提交取货单证；②检查验收货物；③支付费用。

（1）提交取货单证。收货人接到到货通知后，应当及时提货。接到到货通知后满60天，收货人不提取或托运人也没来处理货物时，承运人可将该批货物作为无法交付货物处理。收货人应向承运人提交证明收货人单位或者经办人身份的有关证件及由托运人转寄的运单提货联或有效提货凭证，供承运人审核。如果货物先到，而提货单未到或单证丢失的，收货人还需提供银行的保函。

（2）检查验收货物。收货人提取货物时，应当按照运输单证核对货物是否相符、检查包装是否受损、货物有无丢失。发现货物损坏、丢失时，交接双方应当编制货运记录；确认不是承运人责任的，应编制普通记录。收货人在提取货物时没有对货物的数量和质量提出异议时，视为承运人已经按照运单的记载交付货物。

（3）支付费用。按照约定在提货时支付运费，并须付清滞期费、包装整修费、加固费用以及其他中途垫款等。

因货物损坏、丢失或者迟延交付所造成的损失，收货人有权向承运人索赔；承运人可依据有关法规、规定进行抗辩。托运人或者收货人不支付运费、保管费以及其他费用时，承运人对相应的运输货物享有留置权，但另有约定的除外。查验货物无误并缴清所有费用后，收货人在运单提货联上签收。

（二）远洋货物运输组织

远洋货物运输的主要营运方式有两种：班轮运输、租船运输。

1. 班轮运输

班轮运输是在特定的航线上，按照规定的时间表运行。轮船运输公司在航线的两端及中间停靠的港口设立办事机构，帮助收发货物。为使班轮运输能顺利进行，需要制订一套切实可行的货运组织程序。班轮运输的货运组织程序如图2-1所示。

1）揽货与订舱。揽货是指承运人在市场争取货源的行为。船舶公司为充分提高设施与设备的利用率及企业的经济效益，船舶公司设有专门的业务部门进行企业宣传、咨询和订立货运合同。订舱则是指货物托运人或其代理人向承运人申请货物运输的行为。

2）接受托运申请。货主或其代理向船舶公司提出订舱申请后，船舶公司首先考虑其航线、港口、船泊、运输条件等能否满足发货人的要求，然后再决定是否接受托运

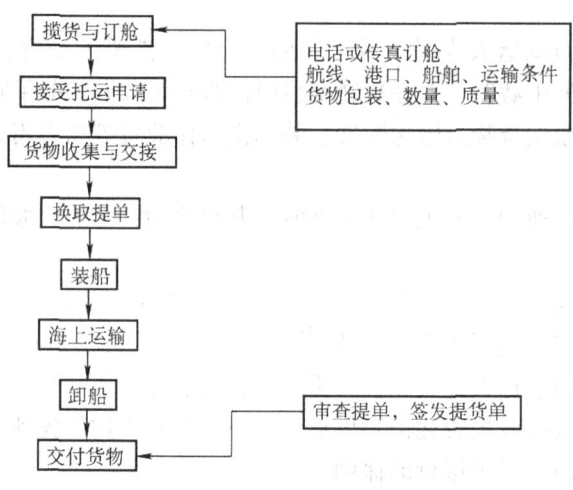

图 2-1 班轮运输的货物组织程序

申请。

3) 货物收集与交接。传统的件杂货不仅种类繁多、性质各异、包装形态多样，而且这些货物又分属不同的货主，如果每个货主都将自己的货物送至船边装船，势必造成装货现场的混乱，影响装货效率。所以传统的件杂货班轮运输一般采用集中装船的形式，即由船公司在各装货港指定装船代理人，在装货港的指定地点（通常是仓库）接受托运人送来的货物，将货物集中，并按货物的性质、包装、目的港及卸货次序进行适当的分类后进行装船。对一些特殊货物（如危险品、冷冻货、贵重货或批量较大的同类货物），可以考虑由托运人将货物直接送至船边装货。仓库在收到托运人送交的货物后，应注意认真检查货物的包装，核对货物的数量和质量，核对无误后，签署场站收据给托运人。至此，承运人与托运人之间的货物交接完成。

4) 换取提单。托运人凭借签署的场站收据，向船公司或其代理换取提单，然后去银行结汇。

5) 装船。船舶到港前，船公司和码头计划室对本航次需装运的货物制作装船计划，待船舶到港后，将货物从仓库运至船边，按照装船计划装船。如果船舶是靠在浮筒或在锚地作业，船公司或其代理人则用自己的或租用的驳船将货物从仓库驳运至船边再装船。

6) 海上运输。海上承运人对装船的货物负有安全运输、保管、照料的责任，并依据货物运输提单条款来划分与托运人之间的责任、权利、义务。

7) 卸船。在卸货港的船舶公司代理人根据船舶发来的到港电报，一方面要编制有关单证，约定装卸公司、等待船舶进港后卸货；另一方面还要把船舶预定到港的时间通知收货人，以便收货人做好接收货物的准备工作。与装船时一样，如果各个收货人都同时到船边接收货物，同样会使卸货现场十分混乱，所以，卸货一般也采用"集中卸货，仓库交付"的方式。

8）交付货物。在实际业务中，交付货物的过程是收货人凭注明已经接受了船舶公司交付的货物并签章的提单交给船公司在卸货港的代理人，经代理人审核无误后，签发提货单交给收货人，然后收货人再凭提货单前往码头仓库提取货物，并与卸货代理人办理交接手续。

交付货物时，除要求收货人必须交出提单外，还必须要求收货人付清运费和其他应付的费用，如船公司或其代理人垫付的保管费、搬运费等费用，以及共同海损分摊和海难救助费等。如果收货人没有付清上述费用，船公司就有权根据提单上留置权条款的规定，暂不交付货物，直到收货人付清各项应付的费用后再交付货物。如果收货人拒绝支付应付的各项费用而使货物无法交付时，船公司还可以经卸货港所在地法院批准，对卸下的货物进行拍卖，以卖得的货款抵扣运输及其他有关费用。尽管在班轮运输中以"集中卸货，仓库交付"为原则，但是，根据运输中出现的具体情况，也有一些不同的交付货物的方式。

（1）船边交付货物。船边交货，又称"现提"，是指收货人以提单在船公司卸货港的代理人处换取提货单后，凭提货单直接到码头船边提取货物，并办理交接手续的方式。

收货人要求船边提货，必须事先征得船公司或其代理人的同意，不过，对于冷藏货物，一般都采用船边交货的方式。船边交货适用于贵重货物、危险货物、冷冻货物、长大件货物以及其他批量较大的货物。

（2）选港货物。选港货物是指货物在装船时尚未确定卸货港，待船舶开航后再由货主选定对自己更为方便或有利的卸货港，并在这个港口卸货和交付货物。在这种情况下，提单上的卸货港一栏内必须记明两个或两个以上的卸货港的名称，如"选择神户/横滨"或"选择伦敦/鹿特丹/汉堡"。而且，货物的卸货港也只能在提单上所写的港口中选择。货主托运选港货物，难免给船舶积载工作造成困难，因此，船公司对选港货物要增收一定的附加费用。货物托运人应在办理货物托运时提出申请，而且还必须在船舶自装货港开航后，到达第一个选卸港前的一定时间以前（通常为24小时或48小时），把确定的卸货港通知到船舶公司及被选定卸货港船公司的代理人，否则船长有权在任何一个选卸港将货物卸下，并认为船公司已履行了对货物的运送责任。

（3）变更卸货港交付货物。变更卸货港交付货物是指在提单上所记载的卸货港以外的其他港口卸货和交付货物。如果收货人认为将货物改在提单上所载明的卸货港以外的其他港口卸货并交付，对其更为方便或有利时，可以向船公司提出变更卸货港的申请。船公司接到收货人提出变更卸货港的申请后，必须根据本船的积载情况，考虑在装卸上能否实现这种变更，例如，是否会发生严重的翻舱、超载情况；在变更的卸货港所规定的停泊时间能否来得及将货物卸下；是否会延误本船的开航时间等情况后，才能决定是否同意收货人的这种变更申请。因变更卸货港而发生的翻舱费、超载费、装卸费，以及因变更卸货港的运费差额和有关手续费等，均由收货人负担。由于变更卸货港交付货物与一般情况下货物的交付不同，收货人在办理提货手续时，必须向船公司或变更后的卸货港船公司的代理人交出全套正本提单之后，才能办理提货手续，这是与正常情况下的提货手续和货主选择卸货港交付货物的提货手续不同之处。

（4）凭保证书。交付货物在班轮运输中，有时因提单邮寄延误而出现提单到达的时间迟于船舶到港的时间（特别是装货港与卸货港间距离较短）的情况；或因提单失窃；或者是当船舶到港时，作为押汇的跟单票据的提单已到达进口地银行，只是因为汇票的兑现期限的关系，收货人暂时还拿不到提单，因而造成船舶虽然已到港，但收货人尚未收到提单的局面。在这些情况下，收货人就无法以提单换取提货单提取货物。此时，常由收货人开具保证书，以保证书交换提货单，然后持提货单提取货物。

保证书的内容一般包括：收货人保证在收到提单后立即向船公司或他的代理人交回这一提单，承担应由收货人支付的运费及其费用的责任；对因未提交提单而提取货物所产生的一切损失承担责任，并表明对上述保证内容由有关银行与收货人一起负连带责任。

2. 租船运输组织

在租船运输业务的实际操作中，主要有航次租船、定期租船、包运租船和光船租船等经营方式。①航次租船是指船舶所有人负责提供船舶在指定的港口之间进行一个或几个航次运输指定货物的租船，包括单航次租船、往返航次租船和连续单航次或连续往返航次租船。②定期租船是指船舶所有人将一艘特定的船舶出租给承租人使用一段时间的租船。③包运租船则是指船舶所有人提供给承租人一定的运力，在确定的港口之间，以事先约定的时间、航次周期和约定的货运量完成合同规定的总运量的租船。④光船租船只相当于一种财产租赁，是指船舶所有人按合同规定的租金提供船舶给承租人使用。不同经营方式租船的组织形式基本相同，它是通过租船市场进行的，在租船市场上，船舶的所有人是船舶的供给方，承租人则是船舶的需求方。一项租船业务从发出询价到履行完租船合同的全过程称为租船程序。

（1）租船经纪人。在国际租船市场上，租船交易通常都不是由船舶所有人和承租人亲自到场直接洽谈，而是通过租船经纪人代为办理并签约的。

租船经纪人是在租船业务中代表船舶所有人和承租人进行磋商租船业务的人。他既可以是接受船舶所有人的委托，代表船舶所有人，站在船舶所有人的立场上进行交易的船舶所有人的经纪人；也可以是接受承租人的委托，代表承租人，站在承租人的立场上进行租船交易的承租人的经纪人。租船经纪人都非常熟悉租船市场行情，精通租船业务，并且有丰富的租船知识和经验，在整个租船交易过程中起着桥梁的作用，对顺利成交起着十分重要的作用。租船经纪人一般都与船舶所有人和货主经常保持联系，一些大的租船经纪人更和世界范围的租船市场保持着互通情报的关系，他们能够及时地掌握货源和运力的情况，及时了解市场行情的变动。所以船舶所有人或承租人委托他们代办租船交易，不但能够比较及时地以比较合理的条件满足自己的需要，而且可以减少许多事务上的繁琐手续。

国际上，通过租船经纪人洽谈租船业务的主要方式有两种，一种是由船舶所有人和承租人分别指定的租船经纪人进行洽谈。在代表各自委托方利益的经纪人就租船所涉及的基本条件达成一致，且船舶所有人和承租人也表示可按这些条件成交的条件下，一般由船舶所有人的经纪人在成交后的最短时间内，根据双方同意选用的某种租船合同范本以及达成的各项条件和条款制订完善的租船合同，并代表"本人"在合同上签署（须经"本人"事先授权），如另一方经纪人对所制定的租船合同条款无异议，也代表"本人"在合同上签字。另一种是船舶所有人和承租人共同指定同一租船经纪人进行洽谈，在这种情况下，双方当事人往往在现场当面洽谈，并在谈判中决定是否成交。在这其间，租船经纪人只是起着引导双方当事人共同议定各项条件或条款，利用自己的知识和技能，尽可能促使谈判尽快、顺利地进行、成交并签约。

租船经纪人接受船舶所有人或承租人的委托，代办租船交易的谈判和签订租船合同后，将从船舶所有人那里取得一定的报酬，这种报酬称为佣金。通常佣金为租金的 1.25%。如果船舶所有人和承租人双方都委托一个租船经纪人，那么，在谈判成功并签订租船合同后，船舶所有人只须按租金的 1.25% 支付佣金。但是，如果双方各委托一个租船经纪人，在谈判成功并签订合同后，船舶所有人需按租金的 2.5% 支付佣金。依此类推，双方委托的租船经纪人越多，船舶所有人就要照人数、等比例地增加佣金的支出，对此，承租人和船舶所有人都不能不加以考虑。从表面上看，佣金是成交后由船舶所有人支付的，但实际上，船舶所有人会通过提高租金而将这种支出转嫁给承租人。

在正常情况下，只要租船经纪人为某项租船签订了船舶合同，就可以获得佣金。但是，有时会发生所签订的租船合同因某些原因而被解除的情况，对此，租船经纪人是否仍可按所确定的数额获得佣金，则应视租船合同中的佣金条款的规定而定。

(2) 租船程序。一项租船交易的成交，大致要经过如下几个阶段：

1) 询价，又称询盘，通常是由承租人以其期望的条件通过租船经纪人在租船市场上要求租用船舶的行为。询价主要以电报或电传等书面形式提出。承租人询价所期望条件的内容一般应包括：需要承运的货物种类、数量，装货港和卸货港，装运期限，租船方式或期限、期望的运价（租金）水平以及所需用船舶的明细说明等内容。询价也可以由船舶所有人为承揽货载而首先通过租船经纪人向租船市场发出。由船舶所有人发出的询价内容应包括出租船舶的船名、国籍、船型、船舶的散装和包装容积，以及可供租用的时间、希望承揽的货物种类等。

2）报价，又称发盘。当船舶所有人从船舶经纪人那里得到承租人的询价后，经过成本估算，或者比较其他询价条件，选定对自己有利的条件后，通过租船经纪人向承租人提出自己所能提供的船舶情况和提供的条件称为报价或报价供租。

如果询价是由船舶所有人先提出的，则报价由承租人提出。报价的主要内容，除对询价的内容作出答复和提出要求外，最主要的是关于租金（运价）的水平和选定的租船合同范本及对范本条款的修订、补充条款。

3）还价，又称还盘。在条件报价的情况下，承租人与船舶所有人之间对报价条件中不能接受的条件提出修改或增删的内容，或提出自己的条件，称为还价。

还价意味着询价人对报价人报价的拒绝和新的询价开始。因此，报价人收到还价后，需要对是否同意还价条件作出答复，或再次作出新的报价。这种对还价条件作出答复或再次作出新的报价称为反还价或称反还盘。还价和反还价常需多次反复，直至双方达成租船交易或终止谈判。

4）报实盘。在一笔租船交易中，经过多次还价与反还价后，如果双方对租船合同条款的意见渐趋一致，一方可以报实盘的方式要求对方作出是否成交的决定。报实盘时，要列举租船合同中的必要条款，既要把双方已经同意的条款在实盘中加以明确，也要对尚未确定的条件加以确定。同时还要在实盘中规定有效期限，要求对方答复是否接受实盘，并在规定的有效期限内作出答复。若在有效期限内未作出答复，所报实盘即告失效。同样，在有效期内，报实盘的一方对报出的实盘是不能撤销或修改的，也不能同时向其他第三方报实盘。

5）接受订租，又称受盘，即一方当事人对实盘所列条件在有效期内明确表示承诺的意见。至此，租船合同即告成立。原则上，接受订租是租船程序的最后阶段。接受订租后，一项租船洽商即告结束。

6）签认订租确认书。如上所述，接受订租是租船程序的最后阶段，一项租船业务即告成交，但通常的做法是，当事人之间还要签署一份"订租确认书"。"订租确认书"没有统一格式，但其内容应详细列出船舶所有人和承租人在洽谈过程中双方承诺的主要条款，一般应包括如下内容：①订租确认书的制订日期；②船名（注明可否代替）；③双方当事人名称及详细地址；④货物名称及数量；⑤装货港名称及装船期；⑥卸货港名称；⑦运费率或租金率；⑧装卸条款（注明由谁承担装卸费）；⑨运费计价币种及支付方式；⑩各方应承担的有关税收；⑪亏舱费的计算；⑫所采用的租船合同范本的名称；⑬其他特殊约定的事项；⑭双方当事人或其代表的签署。

也常有这种情况：接受订租时，当事人双方只在主要条款方面达成一致，而对于细节问题还需要进一步商定。这时，不论是否接受订租，在主要条款确认书中都应列明"细节另定"。在商定细节后，再次签署订租确认书，表明"船舶所有人全部接受承租人上一还价内容，并再次确认另定细节的订租确认书；或签署"承租人再次确认另定细节的订租确认书"。订租确认书经当事人双方签署后，各保存一份备查。

第四节 航空运输

一、航空运输及其特点

（一）航空运输的概念

航空运输是指利用飞机从空中航线运送旅客和货物的一种运输方式，具有速度快和不受地形限制的特点。航空货物运输成本高、运量小，适合对时间要求高的货物进行运输。它主要适合运载的货物有两类，一类是价值高、运费承担能力很强的货物，如贵重设备的零部件、高档产品等；另一类是紧急需要的物资，如救灾抢险物资等。近几年，我国航空货物运输业务有了很大的发展，但是由于航空运输的成本高，使其在运输量上仍不能与其他运输方式相比。

（二）航空运输的体系构成

（1）运载工具——各种飞行器，主要是各种民用飞机。

（2）装卸场所——机场。

（3）运输通道——空中航线。

（4）管理系统——空中交通管理系统。

（三）航空运输的特点

现代航空运输是社会生活和经济生活的一个重要组成部分，是目前发展最快的一种运输方式。航空运输的快速发展与它自身的特点相关。与其他运输方式相比，航空运输的优点表现在以下几个方面：

1. 速度快

在各种运输方式中，航空运输速度最快，这已是众所周知的，也是航空运输的最大特点和优势，其时速为1000km左右，且距离越长，节省的时间越多。因而航空运输适用于中长距离的旅客运输、邮件运输和精密、贵重货以及鲜活易腐物品的运输。

2. 机动性大

飞机在空中运行，受航线条件限制的程度相对较小，可跨越地理障碍将两地连接起来。航空运输的这一优点使其成为执行救援、急救等紧急任务中必不可少的手段。

3. 舒适、安全

现代民航客机平稳舒适，且客舱宽敞、噪声小，机内提供饮食、有视听设施等，旅客乘坐的舒适度较高。随着科技进步和管理的不断改善，航空运输的安全性比以往大大地提高了。

4. 基本建设周期短、投资少

发展航空运输的设备条件是添置飞机和修建机场。这与修建铁路和公路相比，建设周期短、占地少、投资省、收效快。

航空运输的主要缺点如下：

航空运输的主要缺点是飞机机舱容积和载重量都比较小，运载成本和运价比地面运输高；飞机飞行往往受气象条件限制，因而影响其准时性；此外，航空运输速度快的优点在短途运输中难以显示。

二、航空运输的种类

1. 国内航空货物运输服务的种类

在航空货物运输发展的过程中，航空公司为了区分运送物品的特征以及适应航空运输市场竞争的需要，通常将广义的航空货物运输服务分为三种，即航空普通货物运输、航空邮件运输和航空快递运输。

（1）航空普通货物运输。航空货物通常是指需要航空运送的普通物品。自20世纪70年代大型喷气运输机投入运营以来，航空货物运输周转量显著增长。由于航空运输成本远远高于任何一种基于地面的运输方式，因此航空运输的货物主要以时效性要求高、颠簸容易受损的精密仪器设备或路程远交通不便的物品等为主。

（2）航空邮件运输。自飞机问世以来，人类首先尝试利用飞机进行货物运输就是利用飞机运送邮件。航空邮件服务的出现，使人类相互之间的交流更加便捷。随着现代电子通信网络的发展，航空邮件市场受到前所未有的冲击，航空邮件运输周转量在航空货物运输市场上所占的份额极小。

（3）航空快递运输。航空快递运输是指航空快递企业利用航空运输，收取发件人托运的快件并按照向发件人承诺的时间将其送交指定地点或者收件人。快递企业掌握运送过程的全部情况并能将即时信息提供给有关人员查询的门对门速递服务。航空快递是航空货运市场竞争的产物，它除了像普通意义上的航空货物运输之外，还提供专门的快递运送服务。

随着航空运输市场的发展和竞争，航空邮件、航空快递与航空货运等服务之间的差别越来越小。

2. 国际航空货物运输的种类

在国际航空货物运输中，航空货物运输方式主要有班机运输、包机运输、集中托运和航空快递等。

(1) 班机运输。班机是指在固定的航线上定期航行的航班,即班机运输有固定的始发站、目的站和途经站,按照业务对象不同,班机运输可分为客运航班和货运航班。客运航班一般采用客货混合型飞机,一方面搭载旅客,一方面运送小批量货物;货运航班只承揽货物运输,一般使用全货机。但考虑到货源方面的因素,货运航班一般只由一些规模较大的航空公司在货运量较为集中的航线上开辟。

班机运输具有以下特点:

1) 迅速准确。由于班机运输具有固定航线、固定的始发港和目的港、中途挂靠港,并具有固定的班期,因此可以准确、迅速地将货物送到目的港。

2) 方便货主。托运人、收货人可以准确掌握货物的起运、到达时间,对于贸易合同的履行具有较高的保障。

3) 舱位有限。由于班机运输大多采用客货混合机型,随货运量季节的变化会出现舱位不足现象,不能满足大批量货物及时出运要求,往往只能分批运送。不同机型的货物舱位大小各异,例如,波音747为8~10t的货物舱位。

(2) 包机运输。当货物批量较大,班机运输不能满足需要时,则采用包机运输。包机运输可分为整包机和部分包机两类:

1) 整包机,即包租整架飞机,是指航空公司或包机代理公司,按照与租机人双方事先约定的条件和费率,将整架飞机租给租机人,从一个或几个航空港装运货物到指定目的港的运输方式。

包机的费用一次一议,随国际市场供求情况变化。一般是按每飞行1km固定费率收取费用,并按每飞行1km费用的80%收取放空费。因此,大批量货物使用包机时,应尽量使去程和回程都有货载,这样可以降低租机人的运输成本支出。

2) 部分包机,即由几家航空货运公司(或托运人)联合包租一架飞机或者由航空公司把一架飞机的舱位分别卖给几家航空货运公司的货物运输方式。

相对而言,部分包机适合于运送1t以上且货运量不足整机的货物,在这种形式下,货物运输费用比班机运输低,但由于需要等待其他货主备好货物,因此运送时间较长。

由于包机运输可以由承租人自行设定航程的起止点和中途停靠港,运输灵活性高,但由于各国政府为了保护本国航空公司利益,常对从事包机业务的外国航空公司实行各种限制,如申请入境、通过领空和降落地点等复杂的审批手续,大大增加了包机运输的营运成本,因此目前我国使用包机业务的地区除香港外并不多。

(3) 集中托运。集中托运是指集中托运人将若干批单独发运的货物组成一整批,向航空公司办理托运,采用一份航空总运单集中发运到同一目的港,由集中托运人在目的港指定的代理人收货,再根据集中托运人签发的航空分运单分拨给各实际收货人的运输方式。它是航空货物运输中开展得最普遍的一种形式。

集中托运具有方便货主、降低成本的特点，集中托运人将若干小批量货物组成一大批托运时能够争取到更为低廉的费率。由于航空运价随着货物计费重量的增加而逐级递减，集中托运商发运大批量货物可得到较低的运价。货物到达目的站，由分拨代理商统一办理海关手续后，再分别将货物交付给不同的收货人。

（4）航空快递。航空快递是指具有独立法人资格的企业将进出境的货物从托运人所在地通过自身或代理的网络运达收货人的一种快速运输方式，是目前国际航空货运中最快捷的运输方式。它不同于航空邮寄和航空货运，而是由一个专门经营该业务的公司和航空公司合作，派专人以最快的速度在货主、机场、用户之间运送货物。

与其他运输方式相比，航空快递具有如下特点：①航空快递以运送文件单证和小包裹为主；②航空快递由于中间环节少而速度快于普通的航空货运；③航空快递中存在一种比普通空运分运单应用更为广泛的交付凭证——POD（Proof of Delivery）；④办理快递业务的大都是国际性的跨国公司，如 DHL、UPS、FEDEX 等。

三、国际航空货运作业过程

（一）航空货运的收运条件

1. 一般规定

根据中国民航各有关航空公司的规定，托运人所交的货物必须符合有关始发、中转和到达国家的法令和规定以及中国民航各有关航空公司的一切运输规章。

凡中国及有关国家政府和空运企业规定禁运和不承运的货物，不得接受。

中国民航各空运企业暂不办理"货到付款"（COD）业务。货物的包装、重量和体积必须符合空运条件。

2. 价值限制

每批货物（即每份货运单）的声明价值不得超过 10 万美元或其等值货币（未声明价值的，按毛重每千克 20 美元计算）。超过 10 万美元时，应分批交运（即分两份或多份运单）；如果货物不宜分开，必须经过有关航空公司批准后方可收运。

3. 付款要求

（1）货物的运费既可以预付，也可以到付，但需注意：货物的运费和声明价值费必须全部预付或全部到付；在运输始发站发生的其他费用必须全部预付或全部到付；在运输途中发生的费用应到付，但某些费用，如政府规定的固定费用和机场当局的一些税收，如始发站知道时，也可以预付；在目的地发生的其他费用只能全部到付。

（2）托运人可以用下列付款方式向承运人或其他代理人支付运费：人民币现金；中国人民银行国内支票。代理人不得接受托运使用旅费证（MCO）或预付票款通知单（PTA）作为付款方式。

（二）航空货运的进口程序

航空货物进口程序是指航空货物从入境到提取或转运和整个过程所需通过的环节、办理的手续以及必备的单证。在入境海关清关的航空货运的进口货物，其流程如图 2-2 所示。

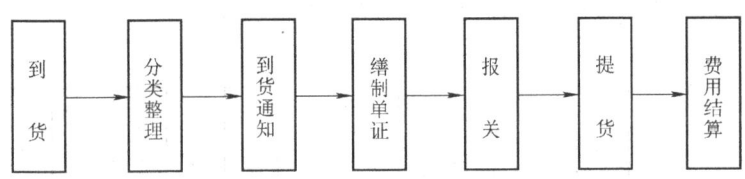

图 2-2 航空货物的进口程序

1. 到货

航空货物入境后，即处于海关监管之下，货物存在海关监管仓内。同时，航空公司根据运单上收货人发出的到货通知。若运单上的第一收货人是航空货运公司，则航空公司会把有关货物运输单据交给航空货运公司。

2. 分类整理

航空货运公司取得航空运单后，根据自己的习惯进行分类整理，对集中托运货物和单票货物、运费预付和运费到付货物应区分开。集中托运货物需对总运单项下的货物进行分拨，每一分运单的货物要分别处理。分类整理后，航空货运公司编上公司内部的编号，以便于用户查询和内部统计。

3. 到货通知

航空货运公司根据收货人资料寄发到货通知，通知其货物已到港，催促其速办报关、提货手续。

4. 缮制单证

根据运单、发票及证明货物合法进口有关批文缮制报关单，并在报关单的右下角加盖报关单位的报关专用章。

5. 报关

将制作好的报关单连同正本的货物装箱单、发票、运单等递交海关，向海关提出办理进口货物报关手续。海关经过初审、审单、征税等环节后，放行货物。只有经过海关放行后的货物才能从海关监管场所提走。

6. 提货

凭借盖有海关放行章的正本运单到海关监管场所提取货物并送货给收货人，收货人也可自行提货。

7. 费用结算

货主或委托人在收货时，应结清各种费用。

（三）航空货运的出口程序

航空货运的出口程序是指航空货运公司从发货人手中接货到将货物交给航空公司承运。这一过程的手续、必备的单证及其流程如图 2-3 所示。

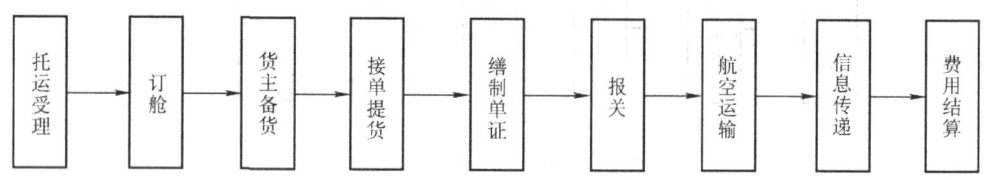

图 2-3　航空货运的出口程序

1. 托运受理

托运人即发货人。发货人在货物出口地寻找合适的航空货运公司，为其代理空运订舱、报关、托运业务；航空货运公司根据自己的业务范围、服务项目等接受托运人委托，并要求其填制航空货物托运书，以此作为委托与接受委托的依据，托运人应对托运书上所填内容及所提供与运输有关运输文件的正确性和完备性负责。航空货物托运书是托运人用于委托承运人或其代理人填开航空货运单的一种表单，表单上列有填制货运单所需的各项内容，并应印有授权于承运人或其代理人代其在货运单上签字的文字说明。

2. 订舱

航空货运公司根据发货人的要求及货物本身的特点（一般来说，非紧急的一般货物可以不预先订舱），填写民航部门要求的订舱单，注明货物的名称、体积、质量、件数、目的港、时间等，要求航空公司根据实际情况安排航班和舱位，也就是航空货运公司向航空公司申请运输并预订舱位。

3. 货主备货

航空公司根据航空货运公司填写的订舱单安排航班和舱位，并由航空货运公司及时通知发货人备单、备货。

4. 接单提货

代理人在收运国际货物时，应认真完成下列程序：重点检查货物内容、货物的目的地、货物的包装和体积、海关手续和检查货物的报关手续是否齐备。如要求代理人代理报关，要求发货人提供相关单证，例如报关单、合同副本、商检证明、出口许可证、出口收汇核销单、配额许可证、登记手册、正本的装箱单、发票等。

5. 缮制单证

航空货运公司审核托运人提供的单证，绘制报关单，报海关初审。缮制航空货运单，要注明收货人和发货人名称、地址、联络方法、始发港及目的港、货物的名称、件数、质量、体积、包装方式等。并将收货人提供的货物随行单据订在运单的后面；如果是集中托运的货物，要制作集中托运清单、航空分运单，一并装入一个信袋，订在运单后面；将制作好的运单标签粘贴或拴挂在每一件货物上。

6. 报关

持缮制完的航空运单、报关单、装箱单、发票等相关单证到海关报关放行。海关将在报关单、运单正本、出口收汇核销单上盖放行章，并在出口产品退税的单据上盖验讫章。

7. 货交航空公司

将盖有海关放行章的航空运单与货物一起交给航空公司，由其安排航空运输，随附航空运单正本、发票、装箱单、产地证明、品质鉴定书等，航空公司验收货物，如果货物无误，就在交接单上签字。

8. 信息传递

货物发出后，航空货运公司要及时通知国外代理收货。通知内容包括航班号、运单号、品名、数量、质量及收货人的有关资料等。

9. 费用结算

费用结算主要涉及航空货运公司、承运人和国外代理三个方面与发货人结算，即向发货人收取航空运费、地面运费及各种手续费、服务费，向承运人支付航空运费并向其收取佣金，可按协议与国外代理结算到付运费及利润分成。

第五节　管　道　运　输

一、管道运输及其特点

（一）管道运输的概况

现代管道运输起源于1865年美国宾夕法尼亚的第一条原油管道。我国的管道网建设则始于20世纪50年代末期新疆建成的全长为147km、管径为150mm的克拉玛依—独山子输油管道。20世纪60年代以后，随着我国石油工业的蓬勃发展，大庆、胜利等油田的建设，管道运输得到了较大发展。到1994年底，以（大）庆铁（岭）、铁（岭）大（连）、铁（岭）秦（皇岛）、东（营）黄（岛）和鲁（山东临邑）宁（江苏仪征）五大干线为主的全国原油长输管道输送的原油已达总产量的89.31%；天然气管道输送的天然气占总产量的60.97%；全国管道总里程达16800km。

与国外相比，我国输油管道技术还存在一定差距，主要体现在：

1. 管道所用管材与制管工艺方面

我国采用 16 锰钢，制管工艺不够完善，管子承压较低，导致泵站间距短、耗钢量大。

2. 在输油工艺方面

我国原油多为高凝固电、高含蜡、高粘度的原油，需要采用加热炉直接输送。国外部分管道采用换热器间接加热、利用高速流动的摩擦热输送或经热处理后常温输送的技术可大大降低技术难度与输送成本。

3. 在机、泵、阀门等方面

国外发展方向为单级、大排量、中扬程、高效率离心泵，电动机、阀门的调节性、可靠性均优于我国目前水平。

4. 在自动化技术方面

国外采用的全线集中控制设计较先进，我国虽然也在研究自动程序控制，并试用微波通信，但离自动化还较远。

5. 在防腐技术方面

国外普遍采用阴极保护与管道涂层相结合的技术，我国仍以沥青玻璃布涂层为主。

6. 在管道施工技术方面

我国在机械化水平、绝缘质量、焊接工艺、质量检测方面仍存在较大差距。

（二）管道运输的特点

（1）运量大。一条管径为 720mm 的管道就可以每年运送易凝高粘原油 2000 多万 t，管径为 1200mm 的管道年输量可达 1 亿 t。

（2）占地小。管道埋于地下，除首站、中间泵站、末站外，基本不占用地面土地。

（3）不受地形限制。管道埋于地下，可以从河流、湖泊、铁路、公路等穿过，一般不受地形与坡度的限制。

（4）基本不受气候影响，可以长期、稳定运行。

（5）运输能源主要依靠每 60~70km 设置的增压站提供压力能，设备运行比较简单，易于就地自动化和进行集中遥控。用人较少，使运输费用大大降低。

（6）沿线不产生噪声、污染少，有利于环境保护。

（7）只能运输流体。

二、管道运输的种类

1. 输油管道

输油管道可运送原油和成品油。

原油输送可以分为加热输送和不加热输送。

成品油需等温输送，品号多，管理复杂。

2. 输气管道

由于输气压力低，可长距离输送。

3. 煤浆管道

煤浆管道布局如图2-4所示。

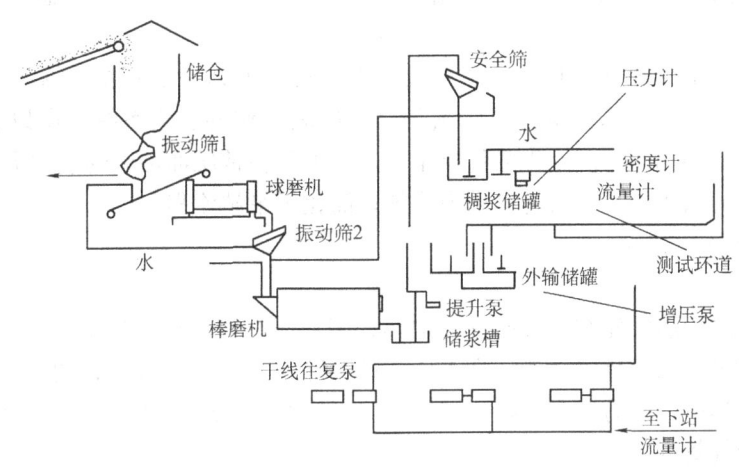

图2-4 煤浆管道布局

三、管道运输作业

（一）油品输送作业

1. 油品输送方法

油品输送方法通常是由油品性质和管道所处的位置确定的。轻质成品油和低凝固点、低黏度的原油通常采取等温输送，即炼油厂或油田采出的油品直接进入管道，其输送温度等于管道周围的环境温度。轻质成品油大多采用顺序输送方法；易凝高粘油品目前常用加热、掺轻油稀释、热处理、水悬浮、加改性剂和减阻剂等方法输送。

（1）油品顺序输送方法。油品顺序输送是在一条管道中按一定顺序连续输送多种油品的管道输油工艺。顺序输送的油品主要是汽油、煤油、柴油等轻质油品类，以及液化石油气和重质油品类。多种油品采用顺序输送。与采用多条单一油品管道输送相比，具有明显的经济效益，且产生的混油可以采取技术措施予以处理。因此，油品顺序输送已成为成品油长距离管道输送的主要方式。

（2）易凝高粘油品输送方法。易凝油品是指凝固点高于管道所处环境温度的高含蜡量的原油和重油；高粘油品是指在温度为50℃的条件下其粘度值高达数泡的油品。

这两类油品的输送须采用降粘和减阻等管道输油工艺。目前主要方法有加热、高速流动、稀释等，通过这些方法维持油品适宜的湿度。

2. 油品输送流程

按管道沿线上下两泵站之间的连接方式分，油品输送流程可分为开式流程和密闭流程两种。

（1）开式流程。开式流程是指上站来油通过中间泵站的常压油罐输往下站的输送流程。

（2）密闭流程。密闭流程是中间泵站不设油罐，上站来油直接进泵，沿管道全线的油品在密闭状态下输送。全线各泵站是相互串联工作的水力系统，所以各站输量相等。与开式流程相比，密闭流程的优点是：避免油品在常压油罐中的蒸发损耗；减少能量损失，站间的余压可与下站进站压力叠加；简化了泵站流程。

（二）管道输气作业

1. 流程

来自气井的天然气先在集气站进行加热、降压、分离，计量后进入天然气处理厂，除掉水、硫化氢、二氧化碳，然后进入压气站，除尘、增压、冷却，再输入输气管道。在沿线输送过程中，压力逐渐下降，需经中间压气站增压后输至终点调压计量站和储气库，再输往配气管网。

2. 压气站设置

为了提高天然气压力或补充天然气沿管道输送所消耗的压力，需要设置压气站。是否需要建设起点压气站，取决于气体压力。当气体压力能满足输气的需要时，可暂不建站。长距离输气管道必须在沿线建设若干个中间压气站。中间压气站的数目主要由输送距离和压缩比决定。站距主要由输气量确定。

3. 末端储气

气体外输量少时，多余的天然气就积存在末端；外输量大于输气管前段的输气量时，不足的就由积存在末端中的天然气来补充。

第三章 联合运输

货物运输过程往往不是一种运输方式所能完成的,大多数情况下需要使用两种或两种以上运输工具,通过分段接力形式完成。为了适应运输市场激烈竞争的需要和为货主提供最大限度的方便与全面服务的全新运输经营思想,提出并实践了一种新的货物全程运输组织形式:联合运输。联合运输是将铁路、公路、水路和航空等运输方式紧密协调衔接起来的运输组织形式。本章主要介绍联合运输的特点、种类和组织,重点阐述国际多式联运的内容和事故处理。

第一节 联合运输概述

一、运输组织形式的变化及联合运输的产生

自从铁路运输、公路运输、海运、内河运输、空运、管道运输等运输方式产生以来,经过多年的实际运作和不断完善,各种运输方式都已形成了符合自己特点的、行之有效的运输组织和营运管理的技术与方法。在很长一段历史时期内,各种运输方式的承运人仅限于在自己的业务范围内独立组织,完成各项运输任务,而对于上面提到的涉及多种运输方式的货物全程运输,一般则是由货主(卖方、发货人或买方、收货人)和所涉及的不同运输区段、不同运输方式的承运人(运输企业)共同完成的。

1. 货主的主要工作

在货物全程运输组织过程中,由货方(或其代理人)承担的运输组织工作的内容主要有:

(1) 选择货物从起运地到目的地的运输路线,确定运输批量。

(2) 将全程运输划分为不同的运输区段,确定货物转运换装地点。

(3) 制定货物全过程的进程计划,特别是各区段运输时间、到达时间及最后目的地到达时间计划。

(4) 根据进程计划选择各区段使用的运输方式及实际完成各区段运输的承运人,并与这些承运人分别订立各区段的运输合同。

(5) 由货方本人或委托代理人在货物起运地、各中转、换装地点和目的地办理货物的交接、装卸、仓储存放、理货等从前区段承运人手中接受货物并转交给后一区段承运人的运输衔接工作及与运输有关的各项业务手续,如办理运输、保险、海关、商检、

卫检手续等。

全程运输组织中以上这些工作在过去一般被列入运输业务范畴，一般由货主或其委托的代理人来计划、选择、确定和具体执行。

2. 运输企业的主要工作

各种方式的承运人一般不实际介入上面提到的这些工作。各区段的实际承运人（各方式运输企业）根据与货主订立的运输合同规定，需要组织和完成的工作如下：

（1）在自己的承担区段的起运地从货方或其代理人手中接受货物并签发该区段的运输单据（运单或提单）。

（2）组织并完成各自承担区段的货物运输。

（3）在各自承担区段的终到地向货方或其代理人交付货物。

3. 传统分段运输存在的问题

在这种货物全程运输组织形式下（下文中将其称为传统的分段运输），运输组织工作中的大部分工作都是由货方及其代理人来安排和完成的。货方为完成货物的全程运输，需要与各区段的承运人分别订立多份运输合同，多次结算费用，多次办理保险，并负责各段间的运输衔接工作，而各种方式的承运人仅负责组织、完成自己承担区段货物运输。

这种运输组织形式，不仅给货方带来许多麻烦，需要付出足够多的人力、时间和费用，而且可能由于货方对综合运网情况，对承运人营运线路、班次安排及全程运输中涉及的各环节情况、各种手续不够熟悉而造成运输时间过长和运输费用增大，甚至造成不合理的运输。

4. 联合运输的形成

针对这种传统分段运输存在的问题，一些政府机构、运输企业、服务企业，为了适应运输市场激烈竞争的需要和为货主提供最大限度的方便与全面服务，提出并实践了一种新的货物全程运输组织形式，即由一个机构或一个运输经营人对货物运输全程负责，组织完成包括从起运地接受货方的货物开始至运输最终目的地交货为止的期间内所涉及的全部运输；而货方只要与这个机构或经营人订立一份全程运输合同，一次交付费用，办理一次保险就可以实现货物的全程运输（联合运输）。

以这种形式组织运输的机构可在政府机构调解下，由所涉及的各方运输企业、车站、港口组成；也可根据共同目的和竞争需要，由一些运输企业、车站或港口协议产生；而以这种形式组织、完成运输的经营人，也可以由一些本身不拥有任何运输工具，但又与货方订立运输合同，承担货物运输责任的无船承运人，货运代理人发展形成。

这种新的运输组织形式，一般称为联合运输。经营联合运输业务的运输企业，一般称为联运经营人。

二、联合运输的内容

联合运输是综合性的运输组织工作。这种综合是指在一个完整的货物、旅客运输过程中,不同运输企业、不同运输区段、不同运输方式和不同运输环节之间的衔接和协调。其内容主要包括以下几个方面:

(1) 货物全程运输中使用的两种或两种以上运输工具(方式)的运输衔接。

(2) 货物全程运输中使用同一种运输工具两程或两程以上运输的衔接。

(3) 货物全程运输中使用一种运输方式多家经营和多种运输方式联合经营的组织衔接。

(4) 货物全程运输所涉及的货物生产、供应、运输、销售企业运输协作组织。

三、联合运输的作用

从以上内容可以看出,联合运输属于交通运输范畴,联运行业属于运输行业。它不是一种新的运输方式,而是一种新的运输组织形式,是在旅客和货物多次中转连续运输的全程运输过程中,在不同运输区段、不同运输方式的结合部(中转、换装地点)发挥纽带、贯通和衔接作用。联合运输的运输组织工作,除上述衔接性工作外,还包括把原来由旅客、货主自己(或委托代理人)订立的运输合同,办理货物交接和办理所需要的手续及各种运输服务事宜,改变为由联运企业或联运管理机构统一组织办理。在联合运输组织业务中,"联"是核心,衔接与协作是关键。

联合运输组织工作过程,实际上是各种运输方式合理运用和分工的过程。在选择全程运输的运输线路和选择各区段的运输方式过程中,不仅要考虑每一种运输方式的特点及技术经济特性,更应充分考虑各种运输方式之间优势互补和由不同运输方式组成的运输路线的整体功能。只有综合利用各种运输方式的技术经济优势,扬长避短、相互补充和协调组织才能把不同运输方式的不同企业有机地结合成一个整体,以提供优质、方便、高效的运输服务和完成全程运输任务。

联合运输的产生打破了传统的不同运输方式,不同运输企业独立经营,独立组织运输的局面,把不同运输方式的运输线路、运输枢纽,各种运输企业、运输服务企业组成了一个不可分割的整体。

四、联合运输特点

综上说述,联合运输是联运经营人根据单一的联运合同,完成两程以上的运输衔接,或使用两种以上运输方式,负责将货物从指定地点运至交付地点的运输。联合运输与传统的单一方式、单程运输相比是有很大区别的,其基本特点主要有:

(1) 全程性。联合运输是两种以上运输方式或单一运输方式两程以上的连续运输组织,联运经营人或联运管理机构要负责从接受货物托运、各区段运输、各区段运输衔接,直到货物交付期间的全部运输及相关服务业务。无论全程运输过程中包含几个区段、使用几种运输方式、经过几次中转换装，均要对运输的全程负责。联运合同是从起运地到运输目的地的全程运输合同。

（2）简便性。联合运输实行"一次托运，一份合同，一次结算费用，一票到底"的全程负责制。货主只要与联运经营人订立一份运输合同（联运合同），办理一次托运，一次性结算全程费用，通过一张运输单据就可以实现货物的全程运输。与传统的分段运输相比，货主需要办理的手续简化了很多，大大节约了货方的人力与时间，从而提高了社会综合经济效益。

（3）通用性。由于联合运输涉及不同的运输方式或一种方式，两程以上运输的衔接配合，以及产、供、运、销企业之间的运输协作，联合运输所使用的商务活动的模式与规则，运输所依据的国际、国内法规、合同的性质、作用，使用的单证文件等都必须具有通用性，使之能适应不同运输方式、不同企业及其衔接的工作需要。

（4）代理性。联合运输的代理性特征是指联运企业的业务活动性质具有运输代理企业的特点。这主要是指联运企业（联运经营人）尽管与货方订立全程运输合同，对全程运输负责任，但在实际运输过程中，由于它不拥有任何一种运输工具或不拥有全程运输包括运输方式的所有种类的运输工具（只拥有其中的一或两种）。因此，它一般并不实际完成所有运输区段（或其中的某些区段）的运输，而是通过分别与其他运输企业（一般称为实际承运人）订立分区段的运输合同（一般称为分运或分包合同），借助其他运输企业的力量完成各段的运输。它的全程运输组织工作的内容仍只限于本章第一节中提到的运输服务范畴，主要是提供服务与组织衔接，这与运输代理企业的业务内容相似。但联运企业在其业务活动中的身份和性质与传统意义上的运输代理企业（指接受委托人的委托，在委托人授权的范围内以委托人的身份工作，并收取佣金）是有很大区别的。由于联运企业要与货方订立运输合同（联运合同），它是运输合同的当事人，对货方而言，是对运输全程负责的承运人，但又由于要通过与各实际承运人订立各区段运输合同完成全程运输，对各实际承运人来讲它又是货方（发货人或收货人）。联运经营人在业务活动中的这种双重身份与纯代理人身份性质是完全不同的。因此，理解联合运输的代理性特征时要注意不能把两者的身份和性质混为一淡。

（5）协同性。搞好联合运输要依赖于生产、供应、运输、销售、金融、通信等部门及集、装、运、转、卸等环节上紧密协作与配合。这种协同性不仅体现在运输组织和管理上协调一致，而且也体现在技术装备上的协调发展、同步建设方面，使港、站、库、场、集疏运系统相互配套，实现运输设备和设施的协调性。这种协调性是联合运输发展的必要条件。

五、联合运输的分类

根据不同的原则，对联合运输可以有多种分类形式。

(1) 联合运输按运输组织方式分，可分为大宗货物干线联运（或称大宗物资联运）、干支线联运和支线联运（或称零散货物联运）。

大宗物资联运由铁道、交通、煤炭、冶金等部，对煤炭、矿石、化肥、木材、钢铁、粮食、盐等重点物资，部分实行定点、定线、定车船运输，一票到底，全程负责。

零散货物联运由当地联运服务企业组织，并通过联运企业之间横向联系，签订协议或合同，互为代办中转或异地代理，以完成全程的多式联运业务。

(2) 联合运输按装卸方式的不同，还可以进一步分为整车货物联运、零担货物联运和集装箱联运。

集装箱联运是以集装箱作为运输单位进行货物运输的一种联运方式。集装箱运输的特点使其在联合运输当中具有巨大的优越性，是当今世界货物运输，特别是国际货物运输中最普遍的一种联运类型，也是我国联运事业的发展方向。

(3) 按不同运输方式的组合状况分，还可以分为水陆联运（铁水、铁公、铁公水多式联运）、公空联运。在同一运输方式中，由于各运输企业独立经营，还可以分为公公联运，水水联运（指江、海、河之间的联运）。

(4) 按运输性质不同，联合运输一般可分为协作式联运和衔接式联运。

协作式联运一般是指为保证指令性计划调拨物资、重点物资和国防、抢险、救灾等急需物资的运输而在国家计划指导下的联运合同运输。

衔接式联运一般是指由一个联运企业综合组织的两种或两种以上运输工具的连续运输，或者由一个联运企业综合组织的以同一种运输工具、但由多家经营的两程或两程以上的连续运输。这类联运是企业经营行为。

(5) 按全程运输使用的运输方式分，联合运输为单一方式联运和多种方式联运（简称多式联运）。单一方式联运是指一个联运经营人或机构综合组织的由使用同一方式（运输工具）的不同运输企业完成的两程或两程以上的全程连续运输。

多式联运是指根据多式联运合同，使用两种或两种以上运输方式，由联运经营人组织完成的全程连续运输，如铁—海联运，铁—公联运，海—空联运，管道—海联运，铁—海—公（铁）联运等都属于这一类。

多式联运是不同运输方式的综合组织，是综合运输研究的主要内容之一。

(6) 按联运起点和终点是否在一个国家之内划分，联合运输可分为国际联运与国内联运。国内联运是指联运合同中规定的联运经营人接受货物的地点与交付货物的地点是在一个国家之内的联运。

国际联运是指联运合同规定的联运经营人接受货物的地点与交付货物地点不在同一家之内的联运。

第二节 联合运输组织

联合运输是综合性运输业务，既要组织产、供、运、销在社会流通过程的平衡，又要组织铁、公、水、空等各种运输方式的衔接。联合运输是运输工序之间的"加工服务"，既要组织货源，又要组织工具，是综合性的运输组织工作。

一个完整的运输过程往往不是一种运输工具或一种运输方式所能完成的。货物从起点托运至终点交付，必须经过几种运输工具衔接、换装，才能完成运输的全过程。要使运输过程的连续性得以实现，就要从受理托运开始，直到运前、运后交接、到达交付为止，把托运、制单、结算、仓储、装卸、交接、换装、驳运、接取、送达的各个环节综合起来，用联合运输服务的形式，实现各种运输方式间和各种运输工具间的有机结合。

一、联合运输的组织体制

联合运输的全过程就其工作性质的不同，可分为实际运输过程和全程运输组织业务过程两部分。实际运输过程是由参加多式联运的各种运输方式的实际承运人完成的；其运输组织工作属于各种方式运输企业内部的技术、业务组织。全程运输组织业务过程是由多式联运全程运输的组织者——多式联运企业或机构完成的，主要包括全程运输所涉及的所有商务性事务和衔接服务性工作的组织实施。其运输组织方法可以有很多种，但就其组织体制来说，基本上可分为协作式联运和衔接式联运两大类。

1. 协作式多式联运

协作式多式联运的组织者是在各级政府主管部门的协调下，由参加多式联运的各种方式运输企业和中转港站共同组成的联运办公室（或其他名称）。货物全程运输计划由该机构制定，这种联运组织下的货物运输过程如图3-1所示。

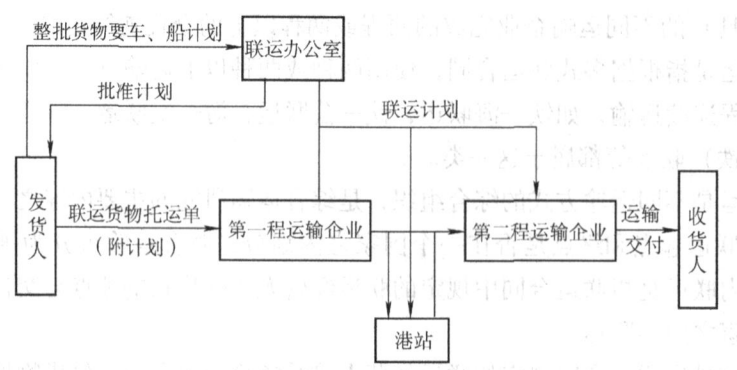

图3-1 协作式多式联运的货物运输过程

在这种组织体制下，需要使用多式联运形式运输整批货物的发货人根据运输货物的实际需要，向联运办公室提出托运申请并按月申报整批货物要车、要船计划；联运办公室根据多式联运线路及各运输企业的实际情况制定该托运人托运货物的运输计划，并把该计划批复给托运人及转发给各运输企业和中转港站。

发货人根据计划安排向多式联运第一程的运输企业提出托运申请并填写联运货物托运委托书（附运输计划），第一程运输企业接受货物后经双方签字，联运合同即告成立。

第一程运输企业组织并完成自己承担区段的货物运输至后一区段衔接地，直接将货物交给中转港站，经换装由后一程运输企业继续运输，直至最终目的地由最后一程运输企业向收货人直接交付。

在前后承运输企业之间和港站与运输企业交接货物时，需填写货物运输交接单和中转交接单（交接与费用结算依据）。联运办公室（或第一程企业）负责按全程费率向托运人收取运费，然后按各企业之间商定的比例向各运输企业及港站分配。

在这种组织体制下，全程运输组织是建立在统一计划、统一技术作业标准、统一运行图和统一考核标准基础上的，而且在接受货物运输、中转换装、货物交付等业务中使用的技术装备，衔接条件等也需要在统一协调下同步建设或协商解决，并配套运行以保证全程运输的协同性。

对这种多式联运的组织体制，在有的资料中称为"货主直接托运制"。这是国内过去和当前多式联运（特别是大宗、稳定重要物资运输）中主要采用的体制。

2. 衔接式多式联运

衔接式多式联运的全程运输组织业务是由多式联运经营人完成的，这种联运组织下的货物运输过程可用图3-2说明。

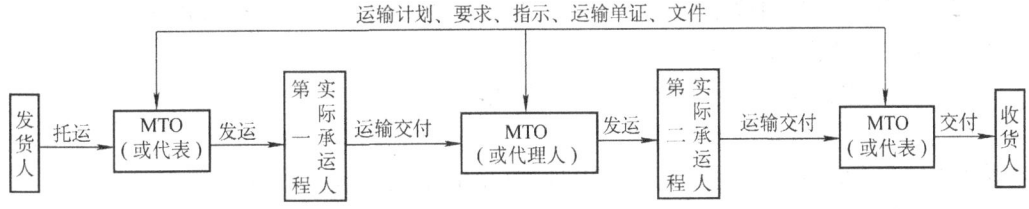

图 3-2 衔接式多式联运的货物运输过程

在这种组织体制下，需要使用多式联运形式运输成批或零星货物的发货人首先向多式联运经营人（MTO）提出托运申请，多式联运经营人根据自己的条件考虑是否接受，如接受双方订立货物全程运输的多式联运合同，并在合同指定的地点（可以是发货人的工厂或仓库，也可是指定的货运站中转站、堆场或仓库）双方办理货物的交接，联运经营人签发多式联运单据。

接受托运后，多式联运经营人首先要选择货物的运输路线，划分运输区段（确定中转、换装地点）、选择各区段的实际承运人，确定零星货物集运方案，制定货物全程运输计划并把计划转发给各中转衔接地点的分支机构或委托的代理人；然后根据计划与各运程的实际承运人分别订立各区段的货物运输合同。通过这些实际承运人来完成货物的全程位移。

全程各区段之间的衔接，由多式联运经营人（或其代表或其代理人）采用从前程实际承运人手中接受货物再向后程承运人交接货物。在最终目的地从最后一程实际承运人手中接受货物后再向收货人交付货物。

在与发货人订立运输合同后，多式联运经营人根据双方协议（协议内容除货物全程运输及衔接外，还包括其他与货物运输有关的服务业务），按全程单一费率收取全程运费和各类服务费、保险费（如需经营人代办的）等费用。多式联运经营人在与各区段实际承运人订立各分运合同时，需向各实际承运人支付运费及其他必要的费用。在各衔接地点委托代理人完成衔接服务业务时，也需向代理人支付委托代理费用。

在这种多式联运组织体制下，承担各区段货物运输的运输企业的业务与传统分段运输形式下完全相同，这与协作式体制下还要承担运输衔接工作是有很大区别的。

这种联运组织体制，在有些资料中称为"运输承包发运制"。目前在国际货物多式联运中主要采用这种组织体制，在国内多式联运中采用这种体制的也越来越多。随着我国经济体制的改革，这种组织体制将成为国内多式联运的主要组织体制。

二、联合运输业务程序

（1）货主（发货人）提出发货委托书（通过电话委托或通过邮件书面委托）或亲自登门办理货物托运手续。

（2）联运服务公司根据货主委托书，在规定的时间、地点派车取货或由货主亲自送货，货物在联运服务公司仓库集结。

（3）联运服务公司办理货物票据手续及核收运杂费。

（4）根据货主规定的发货日期（或对到货日期的要求）向运输企业托运，组织货物始发装运，运输工具的选择和运输线路的安排由联运服务公司负责。

（5）在不同运输工具的衔接点办理货物中转业务。

（6）办理货物到达票据手续。

（7）联运服务公司根据货主（收货人）指定的时间、地点派车送货或由货主亲自取货。

由此可见，办理货物联运业务的作业程序主要由三个业务环节组成，即货物在发运地的承运业务；货物在不同运输工具运输过程衔接点的中转业务；货物在收货地的交付业务。

三、联合运输的运行机制

1. 运输代理制

运输代理制是指在运输经营过程中（包括单一方式的分段运输和联合运输），作为货物拥有者的实际发货人同拥有各种运输工具的实际承运人之间不直接见面，而是以各种不同的形式分别通过其代理人进行各种业务活动的经营方式。

（1）运输代理人。随着社会化生产的发展和社会专业化分工的要求，国内外贸易有了很大发展，其涉及的地域范围及商品的种类、性质等都在不断扩大和变化。运输是贸易的继续，随着国际、国内贸易的这种变化，货物（即贸易的商品）运输距离不断加大，运输所涉及的专门知识和技术越来越复杂。许多作为买方的收货人，作为卖方的发货人和作为运输方的承运人出于各种原因（包括缺乏运输专业知识和经验或亲自或设立分支机构办理在经济上不合理或政治原因等），不愿意亲自办理货物运输有关业务、手续和其他服务事宜，只能委托其他人办理。在这种情况下，一些人利用自己在运输及相关专业技术知识经验和地理区位等方面的优势开办了专门接受委托人的委托，代办货物运输的各种业务、手续和相关服务，并收取一定报酬的机构。这种机构一般称为运输代理人。运输代理制是随着运输代理人及其业务的发展而逐渐发展、完善的。

（2）运输代理业务。运输代理以被代理人的名义从事业务活动。

运输代理人业务活动的主要特征是接受委托人的委托，在委托人授权的范围和时间内，以委托人的名义代办因贸易运输而产生的各种服务业务，并收取佣金。代理人与委托人之间的代理关系，是通过书面合同（委托合同或代理合同）确认的。其业务主要包括代表承运人办理揽货托运手续、接受货物、签发运输单据、办理装、卸车（船）及需要的各种手续，办理货物交付等业务；或代表发货人办理洽定各类运输工具，办理托运手续和运输合同，办理所需要的各种财务和行政（海关、检查等）手续，办理运输保险，办理货物暂存及包装、简单加工等业务；或代表收货人办理提货、货物到收货人工厂或仓库的运输及所需要的各种财务和行政手续等业务。必要时还可以向各类委托人提供与货物运输有关的各类信息咨询服务，在上述各种业务活动中，由于代理人是作为委托人（被代理人）的代表，以被代理人的名义工作，所以在委托人授权的时间和范围内或按委托人指示进行的代理人的一切行为与不法行为的法律后果由被代理人承担。运输代理人只对自己没有执行合同及执行合同过程中失职造成的损失负责。处在这一发展阶段的货运代理人的主要收入是委托人支付的佣金。

我国目前的各类运输代理人，大多处于这个发展阶段。由于其业务范围、性质和法律地位与传统意义的代理人相同，有的资料中把这一阶段称为传统意义的运输代理人阶段。

在交通运输中，这种运输代理人在承托双方之间发挥着重要的桥梁作用。在货物托运、交付和中转过程中，这种桥梁作用如图3-3、图3-4、图3-5所示。

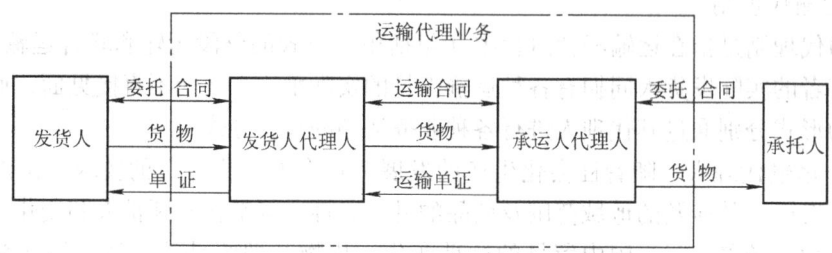

图3-3 货物托运中运输代理人的作用

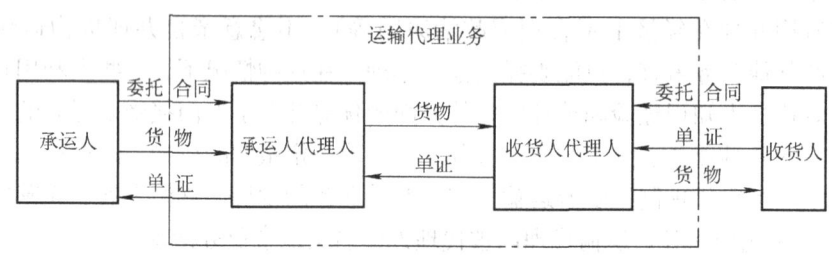

图3-4 货物交付中运输代理人的作用

通过长期的工作，一些成功的运输代理人以其优质的服务逐渐获取各种委托人的信任，同这些委托人建立起稳定的委托—代理关系，如有的货主通过长期协议的方式把自己全部运输业务（发、收货）都交给某一代理人，使运输代理人掌握了较大数量货物。这样托运时，代理人对承运人就有一定的选择权。而承运人为了获得这些货物的运输合同，也通过各种方式与这些运输代理人建立

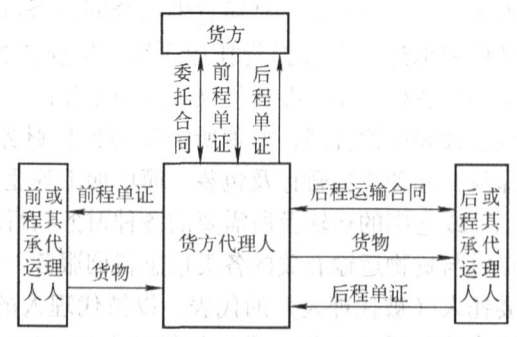

图3-5 货物中转过程中运输代理人的作用

长期、稳定的合作关系。例如，通过长期合作协议，即运输代理人保证对承运人的每一航（车）班或每单位时间（年或月）提供一定数量的货物，而承运人保证给予定舱优先权和优惠的运价（视数量多寡、稳定程度和优惠程度不同）。

这种状况为运输代理人业务范围的扩展提供了机遇，一些成功的、较有实力的运输

代理人相继扩大了自己的业务。他们采取的方式是：不仅就提供货物运输的服务事宜与货方达成协议，而且以本人名义与货方订立货物运输合同，签发运输单据（提单、运单等）；然后再以本人名义与各种方式的实际承运人订立货物运输合同完成货物的位移。货物运抵目的地后，运输代理人（或其代理人）从实际承运人手中接受货物，再向收货人交付货物，从而履行与货方订立的运输合同规定的运输责任。在这种情况下，相对货主来说，运输代理人已不仅仅是货方名义工作的代理人，而且也是以本人名义与之订立运输合同的承运人（契约承运人）。而对于实际承运人来说，运输代理人也不再是以货方的身份办理托运的代理人，而是货物的发货人和收货人。这种变化标志着运输代理人业务已进入运输经营领域。对发展到这一阶段的运输代理人，一般称为独立从事运输经营业务的运输代理人或无船（这里泛指各种运输工具）公共承运人。运输代理人的这类业务如图3-6所示。

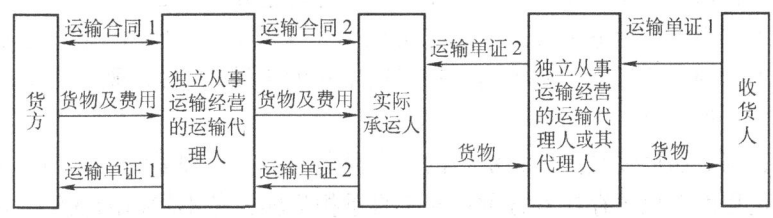

图3-6 独立从事运输经营的运输代理人业务

独立从事运输经营活动是运输代理从传统意义上的代理人向高级阶段发展的表现。从事这种经营的代理企业，不是货物所有者，也不拥有运输工具，主要是利用自己掌握的知识、经验、组织技术和信息，根据货物的流量、流向和运输要求，合理组织运输和合理利用各种运输方式，多、快、好、省地完成全过程运输。这种代理企业一般是具有法人资格的经济实体。有权以本人的名义分别与实际托运人和实际承运人按有关法规订立运输合同或建立其他法律关系（委托、代理关系等），并根据在不同合同或法律关系中的实际性质、地位，享有相应的权利、义务和责任。

这类运输代理人在货物全程运输中的运输组织体制实际上是运输承包发运制。当全程运输中只涉及一程或一段运输即港（站）——港（站）运输时，一般称其为无船承运人；当全程中涉及单一方式多程运输或多种方式多段运输时，一般称为无船承运人型的联运经营人或多式联运经营人。

2. 承包发运制

在我国，承包发运制是通过联运服务公司介入货物运输过程的方法实现的。联运服务公司在货主与掌握货物运输工具的运输企业（如铁路、汽车运输公司、航空运输公司、内河运输公司和海运轮船公司等）间起中间的桥梁作用；而这一作用在我国货物运输，尤其是零担货物运输工作中正越来越显示出它的积极意义。

（1）将整个货物运输过程划分为交通运输工具载运工作和货物运输业务两部分，并分别由掌握运输工具的运输企业和联运服务公司两种运输行业承担，实现运输过程组织工作的专业化分工，相对简化了运输企业的运输组织工作，有利于提高运输工作质量。

（2）保证货物运输过程实现一票到底的门到门运输。在有多种运输工具参加实现货物运输过程的情况下，通过联运服务公司的中转业务，可以顺利地实现不同运输工具间的紧密衔接与配合，从而实现门到门运输，有利于提高运输服务质量。

（3）保证利用最合理的运输方式，以最经济、最有利的运输线路实现货物运输过程。在各种运输工具交织成网的情况下，货物运输方式和运输线路常常可以有多种选择。联运服务公司是组织货物运输的专业公司，对运输方式和运输线路的选择有丰富的经验，且联系着不同的运输工具，因此它可以为货主选择一种最有利的运输线路（采用单一运输工具的直达运输，或采用多种运输工具的中转运输），既节省运输费用，也可以合理运用各种运输工具。

当前，我国交通运输是国民经济中的一个薄弱环节，各种运输工具的能力都比较紧张。但在一定程度上也还存在着各种运输工具承担运输任务不均衡的现象。这种现象的存在原因是多方面的，原因之一就是货物承运组织上的问题。一些货主由于缺乏运输组织方面的经验，所有运输方向的货物都向一种运输企业托运，这种托运就可能存在一定的盲目性。如果这一工作改由联运服务公司的业务组织统一办理，就可以根据货物运输方向和性质选用最合理的运输工具，并可以考虑到充分利用各种运输工具的现有能力。因此，开展运输承包业务也是从组织措施上缓和我国交通运输能力紧张的一项有效措施。

（4）简化货主托运手续，最大限度地方便货主。对于工厂、企业，通过联运服务公司办理货物运输，还可以减少办理货运手续人员和工厂、企业的场库设备。

联运服务公司所具有的一定数量的储运能力，构成了对运输企业日常运输工作的调解机能，从而增加了运输企业港、站工作的弹性。当港、站货物集中到达时，货物可通过联运服务公司所沟通的渠道迅速疏散或转入联运服务公司的场、库；当港、站装运能力不足时，联运服务公司可储存一定数量的货物，从而缓和对港、站的压力。

联运服务公司对承运货物的受理、检查、验货等货运作业负责，不仅大大减少了港、站对承运货物的货运业务工作量，提高了港、站工作效率，而且可以有效地提高货物作业的安全性，减少货损、货差事故。联运服务公司是不具有运输工具或有少量短途运输工具，而以办理货运业务（或兼办客运业务）为主的专业联运业务企业。对采用运输承包发运制的货物，它作为联运经营人接受货主有关货运工作的委托，负责办理货物运输全过程中所发生的与运输有关的事务，并与掌握运输工具的运输企业发生托运与承运关系。

第三节　国际多式联运

一、国际多式联运概述

（一）国际多式联运的定义

国际间货物的多式联运早在20世纪初就产生了，由于这种不同运输方式的综合组织和多式联运企业提供全程所有的运输服务，因此受到货主的欢迎。但由于运输全程包括多个运输区段，使用两种以上的运输方式，货物运输途中要经过多次换装作业。很容易造成货物的灭失损害和延误。在成件杂货运输方式下，给经营多式联运的企业带来极大的风险。这种状况大大限制了企业经营多式联运业务的积极性。集装箱运输产生并在各种运输方式中普遍使用后，其特有的优势大大减少了这种风险，国际多式联运才迅速发展起来。目前的国际多式联运，基本上是集装箱货物国际多式联运。

对国际式多式联运的定义，有许多不同的说法，可以根据下面定义来理解国际多式联运的含义。

按国外的说法，"多式联运是由一个经营人组织，运用统一的货运单据，将货物由一种运输工具到另一种运输工具的集装箱货物的运输"。

按我国的习惯说法，国际多式联运是指通过两个以上国家或地区，由一个承运人（运输企业或运输代理企业）负责承运，使用两种以上运输方式或两种以上运输工具，实行"一次托运，包干计费，一票到底，全程负责"的跨国衔接运输或直通运输。

1980年5月通过的《联合国国际多式联运公约》对国际多式联运的定义是：国际多式联运是按照国际多式联运合同，以至少两种不同的运输方式，由多式联运经营人将货物由一国境内指定接管货物的地点运到另一国境内指定交付地点。

这个定义已被各国所接受。根据这个定义，国际多式联运的运输对象仅仅为货物，而不包括旅客。

（二）国际多式联运的条件

根据上述定义，总结开展国际多式联运应具备的条件如下：
(1) 无论货物全程运输使用几种运输方式，开展多式联运必须订立多式联运合同。
(2) 多式联运经营人（经营多式联运的企业或机构）必须对货物全程运输负责。
(3) 必须是国际间货物运输，即在一国境内接受货物，在另一国境内交付货物。
(4) 必须至少使用两种运输方式，而且必须是两种以上运输方式的连续。

(5) 在国际多式联运下必须使用一张满足全程运输中不同运输方式需要的货运单证（一票到底），而且必须按全程单一（统一）费率来收取运费。

(三) 国际多式联运的特点

与传统运输相比较，国际多式联运具有许多优点，这些优点主要体现在如下几个方面：

1. 统一化，简单化

国际多式联运的统一化和简单化主要表现在不论运输全程有多远，不论由几种方式共同完成货物运输，也不论运输全程分为几个运输区段、经过多少次转换，一切运输事项均由多式联运经营人负责办理，货主只需办理一次托运、订立一份运输合同、一次保险。一旦在运输过程中发生货物的灭失和损害情况时，与多式联运经营人打交道就可以了。国际多式联运是通过一张单证、采用单一费率，因此也大大简化了运输与结算手续。

2. 减少中间环节，提高运输质量

多式联运以集装箱为运输单元，可以实现门到门运输。尽管运输途中可能有多次换装、过关，但是由于不须掏箱、装箱、逐件理货，只要保证集装箱外观状况良好、铅封完整就可免检放行，从而大大减少中间环节；尽管货物运输全程中要进行多次装卸作业，但是由于使用专用机械设备，且又不直接涉及箱内货物，货损、货差事故、货物被盗的可能性大大减少。

由于全程运输由专业人员组织可做到各环节与各种运输工具之间衔接紧凑、中转及时、停留时间短，从而使货物的运达速度大大加快，有效提高了运输质量，保证了货物安全、迅速、准确、及时地运抵目的地。

3. 降低运输成本，节约运杂费用

(1) 运价优惠。多式联运全程运输中各区段运输和各区段的衔接是由多式联运经营人与各实际承运人订立分运合同和与各代理人订立委托合同（包括其他有关人与有关合同）来完成的。多式联运经营人一般与这些人都订有长期协议。这类协议一般规定多式联运经营人保证托运一定数量的货物或委托一定量的业务，而对方则给予优惠的运价或较低的佣金。

(2) 路线和运输方式合理。通过对运输路线的合理选择和运输方式的合理使用，都可以降低全程运输成本，提高利润。对于货主来讲，一是可以得到优惠的运价；二是在多式联运下，一般将货物交给第一（实际）承运人后即可取得运输单证，并可据此结汇（结算货款）。结汇时间比分段运输有所提前，有利于货物占有资金的周转；三是由于采用集装箱运输，从某种意义上讲可以节省货物的运输费用和保险费用。

(3) 手续简便。此外，由于多式联运全程运输采用一张单证，实行单一费率，从而简化了制单和结算的手续,节约了货方的人力、物力。

4. 扩大运输经营人业务范围,提高运输组织水平,实现合理运输

在多式联运开展以前,各种运输方式的经营人都是自成体系、独立运输的,因而其经营业务的范围(特别是空间地域范围)受到很大限制,只能经营自己运输工具(技术和经济方面)能够抵达的范围的运输业务,货运量也因此受到限制。一旦发展成为多式联运经营人或多式联运的参加者(实际承运人),其经营的业务范围即可大大扩展。从理论上讲可以扩大到全世界。除运输经营人外,其他与运输有关的行业及机构如仓储、港口、代理、保险、金融等都可通过参加多式联运得到好处、扩大业务。

在国际多式联运中是由专业人员组织全程运输的,这些人对世界的运输网、各类承运人、代理人、相关行业和机构及有关业务都有较深的了解和较紧密的关系,可以选择最佳的运输路线,使用合理的运输方式,选择合适的承运人,实现最佳的运输衔接与配合,从而大大提高了运输组织水平,充分发挥现有设施的作用,实现合理运输。

由于国际多式联运的上述优点并逐渐被各方面认识,自其产生以来,不仅得到货方和联运经营人的认可,同时也得到了所涉及的各种人、各方面的共同认可,从而得到迅速发展。

二、国际多式联运经营人

1. 定义

国际多式联运经营人是指经营国际多式联运的企业或机构。《联合国国际多式联运公约》对其所下的定义是:

国际多式联运经营人是指本人或通过其代表订立多式联运合同的任何人,他是事主,不是发货人的代理人或代表,也不是参加多式联运的承运人的代理人或代表,并负有履行合同的责任。该定义中的代理人是传统意义上的代理人,而不是直接从事运输业务意义上的运输代理人。

多式联运经营人是全程运输的组织者,他负责完成或组织多式联运合同规定的货物的全程运输。

2. 国际多式联运经营人的分类

按是否拥有运输工具并实际完成多式联运货物全程运输部分运输活动,国际多式联运经营人可分为两种类型:承运人型和无船承运人型。

(1)承运人型的多式联运经营人。这类多式联运经营人拥有(或掌握)一种或一种以上运输工具,直接承担并完成全程运输中一个或一个区段以上的货物运输。因此,不仅是多式联运的契约承运人对货物全程运输负责,同时也是实际承运人对自己承担区段货物运输负责。这类经营人一般是由各种单一运输方式的承运人发展而来的。

(2)无船承运人型的多式联运经营人。该类经营人不拥有(或掌握)任何一种运

输工具，因此只是组织完成合同规定货物的全程运输，仅是多式联运的契约承运人，对货物全程运输负责。这类经营人一般由传统意义上的运输代理人或无船承运人或其他行业企业或机构发展而成。

在我国运输主管部门发布的有关规定中，要求各种方式的运输企业开展多式联运业务时，经营的多式联运部分从原企业中分离出来成为独立法人。因此，我国的多式联运经营人均属于第二类，这也是我国规定联运企业属于代理企业的原因。

3. 多式联运经营人应具备的条件

（1）多式联运经营人（即开展多式联运业务的企业、机构）必须具有经营管理的组织机构、业务章程和具有企业法人资格的负责人，以使之能够与发货人或其代表订立多式联运合同。该合同至少要使用两种运输方式完成全程运输，合同中的货物应是国际间的货物。

（2）从发货人或其代表手中接收货物后，就能签发自己的多式联运单证以证明合同的订立并开始对货物负责任。为确保该单证作为有价证券的流通性，多式联运经营人必须在国际运输中具有一定的资信或令人信服的担保。

（3）必须具有与经营业务相适应的自有资金。多式联运经营人要完成或组织完成全程运输，并对运输全过程中的货物灭失、损害和延误运输负责，因此必须具有开展业务所需的流动资金和足够的赔偿能力。

（4）多式联运经营人必须能承担多式联运合同中规定的与运输和其他服务有关的责任，并保证把货物交给多式联运单证的持有人或单证中指定的收货人。因此，必须具备与合同要求相适应的，能承担上述责任的技术能力。这些技术能力包括：

1）必须建立自己的多式联运线路。从理论上讲，多式联运经营的业务范围可以遍及全世界，从任何国家的某地到另一国家的任何地，但事实上各经营人即使实力再强也是无法做到。许多开展多式联运业务的公司都是在尽可能广泛地承办货主委托的前提下，重点办好几条联运线路。

确定一条重点线路，一般需要在对国际贸易物流全面调查的基础上，选择运量大、较稳定的线路，而且线路的全线（各区段、各方式）及各环节都应具有足够的通过能力和集装箱货物运输所需要的条件，特别是良好的集疏运条件。

2）要有一支具有国际运输知识、经验和能力的专业队伍。该队伍应能有效地完成或组织完成全程运输，要与运输中所涉及的各方（包括货方、承运人、代理人、港口码头、货运站、仓库、海关、保险等）建立良好的业务关系。

3）在各条联运线路上要有完整的服务网络。多式联运经营人要在各经营线路的两端和途中各转接点处设有分支机构或派出代表或委托适当的代理人办理接受、交付货物和承担各区段运输合同签订和衔接、服务事宜。

4）要能够制定各线路的多式联运单一费率。采用单一费率是多式联运的条件和特点之一。由于国际多式联运涉及的环节众多，不仅涉及不同运输方式，而且涉及不同国家和地区，因此按成本来确定单一费率是一个较为复杂的问题，需要了解大量信息，需要做大量工作才能办到。

5）要有必要的设备和设施。多式联运经营人可以是无船承运人，自己不拥有任何运输工具，但必须有基本的业务设备和设施，如信息处理、传递的设备（电话、电传、计算机等）、集装箱货运站、接受及保管货物的仓库、一定面积的堆场、拆装箱设备、机具、堆场作业机械等。

6）要做好宣传普及、咨询服务等工作。多式联运是一种新的运输组织形式，在货主、运输行业与其他有关方面早已习惯于分段委托、分段运输的情况下，宣传普及多式联运的概念、性质、特点和优越性是十分重要的。

随着经济全球化的不断深入，更多的国外客户在贸易合同中提出多式联运的要求。

三、国际多式联运的组织与经营形式

1. 组织形式

国际多式联运是采用两种或两种以上不同运输方式进行联运的运输组织形式。这里所指的至少两种运输方式可以是：海—陆、陆—空、海—空等。由于国际多式联运严格规定必须采用两种或两种以上运输方式进行联运，因此这种运输组织形式可综合利用各种运输方式的优点，充分体现社会化大生产、大交通的特点。

由于国际多式联运具有其他运输组织形式无可比拟的优越性，所以这种国际运输新技术已在世界各主要国家和地区得到广泛的推广应用。目前，有代表性的国家多式联运主要有远东/欧洲，远东/北美等海陆空联运输，其组织形式如下。

（1）海陆联运。海陆联运是国际多式联运的主要组织形式，也是远东/欧洲多式联运的主要组织形式之一。目前组织和经营远东/欧洲海陆联运业务的主要有班轮公会的三联集团、北荷、冠航和丹麦的马士基等国际航运公司，以及非班轮公会的中国远洋运输公司、长荣航运公司（中国台湾）和德国那亚航运公司等。这种组织形式以航运公司为主体，签发联运提单，与航线两端的内陆运输部门开展联运业务，与大陆桥运输展开竞争。

（2）陆桥运输。在国际多式联运中，陆桥运输起着非常重要的作用。它是远东/欧洲国际多式联运的主要形式。陆桥运输是指采用集装箱专用列车或货车，把横贯大陆的铁路或公路作为中间"桥梁"，使大陆两端的集装箱海运航线与专用列车或卡车连接起来的一种连贯运输方式。严格地讲，陆桥运输也是一种海陆联运形式。只是因为其在国际多式联运中的独特地位，因此将其单独作为一种运输组织形式。

（3）海空联运。海空联运又被称为空桥运输。在运输组织方式上，空桥运输与陆

桥运输有所不同：陆桥运输在整个货运过程中使用的是同一个集装箱，不用换装，而空桥运输的货物通常要在航空港换入航空集装箱。

海空联运方式始于20世纪60年代，但到20世纪80年代才得以较大的发展。采用这种运输方式，运输时间比全程海运少，运输费用比全程空运便宜。目前，国际海空联运线主要有：

1）远东—欧洲。目前，远东与欧洲间的航线有以温哥华、西雅图、洛杉矶为中转地，也有以香港、曼谷为中转地，此外还有以旧金山、新加坡为中转地。

2）远东—中南美。近年来，远东至中南美的海空联运发展较快，因为此处港口和内陆运输不稳定，所以对海空运输的需求很大。该联运线以迈阿密、洛杉矶、温哥华为中转地。

3）远东—中东、非洲。这是以香港、曼谷为中转地至中近东、非洲的运输服务。在特殊情况下，还有经马赛至非洲、经曼谷至印度、经香港至澳洲等联运线，但这些线路货运量较小。

总的来讲，运输距离越远，采用海空联运的优越性就越大，因为同完全采用海运相比，其运输时间更短；同完全采用空运相比，其费率更低。因此，从远东出发将欧洲、中南美以及非洲作为海空联运的主要市场是合适的。

2. 经营方式

多式联运是国际间货物的联合运输，根据多式联运和联运经营人必须具备的条件，联运线路的两端必须在两个不同的国家，在线路的两端及中间各转接点上要有由功能齐全的派出机构、代理机构组成的网络，以完成货物交接、运输衔接及服务事宜，提供必要的信息，完成单证传递等业务。在这种情况下，承担多式联运业务的企业（即多式联运经营人）的经营方式通常有以下三种：

（1）企业独立经营方式。企业在各线路两端及中间各转接点处均设（或派）有自己的子公司或办事处等形式的派出机构或分支机构，作为全权代表处理揽货、交接货、订立运输合同协议，办理有关服务业务等运输和衔接中所需要的一系列事务。一些较有实力的多式联运经营人在世界的重要地区、主要城市都设有办事处，联运过程中的所有工作（除各区段实际运输外）全部由自己的办事处或分支机构承担并完成。承运人型的多式联运经营人多是这种形式（在成为多式联运经营人之前，这类企业已经设立了许多办事处和分支机构）。

（2）两企业间联营方式。企业由分别位于联运线路两端国家的两个（或几个）类似的企业联合经营，联营的双方互为合作人，分别在各自的国家内开展业务活动，揽到货物后，按货物的流向及运输区段划分双方应承担的工作。在我国，自身是起运货物的总承运人，而对方企业是该项运输业务在对方国的代理，接续完成至交付货物为止的全部工作。两企业联合经营的紧密程度由双方协议确定，可有互为代理、互付佣金直到双方分享利润、分摊亏损等不同形式。

(3) 代理方式。在线路的两端和中间各衔接地点委托国外（内）同行业作为多式联运代理，办理或代安排全程运输中的分承运工作和交接货物，签发或回收多式联运单证，制作有关单证，处理和交换信息，代收、支费用和处理货运事故或纠纷等。这种代理关系可以是相互的，也可是单方面的。在这种情况下，一般由多式联运经营人向代理人支付代理费用，不存在分享利润、分摊亏损等问题。

第一种方式一般适用于货源数量较大而稳定的线路，一般要求企业具有较强的经济实力和业务基础。这种方式由于全部工作由自己雇佣的人员完成，工作效率较高，利润也可能较高。第二种和第三种（特别是第三种）方式多适用于公司的经济实力不足以设立众多的海外办事处和分支机构，或线路的货源不够大、不太稳定，设立分支机构在经济上不合理，或企业开展多式联运业务的初期等情况。这种方式具有投资少、见效快、建立线路准备工作较少，业务扩大较快等优点。但与第一种方式比较工作效率及利润率要低一些。大多数无船承运人型的多式联运企业均采用后两种形式。

上述介绍的是目前国际上通行的三种最基本的多式联运企业经营方式。但在实际经营过程中，各多式联运企业并不只按上述三种方式的某一种经营，而是三种方式结合运用。即使是经济实力很强的多式联运经营人，也只是在一些货源量较大、中转业务较多的地区、城市或不同线路交汇处设立自己的办事处或分支机构（必须以经济上合算为前提），而在其他地点采用联营与委托代理方式满足各环节业务的实际需要。各多式联运企业必须根据自己的经济实力、业务量的大小决定采用哪一种形式和各种方式结合的程度，以保证自己多式联运业务的开展及迅速发展。

第四节　国际多式联运的事故处理

国际多式联运多采用集装箱方式托运，经过多区段的不同实际承运人完成全程运输，这使此种运输方式下的货物索赔处理与传统运输方式有所不同。

一、集装箱货损事故种类与原因

根据国际海上保险联合会发表的有关集装箱货损事故的统计资料，集装箱运输中货损主要有以下几种。

（一）破损、擦损

集装箱在运输过程中，经常受到各种撞击，这是发生破损、擦损的主要原因。

在内陆运输过程中，运载车辆速度的变化（特别是急刹车）或急转弯均会造成集装箱前后或左右移动或摇动，导致箱内货物与箱体之间或货物之间的撞击，或是将集装箱从车上甩落，从而导致货物损坏。在海上运输过程中，船体的摇动（横摇或纵摇）也会造成箱内货物与箱体发生撞击或货物互相撞击，造成货物损坏。

集装箱在中转、装卸作业、库场内搬运、存放过程中发生撞击的可能性也是很大的。例如，使用一般的装卸机械进行装卸、搬运操作，增加了损坏危险。野蛮作业，特别是集装箱落地（或落到车、船上）瞬间速度过快时，也会造成箱内货物的撞击，不仅会引起货物损坏，还可能引起车辆的损坏。

为避免箱内货物损坏，必须做好货物的包装、箱内积载、衬垫或绑扎工作。箱内货物自身的包装必须有足够的强度，配、积载必须得当，货物间隔垫合适，用适宜的材料填充装货后剩余的空间，对箱内货物采取必要的固定措施，尽量减少货物在箱内移动的可能性，这是减少撞击造成货损的主要措施。

（二）水渍损

集装箱货物水渍损是指由于外部的水（雨水、海水、河水等）进入集装箱内造成货物浸泡、受湿、受潮而引起的损害。

造成水渍损的主要原因是集装箱不具有水密性。虽然标准要求集装箱应具有水密性，但在长期使用过程中，箱门上的各种开关器具如门把手、铁杆、锁、门钩、铰链等部件突出箱体，易与其他物体碰撞，使箱门部分很难保持完全的水密性；箱体在运输和装卸过程中经常会遭受到严重的撞击，可能在箱顶和侧壁出现小孔或裂缝，从而破坏箱子的水密性。统计表明，箱门和箱顶进水最为常见。

近年来制造的集装箱大都有排水装置，可以将渗进箱内的海水、河水、雨水等排出箱外，从而减小水渍引起的损害。防止水渍损发生的根本措施有两个：一是装箱前对集装箱的水密性进行严格检查，特别是箱门和箱顶、侧、底部的检查，保证集装箱符合水密性要求；二是在运输过程中尽可能减少箱子与其他物体的撞击，防止箱体破损。

（三）汗渍损

集装箱货物汗渍损是指由于运输过程中的温度变化，箱内湿气在箱顶、侧壁凝成水滴，滴落在货物上或沿侧壁流到箱底造成的货损。在使用密封箱运输含水量较大的货物（或使用隔垫、填充材料）时，经常会发生这种货损。

汗渍损不是由于外部水分进入集装箱造成的，而是由于集装箱内的货物、隔垫料、填充含有水分，在温度升高时蒸发变成水气，或装箱时将湿度大的空气封闭在箱内，在气温下降时再次在箱的顶、侧壁凝结成水滴，落到或沿侧壁、箱底流到货物上使货物表面出现锈蚀、霉变、污脏和变色等损害。随着运输过程中温度的变化，这种情况会周而复始地发生。尽管目前使用的集装箱大都带有排水装置，但对滴落水滴及湿气造成的汗渍损却没有明显效果。

减少和防止汗渍损应从减少箱内货物、材料的含水及使湿气能及时从箱内排出两方面着手,即装箱时应尽量使用干燥的隔垫、充填材料,当货物含水量较大时,应选通风集装箱,不使用密封式集装箱。

与传统件杂货运输相比较,在集装箱运输下发生汗渍损的可能性要大一些。

(四) 污损

污损是指性质不同的货物互相污染,或集装箱内残留污物污染货物造成的损失。

造成污损的原因之一是由于箱内货物在物理、化学性质上不相容。例如,有特殊气味的货物使其他货物染上异味;水果与其他杂货装在一起时,果味外逸造成其他货物串味;冷藏箱内壁隔热材料的粘结剂溶化造成货物污损等。另一个原因是由于装箱时清扫不彻底,留有前次运输的残留物引起新装入货物的污损。

(五) 腐烂变质、冻结或解冻损失

腐烂变质、冻结或解冻是指需要控制温湿度的货物因温湿度失控而造成的损失。

对于需要在通风、温湿度调节下运输的货物,在运输途中气温变化较大的情况下,可能腐烂变化,冻结或解冻从而导致货损。导致的原因是温湿度失控。例如,使用密闭式集装箱运输容易发热的货物,货物在高温下容易腐烂、变质;在寒冷冬季的北大西洋航线上,装在甲板上运输的集装箱货物容易遭受冻害(例如,一次从欧洲运往加拿大的啤酒,运到目的地时全部冻结);在使用冷藏(冻)箱运输货物时,由于较长时间的停电或箱内制冷设备损坏等原因,造成箱内温度升高、冷冻货物解冻造成货损等。

(六) 盗损

在集装箱运输过程中,有时会发生集装箱门被砸开或伪造铅封盗走箱内货物等事件。整箱交付货物时,还可能发生收货人提走重箱,掏出货物后却谎称货物短少的货主自盗事件。被盗事件可以发生在集装箱堆场的暂存期间,更多发生在内陆运输过程中,特别是较为贵重的货物。

(七) 自然灾害和意外事故造成的损失

这是指由于自然灾害(如地震、台风、海啸、流冰、泥石流等)和意外事故(如战争或类似战争行为、驾驶失误等原因造成的碰撞、车辆倾覆、坠机、沉船或其他海难事故)所造成的货物损失。

二、国际多式联运的责任划分

1. 多式联运经营人的责任形式

由于国际多式联运打破了港至港的货物交接方式,因此,原有的有关承运人的责任形式已不能满足其要求,随之新的责任形式不断形成。在目前的国际多式联运业务中,多式联运经营人的责任形式主要有:

(1) 统一责任制。统一责任制(又称同一责任制)就是多式联运经营人对货主负有不分区段的统一原则责任,也就是说经营人在整个运输过程中都按同一责任向货主负责，即经营人对全程运输中货物的灭失、损坏或延期交付负全部责任，无论事故责任是明显的还是隐藏的、是发生在海运段还是发生在内陆运输段，均按统一原则由多式联运经营人统一按约定的限额进行赔偿。但如果多式联运经营人已尽了最大努力仍无法避免，或确实证明是货主的故意行为过失等原因所造成的灭失或损坏，经营人则可免责。

统一责任制是一种科学、合理、手续简化的责任制度。但这种责任制对联运经营人来说责任负担较重，因此目前在世界范围内采用还不够广泛。

(2) 网状责任制。网状责任制是指由签发多式联运提单的人对全程运输负责，但其损害赔偿与统一责任制不同，按造货损的实际运输区分段的责任限制予以赔偿，在各运输区分段中作为依据的法律有：

1) 公路运输根据《国际公路货运公约》或国内法。
2) 铁路运输根据《国际铁路货运公约》或国内法。
3) 海上运输根据《海牙规则》或国内法。
4) 航空运输根据《华沙运输公约》或国内法。

网状责任制是介于全程运输负责制和分段运输负责制这两种负责制之间的一种责任制，又称混合责任制。也就是该责任制在责任范围方面与统一责任制相同，而在赔偿限额方面则与区段运输形式下的分段负责制相同。

目前，国际上大多采用的是网状责任制。我国自"国际集装箱运输系统（多式联运）工业性试验"项目以来发展建立的多式联运责任制采用的也是网状责任制。

2. 多式联运经营人的责任期限

(1) 概念。责任期限是指多式联运经营人对货物负责的时间或期限，自《海牙规则》生效以来，承运人的责任期限随着运输的变化也在不断发展。《海牙规则》对承运人关于货物的责任期限规定为"自货物装上船舶时起至卸下船舶时止"的一段时间，也就是说货物的灭失、损害发生在该期间才适用《海牙规则》。《汉堡规则》则扩大了承运人的这一责任期限，规定承运人对货物负责的期间包括在装船港、运输途中和卸船港由承运人掌管的整个期间，也就是说，从接管货物时起至交付货物时止。《汉堡规则》这一规定突破了《海牙规则》对承运人的最低责任期限，向货物装卸前后两个方面发展，在一定程度上加重了承运人的责任。

《联合国国际货物多式联运公约》根据集装箱运输，货物在货主仓库、工厂以及集装箱货运站、码头堆场进行交接的特点，仍照《汉堡规则》对多式联运经营人规定的责任期间是："多式联运经营人对于货物的责任期间，自其接管货物之时起至交付货物时止。"

依照多式联运公约条款的规定，多式联运经营人接管货物有两种形式：①从托运人或其代表处接管货物，这是最常用、最普遍的规定方式。②根据接管货物地点适用的法律或规章，货物必须交其运输的管理当局或其他第三方，这是一种特殊规定。在第二种接管货物的方式中，有一点应予以注意，即多式联运公约规定多式联运经营人的责任从接管货物时开始，但在从港口当局手中接受货物的情况下，如货物的灭失或损坏是在当局保管期间发生的，多式联运经营人可以不负责任。

（2）货物交付。多式联运公约对交付货物规定的形式有三种：

1）将货物交给收货人。

2）如果收货人不向多式联运经营人提取货物，则按多式联运的合同或按照交货物地点适用的法律或特定行业惯例，将货物置于收货人支配之下。

3）将货物交给根据交货地点适用法律或规章必须向其交付的当局或其他第三方。

在收货人不向多式联运经营人提取货物的情况下，多式联运经营人可按上述第二、三种交货形式交货，责任即告终止。在实践中，经常会发生这种情况，如收货人并不急需该批货物，为了节省仓储费用；又如市场价格下跌，在运费到付的情况下，都有可能造成收货人延迟提货。因此，这种规定不仅是必要的，也是合理的。

3. 多式联运经营人的赔偿责任限制

（1）赔偿责任限制基础。已通过的《多式联运公约》对多式联运经营人所规定的赔偿责任基础仿照《汉堡规则》，规定多式联运经营人对于货物的灭失、损害，或延迟交货所引起的损失，如果该损失发生在货物由多式联运经营人掌管期间，则应负赔偿责任。除非多式联运经营人能证明其本人、受雇人、代理人或其他有关人，为避免事故的发生及其后果已采取了一切能符合要求的措施。如果货物未在议定的时间内交付；或虽然没有规定交货时间，但未按具体情况对一个勤勉的多式联运经营人所能合理的时间内交货，即构成延迟交货。

《多式联运公约》采用的是完全过失责任制，即除对由于多式联运经营人本人所引起的损害负责赔偿外，对于他的受雇人或代理人的过失也负赔偿责任。

在《国际货物运输公约》中，对延迟交货责任一般都有明确的规定，只是有的规定较明确，有的则相反。如海上货物运输，由于影响运输的原因较多，很难确定在什么情况下构成延迟交货，因此《海牙规则》中对延迟交货未作任何规定。

《多式联运公约》对在延迟交货下，多式联运经营人的赔偿责任规定有两种情况：①未能在明确规定的时间内交货；②未能在合理时间内交货。

如何理解"勤勉的多式联运经营人"与"在合理时间内交货"，则要根据具体情况加以判断，且理解不一。如在货物运输过程中，为了船货的安全，发生绕航运输；又由于气候影响，不能装卸货物。这种情况的发生，都有可能构成延迟交货。

在延迟交货的情况下，收货人通常会采取的处理方法如下：①先接受货物，再提出由于延迟交货而引起的损失赔偿；②拒收货物，提出全部赔偿要求。

(2) 赔偿责任限制。赔偿责任限制，是指多式联运经营人对每一件或每一货损单位负责赔偿的最高限额。《海牙规则》对每一件或每一货损单位的赔偿最高限额为100英镑；《维斯比规则》则为10000金法郎，或毛重每千克30金法郎，两者以较高者计。此外《维斯比规则》对集装箱、托盘或类似的装运工具在集装运输时也作了规定。如果在提单上注明这种运输工具中的件数或单位数，则按注明的件数或单位数负责赔偿。《汉堡规则》规定每一件或每一货损单位则为835个特别提款权（国际货币基金组织规定的记账单位），或按毛重每千克2.5个特别提款权，两者以较高者为主。

《汉堡规则》对货物用集装箱、托盘或类似的其他载运工具在集装时所造成的损害赔偿也作了与《维斯比规则》相似的规定。对于延迟交货的责任限制《汉堡规则》作了相当于该延迟交付货物应付运费的2.5倍，但不超过运输合同中规定的应付运费的总额。

已通过的《多式联运公约》规定，货物的灭失、损害赔偿责任按每一件或每一货损单位计，不得超过920个特别提款权，或毛重每千克2.75个特别提款权，两者以较高者计。如果货物是用集装箱、托盘，或类似的装运工具运输，赔偿则按多式联运单证中已载明的该种装运工具中的件数或包数计算，否则，这种装运工具的货物应视为一个货运单位。

有关延迟交货的赔偿是建立在运费的基数上的，与运费基数成正比，如表3-1所示。

表3-1 对延迟交货的赔偿限额的规定

公 约	延误损失赔偿责任限额	备 注
多式联运公约	应付运费2.5倍（40%以下）	不超过合同运费总额
华沙公约	无限额规定	无限额规定
海牙规则		
铁路货物公约	应付运费的2倍	无限额规定
公路货物公约	延误货物运费总额	

多式联运的运费基数是由各种货物，各运输区段的运费作为总的赔偿基数，可列式为：

$$X = a + b + c$$

式中 X——为运费总数；
a、b、c——为各段的运费。

(3) 赔偿责任限制权力的丧失。为了防止多式联运经营人利用赔偿责任限制的规定，从而对货物的安全掉以轻心，使货物所有人遭受不必要的损失，从而影响国际贸易与国际航运业的发展,如经证明货物的灭失、损害或延迟交货是由多式联运经营人有意造成的,或明知有可能造成而又毫不在意的行为或不行为所引起,多式联运经营人则无权享受赔偿责任限制的权益。此外,对于多式联运经营人的受雇人或代理人,或为其多式联运合同而为其服务的其他人有意造成或明知有可能造成而又毫不在意的行为或不行为所引起的货物灭失、损害或延迟交货,则该受雇人、代理人或其他人无权享受有关赔偿责任限制的规定。

但在实际业务中,作为明智的多式联运经营人,在有赔偿责任限制的保护下,故意造成货物灭失、损害而失去责任限制,这是不现实的。毫不在意的行为或不行为,即多式联运经营人已经意识到这种做法有可能引起损失,但他仍然采取了不当的措施,或没有及时采用任何措施,即明知而又毫不在意。

表 3-2 是《国际货物运输公约》对每一件或每一货损单位,或每千克毛重赔偿限额的规定。

表 3-2 《国际货物运输公约》中赔偿限额的规定

公约名称	每一件或每一单位		每千克毛重		备 注
	责任限额 S.D.R	多式联运公约所占百分比	责任限额 S.D.R	多式联运公约所占百分比	
多式联运公约	920		2.75		包括海运或内河运输
海牙规则	161	570			
维斯比规则	680	135	2.04	135	
CMR(公路)			8.33	33	
CIR(铁路)			16.67	16.5	
华沙公约			17	16	
多式联运公约			8.33		不包括海运或内河运输
CMR			8.33	100	
CIR			16.67	49.9	
华沙公约			17	48	

从表 3-2 中可以看出,多式联运中不论是否包括海运或内河运输,多式联运经营人的赔偿责任限额比《海牙规则》高 5 倍以上,比《维斯比规则》高出 35%,与铁路、公路、华沙货运公约相比较,多式联运经营人的赔偿责任限额显得较低,只有公路承运人赔偿限额的 1/3,航空承运人的 1/6。

4. 发货人的赔偿责任

在国际多式联运过程中，如果多式联运经营人所遭受的损失是由于发货人的过失或疏忽，或者是由于他的受雇人或代理人在其受雇范围内行事时的疏忽或过失所造成，发货人对这种损失应负赔偿责任。

发货人在将货物交给多式联运经营人时应保证：①所申述的货物内容准确、完整；②集装箱铅封牢固，能适合多种方式运输；③标志、标签应准确、完整；④如是危险货，应说明其特性和应采取的对该货物的预防措施；⑤自行负责由于装箱不当、积载不妥引起的损失；⑥对由于自己或其受雇人、代理人的过失对第三者造成的生命、财产负责；⑦在货运单证上订有"货物检查权"的情况下，海关和承运人对集装箱内的货物有权进行检查，其损失和费用由发货人自行负责。

5. 索赔与诉讼

在国际货运公约中，一般都有规定了货物的索赔与诉讼条款。如《海牙规则》和各国船公司对普通货运提单的索赔与诉讼规定为，收货人应在收到货物3天之内，将有关货物的灭失、损害情况以书面的形式通知被索赔人，如货物的状况在交货时已由双方证明，则不需要书面的索赔通知。收货人提出的诉讼时间应在从货物交付起1年内，否则，承运人将在任何情况下免除对于货物所负的一切责任。

国际货运公约对货损提出的诉讼时效通常为1年，但自《汉堡规则》制定以后，诉讼时效有所延长。由于集装箱运输的特殊性，有的集装箱提单规定在3天或7天内以书面形式通知承运人说明有关货损情况。至于诉讼时效，有的集装箱提单规定为1年，有的规定为9个月，如属全损，有的集装箱提单仅规定为2个月。

已通过《多式联运公约》的规定，货物受损人在收到货2年之内没有提起诉讼或交付仲裁，即失去时效。如果货物在交付之日后6个月内，或在货物未交付时，或应当交付后6个月之内没有提出书面通知，说明索赔的性质和主要事项，则在期满后失去诉讼时效。但要使一个索赔案成立，作为提出索赔的人必需是：①提出索赔的人具有正当的索赔权；②货物的灭失、损害具有赔偿事实；③被索赔人负有实际赔偿责任；④货物的灭失、损害是在多式联运经营人掌管期间；⑤索赔、诉讼的提出在规定的有效期限内。

三、国际多式联运中的货物索赔

发生货物灭失、损坏或者延迟交付导致经济损失后，货主应当根据有关法律及多式联运合同向多式联运经营人或相关责任人提出索赔。索赔应本着实事求是、有理有据、注重实效的原则，做好以下几方面工作。

（1）确定货物损失程度、价值及其原因。

（2）确定多式联运经营人的赔偿责任。对多式联运经营人免责、减责事项导致的损失，还应考虑实际承运人是否应当承担责任（取决于适用的赔偿责任法律制度）。

（3）准备索赔清单及相关证据。索赔清单应列明货物品名、规格、损坏金额等内容，准备的单证主要有运输单证、运输合同、发票、残损报告、残损检验报告等。

（4）注意索赔时效。在货物索赔中应注意两种时效，第一种是提出索赔通知的时间限制，一般称其为索赔时效；第二种是向法院提起诉讼的时间限制，一般称其为诉讼时效。错过索赔时效和错过诉讼时效的后果是不同的。

关于索赔时效，《多式联运公约》规定（详见第 24 条）：对货物灭失或损坏明显的，立即在收到货物的次日书面提出；对货物灭失或损坏不明显的，应在收货后连续 6 天内书面提出；双方就货损已有联合检验报告的，无须作出上述书面通知。超过上述法定通知时效的后果是：交付被视为承运人已经按照运输单证交付货物的初步证据。如果索赔人在诉讼时效期间内再提起索赔，索赔人需要承担举证责任。对延期交货的索赔通知，应在收到货物后 60 天内书面提出，否则将丧失索赔权利。相关法律规定的索赔时效对照如表 3-3 所示。

表 3-3　相关法律规定的索赔时效对照

法律法规名称	灭失或损坏明显的	灭失或损坏不明显的	延迟交付
《海牙—维斯比》	交付当时	收货后 3 个连续日	未规定
《汉堡规则》	收到货物次日	收货后 15 个连续日	收货后 60 日
《海商法》（中国）	交付当时	收货后 7 个连续日，集装箱货物 15 个连续日	收货后 60 日
《华沙公约》与《民用航空法》	于发现时提出，最迟不超过 14 天，否则将丧失索赔权		收货后 21 日
《国际公路运输合同公约》	当时交付	收货后 7 个连续日	收货后 21 日
《国际货约》	收货后 7 个连续日。如终止日为非工作日，则顺延至下一个工作日		收货后 60 日
《国际货协》	笼统规定所有索赔和诉讼应在收到货物后 9 个月内提出		
《多式联运公约》	当时交付	收货后 6 个连续日	收货后 60 日

《多式联运公约》规定的诉讼时效为两年，自交付货物次日起算。但如果在货物交付之日或应当交付货物之日起的 6 个月内没有提出索赔书面通知，该诉讼时效提前到该 6 个月期满之日失效。

第四章 运输费用

运输费用的计算是货物运输中一项重要的内容，本章在介绍运价的特点、分类、形式和制订方法的基础上，论述铁路、公路、水路和航空运输方式的运输费用的具体构成，并重点阐明各种运输方式下货物运输费用的计算方法。

第一节 运价概述

一、运价的概念

（一）运价与运费的含义

运输业是特殊的物质生产部门。运输业的生产活动是从事货物和旅客的运输工作。运输业有自己的产品，也创造价值。运输产品的社会劳动消耗量或社会生产费用构成了运输产品的价值，简称运输价值。

运价即运输价格，就是运输价值的货币体现，表现为运输单位产品的价格。各种运输方式都有其特定的运价。

运费是托运人根据运输契约向承运人支付的运输费用，或者是承运人根据运输契约向托运人收取的运输报酬，运费是单位运价与运量之积，即

$$F = P \cdot Q$$

式中　F——运费（元）；

　　　P——单位运价（元/t）；

　　　Q——运量（t）。

（二）运价的特点

1. 按距离计算价格

货物运输产品的计量单位是 t·km（吨·公里）或 t·n mile（吨·海里），其价格构成中也包含距离这个因素，运价以每吨公里（或海里）若干元表示，称为吨公里或吨海里运价率。

同种货物每吨公里（或海里）的运价因不同的运输距离而有所差别，甚至差别很大。运价的这种特性通常用不同的运价率表示。可见，运价率的实质就是每单位运输产品的运价。

按运距形成的运价是基于运送不同运距货物发生的不同运输成本。总的趋势是运输

成本随着运距的延长而逐渐降低,即运输成本递远递减。但是,在距离差别运价率的制订中,递远递减的程度、递远递减的终止里程,除了要根据不同运距的运输成本外,还要考虑国家的运价政策、市场的竞争战略以及促进对外贸易的发展和运输生产力的扩大等因素。

运价率随运距延长而不断降低,在近距离降低得很快,远距离降低得慢,超过一定距离就不再降低。运价率的变化,因运输方式的不同而不同。通常,铁路、水运的运价率变化明显,公路运输的运价率变化较小。

2. 只有销售价格一种形式

工业产品有出厂价格和销售价格之分;农业产品有收购价格和销售价格之分;商品在不同的流通环节有批发价格与零售价格;而运价只有销售价格一种,没有其他价格形式。运价的这一特点是由运输的生产过程同时又是销售过程这一特点所决定的。

虽然运价只有销售价格一种形式,但它却是形成商品各种价格形式的重要因素。这是因为,产品的运输费用将追加到成本中去,所有商品经过运输以后,运费必须在商品销售时收回。可见,运价直接参与商品价格的构成。

3. 运价随所运货物种类及所选择的运输方式的不同而变化

首先,运输对象繁多的种类决定运价的种类也是繁多的;其次,运输方式不同,运价也不同。运输方式是一个广义的概念,既有因采用不同的运输工具而体现的差别,又有因运送周期、批量、甚至运价条款的不同而体现的差别。

(三)运价的结构

运价的结构主要可以分为距离差别运价结构和货种(或客运)差别运价结构两种形式。

1. 距离差别运价结构

运输费用随着运输距离的延长而增加,按距离远近制定运价是最简单也是最基本的运价结构形式。但实际中并不是完全按距离远近成正比例地制定运价,绝大多数距离运价是按递远递减原则制定的,即运价随着距离增加而增加,但不如距离增加得快。换言之,虽然运价总额长距离比短距离多,但每千米运价则是短距离时较高而长距离时较低。

运输支出按三项作业过程可以分为发到作业支出、与运行作业有关的支出和中转作业支出,运输距离增加,虽然运输总支出会随着增加,但是其中成比例增加的只是与运行作业有关的支出和中转作业支出,而始发和终到作业支出是不变的。因此,运输距离长时,分摊到单位运输成本中的始发和终到作业费用较少,因而运输成本低。相反,如果运输距离短,分摊到单位运输成本中的始发和终到作业费用较多,成本就高。运输成本结构的这种变化是实行递远递减运价的基础。有些专家认为下面这些运输方式的运价可能更接近纯里程运价：①变动成本比固定成本高的运输方式；②可分配费用比不可分配费用高的运输方式；③线路运行费用比终点费用高的运输方式；④线路运行费用与距离直接成比例的运输方式。

相比之下，公路和航空运输的运价与距离关系更密切，而铁路、水运由于固定的发到作业成本比例相对高，因此更多地适用于递远递减运价。

按运输距离差别制定的差别运价，衡量单位运价水平的运价率与运输距离的关系主要有以下四种情况：

一是运价率的递远递减变化与运输成本的变化基本一致。

二是运价率在一定距离范围内递远递减，超出该范围后运价率就保持不变。这有时候是为了计算运费的简便，而且运输成本的递远递减在一定距离以上也已经不明显。

三是运价率在一定距离范围内先递远递减，超出该范围后运价率反而递增。这种运价结构可能是为了限制某种过远的运输。

四是运价率始终保持一定水平，不随运输距离的变动而变化，也被称做纯里程运价。

总运价是根据运价率和运价距离共同确定的，有些运价的计算还要加上另外的发到作业费用。

国外的距离运价结构中还有成组运价结构和基点运价结构。成组运价结构是将某一区域内的所有发送站或到达站集合成组，在一个组内的所有点都适用同一运价，也被称为区域共同运价。基点运价是把某一到达站作为基点，并制定基点运价，运费总额是从发站到基点的运费加上从基点到终点站的运费。这两种运价结构显然也是以距离运价为基础的。

2. 货种差别运价结构

货种差别运价结构是指不同的货物适用不同的运价。实行按货种差别运价的依据在于各种货物的运输价值或运输成本客观上存在差异，同时按照运价政策和运输供求的需要，个别货物的运价和运输价值可以有不同程度的背离。

影响各种货物运输成本的主要因素有：

（1）由于各种货物的性质和状态不同，所以需要使用不同类型的车辆或货舱装载，如散堆装货物需要使用敞车或砂石车，贵重品、怕湿货物和危险品需要使用棚车，石油、液体货物需要使用罐车，易腐货物需要使用冷藏车，某些货物还需要使用专用车。而各种车辆的自重、造价、修理费和折旧费不同，车辆的代用程度也不同，从而对运输成本有不同的影响。

（2）各种货物的比重和包装状态不同，对货车载重力的利用程度不同。重质货物在整车运送时可以达到货车标记载重量；而轻质货物单位体积的重量低，占有车辆容积大，不能充分利用车辆载重力，而且同种轻质货物对车辆载重力的利用程度还因包装状态和包装方法的不同而有所差别。因此，完成同样周转量的不同货物所占用的运输能力和所花费的支出可能是不同的。

（3）由于货物性质和所使用的车辆类型不同，装卸作业的难易程度也不同，进而影响运输成本。

（4）各种货物的产销地理分布状况决定了其运输距离的不同，而不同运输距离的货物的运输成本是有差别的。

因此，在制定运价时要根据不同类别的货物制定相应的运价。按货种差别运价是通过货物分类和确定级差体现的。在我国现行运价制度中，铁路采用分号制，水运和公路采用分级制，即将货物运价分成若干号或若干级别，每个运价号或级别都规定一个基本运价率，各种货物根据其运输成本和国家政策的要求，分别纳入适当的运价号或运价级别中。

二、运价的分类

按照不同的标准，运价有以下几种分类方法：

（一）根据运输对象的不同划分

根据运输对象不同，运价可以分为客运运价（或票价）、货物运价和行李包裹运价。

（二）根据运输方式的不同划分

运价可以分为铁路运价、公路运价、水运运价（包括长江运价、地方内河运价、沿海海运运价和远洋运价）、航空运价，以及在此基础上形成的联运运价。

（三）根据运价适用的地区分

运价可以分为适用于国际运输线路、航线的国际运价，适用于国内旅客和货物运输的国内运价，以及适用于某一地区的地方运价。

三、运价的形式

（一）铁路运价的形式

（1）统一运价。这是铁路运价的主要形式，适用于全国各个地区，实行按距离、货种的差别运价。

（2）特定运价。除上述统一运价外，根据运价政策，对按特定运输条件办理，或在特定的地区、线路运输的货物，规定特定运价。特定运价一般按普通运价减成或加成计算，也可另定。它是统一运价的补充，可以因时、因地、因货制定。

（3）浮动运价。对于在不同季节忙闲不均的线路，在不同的季节可实行不同的运价。

(4) 地方铁路运价。为了提高地方修建铁路的积极性，允许地方铁路采用单独的运价。

(5) 新路新价。对于新建的铁路，进行复线或电气化改造的铁路，可实行新路新价，其运价水平一般高于统一运价。

(6) 合同运价，也称协议运价。其运价水平由货主和承运人根据运输市场供求关系及各自的利益协商议定，国外运输企业多采取这种运价形式。

(二) 公路运价的形式

(1) 计程运价。计程运价按整车运输和零担运输分别计算。整车运输以 t·km（吨公里）、零担运输以 kg·km（千克公里）为单位计价。

(2) 计时运价。计时运价以吨位小时为单位计价，适用于特大型汽车或挂车以及计时包车运输的货物。

(3) 长途运价。长途运价适用于长途运输的货物，实行递远递减的运价结构。

(4) 短途运价。短途运价适用于短途运输的货物，按递近递增原则采取里程分段或基本运价加吨次费的办法计算。

(5) 加成运价。对于一些专项物资、非营运线路单程运输的货物、特殊条件下运输的货物、特种货物等可实行加成运价。

(三) 水运运价的形式

(1) 里程运价，又称航区运价。对同一航区各港间不同货种、不同运距而规定的差别运价。

(2) 航线运价。航线运价适用于某两个港口之间的直达货物运价。

(3) 联运运价。联运运价适用于水陆联运、水水联运等的货物运价，一般分别按铁路、公路和水路各区段的运价并以统一规定的减免率进行计价。

(4) 国际水运运价有以下几种形式：

1) 班轮运价。远洋运输的班轮采取级差运价和航线运价相结合的运价。班轮运输按照班轮公司或班轮公会制定并事先公布的运价和计费规则计收费用。

2) 航次租船运价。航次租船运输按照船舶所有人和承租人之间在租船合同中约定的运价和装运货物数量计算运费，有时也以一个运费总额包干。航次租船运价取决于租船市场的供求关系，其升降幅度受货物对运费的负担能力和运输成本限制。

3) 国际油船运价。在油船航次合同中，运价通常都是以船舶所有人和承租人同意的，由某一国际航运组织或经纪人组织制定的油船费率表所规定的费率为基准，并按租船市场行情确减的比例。

（四）航空运价的形式

航空货物运价分国内和国际货物运价，国际货物运价又分为普通货物运价、特种货物运价、专门货物运价和集装箱运价等几种形式。

第二节 各种运输方式的运价和运费

一、铁路货物运输的运价和运费

（一）铁路货物运价的分类

铁路货物运价可分别按适用范围和货物运输种类进行分类。

1. 按适用范围分类

铁路货物运价按其适用范围可以分为普通运价、特殊运价和军运运价等。

（1）普通运价。普通运价又可细分为以下几种。

1）普通运价。这是货物运价的基本形式，是全国正式营业铁路适用的统一运价。我国现行的整车、零担、集装箱各号运价都属于普通运价。无论是普通货物或特殊条件运送的货物，都是以此作为计算运费的基本依据。例如，超限货物的运价是按照超限货物的超限等级的不同分别在普通货物运价的运价率上加成50%、100%、150%计算运费；又如，自备集装箱空箱的回送属于特殊条件运送的货物，其运价率按其适用重箱货物运价率的50%计算。

2）优待运价。这是对一定的机关或企业发送或到达的货物规定的低于普通运价的一种运价。例如，托运人自备货车或租用铁路货车装运货物用铁路机车牵引，或铁路货车装运货物用该托运人的自备机车牵引运输时，按所装货物的运价率减成20%计费。

3）国际铁路联运运价。这是国际铁路间联运货物所规定的运价。它包括过境运输和国内段运输两部分运价。国际铁路联运货物过境路货物运费、杂费按《国际货协统一过境运价规程》的规定办理；国内段的运费、杂费按现行《铁路货物运价规则》的规定办理。

4）水陆联运运价。这是水陆联运货物在铁路区段运输的运价。《铁路和水路货物联运规则》是计算铁水联运货物运杂费的依据。水运段的运费、杂费、包干费按《铁路和水路货物联运规则》办理。铁路段的运费、杂费按《铁路和水路货物联运规则》和《铁路货物运价规则》办理。

（2）特殊运价。特殊运价是指地方铁路、临时营业线和特殊线路的运价，如集通线（地方铁路）、宣杭线（临时营业线）、广九线（特殊线路）的运价等。

（3）军运运价。军运运价是对军用物资运输规定的运价。按军运办理时必须提出铁路军运运费后付凭证或军运现付计费凭证。《铁路军事运输计费付费办法》是计算军运运费的重要依据。未规定的按《铁路货物运价规则》办理。

2. 按货物运输种类分

（1）整车货物运价。整车货物运价是按整车运送的货物的运价。冷藏车货物运价是整车货物运价的组成部分。

（2）零担货物运价。零担货物运价是铁路对按零担运送的货物规定的运价。

（3）集装箱运价。集装箱运价是铁路对按集装箱运送的货物规定的运价。

（二）铁路货物运输费用的构成

铁路货物运输费用是对铁路运输企业提供的各项生产服务消耗的补偿，包括运行费用、车站费用、服务费用和额外占用铁路设备的费用等。

铁路货物运输费用具体由货物运费、杂费以及一些专项和代收费用构成。其中，货物运输费由发到运费和运行运费构成；杂费又包括：货运营运杂费，延期使用运输设备、违约及委托服务费用以及租、占用运输设备费用；专项和代收费用包括铁路建设基金、新路新价均摊运费、电气化附加费、印花税等。

二、公路货物运输的运价和运费

（一）公路货物运价的分类

公路货物运价是公路运输产品价值的货币表现，是国家价格的组成部分。公路运输承运人按照这个价格来"销售"自己的运输产品，凭此计算货物运费，取得运输收入来补偿生产时所消耗的社会劳动量。

公路货物运价可按照不同的标准进行分类。

1. 按车辆类别分类

载货汽车按其用途不同，可分为普通货车、特种货车两种。特种货车包括罐车、冷藏车及其他具有特殊构造的专门用途的专用车。据此，公路货物运价有普通车辆运价和特种车辆运价之分。

2. 按货物类别分类

公路运输的货物按其性质可分为普通货物和特种货物两种。特种货物又分为大型特型笨重物件、危险货物、贵重货物和鲜活货物四类。据此，公路货物运价有普通货物运价和特种货物运价之分。其中，特种货物运价又有大型特型笨重货物运价、危险货物运价、贵重货物运价以及鲜活货物运价之分。

3. 按运输距离分类

根据运输距离的远近，公路货物运价有长途运价和短途运价之分。长途运价适用于长途运输的货物，一般实行递远递减的运价结构。短途运价适用于短途运输的货物，一般按递近递增原则采取里程分段或基本运价加吨次费的办法计算。

（二）公路货物运输费用的构成

整批货物和集装箱的公路运输费用一般由吨（箱）次费用、运价费用和货物运输其他费用构成。零担货物和计时包车运输货物的公路运输费用一般由运价费用和货物运输其他费用构成。公路货物运输其他费用主要包括调车费、延滞费、装货（箱）落空损失费、排障费、车辆处置费、检验费、装卸费、车辆通行费、保管费、道路阻塞停车费、运输变更手续费等。

三、水路货物运输的运价和运费

（一）水路货物运价的分类

1. 按运价的基本形式分

（1）国家定价。这是由国家或水运主管部门制定，并统一颁布，要求有关企业必须严格执行的运价。这种运输价格在计划经济体制下采用较多，在我国水运发展历史上曾起一定作用。

（2）国家指导价。这种运价是在中准价的基础上可上下浮动一定幅度（目前交通部规定可上下浮动20%），因此又称为浮动运价。中准价由国家制定，随着物价的变化，每年都做相应的调整。目前，仍有少数影响国计民生的国家重点物资采用这种价格。随着社会主义市场经济体制的逐步完善，实行国家指导价的范围会越来越小，将仅限于救灾物资、军事运输等。

（3）市场运价。这种运价是在统一的水路货物运输市场中，由托运人、承运人双方自由商定的船舶货物运价，因此又称为自由运价。其特点是随行就市，其价格水平在短时间内有较大的波动。它受水路货运市场供求规律的支配。目前，全国的水运企业以及个体水路运输都采用市场运价。

2. 按适用范围分

（1）国际海运运价。国际海运运输的全部是国际贸易货物，采用的运价称为国际海运运价。由于国际海运运价受国际航运市场的制约，所以又称为国际航运市场运价。

（2）国内水运运价。国内水运运价又分为沿海运输价格，长江、黑龙江干线运输价格，地方内河运输价格，海、江直达运输价格等。目前国内水运运价受国内水运市场价值规律的调节，绝大部分实行市场运价。

3. 按运输形式分

（1）直达运价。直达运价是指适用于同一航区（航段）内两港间直达的货物运价。例如，北方沿海各港间、华南沿海各港间、长江沿线及各省航区的直达货物运价。某些跨航区的货物运输，从形式上看是直达的，但由于各航区的运价水平不同，因而不适用于直达运价，仅适用于航线运价。

（2）联运运价。联运运价是指适用于水陆联运、水水联运等的货物运价。一般按铁路、水路各区段的运价减免率进行计价。船舶运输的运价减收率一般为10%~15%，铁路运输的减收率一般为15%左右。

（3）集装箱运价。集装箱运价是指适用于集装箱货物运输的价格，又可分为按所装货物的种类及重量（体积）定价和以箱为单位（不计箱内货物的种类及重量等）定价两种形式。

（二）班轮运价的种类及运输费用的构成

班轮运价是班轮公司根据货物种类、性质，营运航线，装、卸港等货运作业情况以及市场环境，为弥补运输货物的费用开支，按照业已制定的费收政策与策略而规定的货运价格。班轮运价是国际海运运价体系的主要组成部分，其运价水平较高，相对较稳定，要求运输的货物对运费的承担能力较强。

1. 班轮运价的种类

（1）根据运价的制定者分类。

1）班轮公会运价：由班轮公会制定，供参加该公会的班轮公司使用的运价，运价的调整或修改都由班轮公会决定。这种运价水平较高，是一种具有垄断性质的运价。

2）班轮公司运价：由班轮公司自行制定并负责调整的运价。虽然货方可以对班轮公司制定的运价提出意见，但解释权和决定权仍在船公司。

3）双边运价：由船、货双方共同商议制定，共同遵守的运价。对运价的调整或修改，须经双方协商，任何一方都无权单方面改变。

4）货方运价：由货方制定，船方接受采用的运价。对运价的调整或修改要在与船方协商的基础上进行，但货方有较大的决定权。一般来说，能够制定运价的货方都是掌握有相当大数量货源的货主，能够常年向船公司提供货源。

（2）根据运价的形式分类。

1）单项费率运价：对各种不同的货物在不同的航线上分别制定一个基本运价，只需根据货物的名称及所运输的航线，即可直接查出该货物的运价来计收运费的运价。

2）等级运价：将全部货物划分为若干等级，按照不同的航线分别为每一个等级制定一个基本运价的运价。在计算运费时，须先根据货物的名称在"货物分级表"中查找出该货物所属的等级，再从航线"等级费率表"中查出该级货物的费率后才能进行运费计算。

3）航线运价：不分距离远近，只按航线、货物等级制定的运价，即只要起运港和目的港属于航线上规定的基本港口，不论距离远近，都按照"航线费率表"上为各等级货物规定的运价计算运费。

2. 班轮运费的构成

班轮运费通常由基本运费和附加运费两部分组成。基本运费是任何一种货物都要计收的运费；附加运费是视不同情况而加收的运费。附加运费可以按每一计费吨加收若干金额计收，也可按基本运费的一定比例计收。

(1) 基本运费。班轮运输航线上船舶定期或经常挂靠的港口称为基本港口，为在航线上基本港口间的运输而制定的运价称为基本运价或基本费率。它是计收班轮运输基本运费的基础。

(2) 附加运费。基本运费是构成班轮运输全程应收运费的主要部分，但不是全部。因为基本费率是根据普通货物在航线上各基本港口间进行运输的平均水平制定的。而实际上，班轮船舶除承运普通货物外，也经常承运一些需要特殊处理的货物；而且除了承运直达基本港口的货物外，有时还要承运需要加靠非基本港口或转船接运的货物；即使货物的运达港口是基本港口，也会由于各基本港口的具体情况的不同而导致运输成本的差异。在上述各种情况下，承运人都需要在运输中增加一定的营运支出，并需要取得补偿。所以基本运费只是班轮运费的主要部分，在计算全程应收运费时，还必须计收一定的追加额，这部分追加额就是构成班轮运费的另一部分——附加运费，简称附加费。

在班轮运输中，附加运费主要有：

1) 超重附加费：每件货物的毛重超过规定重量时（中国远洋运输公司规定为 5t）所增收的附加运费。这种货物则称为超重货。超重附加费的费率随货物重量的增加而增加，且超重货每转船一次要加收一次超重附加费。

2) 超长附加费：每件货物的长度超过规定长度时（中国远洋运输公司规定为 9m）所增收的附加运费。这种货物则称为超长货。超长附加费的费率随货物长度的增加而增加，且超长货每转船一次要加收一次超长附加费。

如果货物既超长又超重，则应分别计算两者的附加费，然后按其中收费较高的一项收取附加费。

3) 选卸附加费：又称选择卸货港附加费，是指货物在托运时因货方尚不能确定具体的卸货港，要求在预先指定的两个或两个以上的卸货港中进行选择而增收的附加运费。货方预先指定的选择卸货港必须是船舶该航次原定的停靠港，并且要按船方的规定，在船舶到达第一个选卸港前若干小时（通常为 48h）向船方或其代理人宣布最后选定的卸货港。

4) 直航附加费：托运人要求承运人将一批货物不经过转船而直接从装货港运抵航线上某一非基本港时，船公司增收的附加费。船公司通常规定，托运人交运一批货物必须达到或超过某一数量（中国远洋运输公司规定为 1000t）时，才同意托运人提出的船舶直靠非基本港口的要求，并按规定增收直航附加费。

5) 转船附加费：货物必须在中途挂靠港口换装另一船舶才能运至目的港时，船公司增收的附加运费。货物在中途港转船时发生的换装费、仓储费及二程船（接运船舶）

的运费等都包括在转船附加费内。上述各项费用的支出不一定等于船公司增收的转船附加费，其盈亏由船公司自理。

6）港口附加费：在某些港口的情况比较复杂（如船舶进、出需要通过闸门），装卸效率低或者港口收费较高等情况下，船公司增收的附加运费。

7）其他附加费：除上述各种主要的附加费外，船公司根据出现的某些特殊情况，临时采用增收附加费的办法补偿因这些情况的出现而增加的开支。当这些特殊情况消除后，该项临时增加的附加费也相应取消。常见的临时附加费有：

① 燃油附加费：因国际市场上燃油价格上涨，使船舶的燃油费用增加而增收的附加运费。燃油价格回落后，该项附加费也会调整直至取消。如果国际市场上燃油价格急剧变化，则船公司可在燃油附加费以外，再加收应急燃油附加费。

② 绕航附加费：因某一段正常航线受战争影响，运河关闭或航道受阻等意外情况，迫使船舶绕道航行，延长运输距离而增收的附加费。绕航附加费是一种临时性的附加费，当意外情况消除，船舶恢复正常航线航行时，该项附加费即行取消。

③ 港口拥挤附加费（又称拥挤港附加费）：由于港口拥挤，船舶抵港后要长时间等泊，为补偿船期延误的损失而增收的附加费。港口拥挤附加费也是一种临时性的附加费，其变动性较大，一旦港口拥挤情况得到改善，船公司就会调整或取消该项附加费。如果港口拥挤附加费随预付运费在装货港收取，则在收取后，不论卸货港拥挤情况如何，已收取的港口拥挤附加费不退还。实际上，对于拥挤情况严重的港口，船公司也不愿派船前往。

④ 货币贬值附加费：因国际金融市场汇率发生变动，货币贬值使船公司的实际运费收入减少，为弥补这部分损失而增收的附加费。

⑤ 变更卸货港附加费：因船方同意货方要求，在提单上载明的卸货港以外的港口卸货而增收的附加费。装货港至变更后的卸货港的运费，若超出原卸货港的运费，船方要向货方补收其差额。反之，不予退还。若变更卸货港而造成船方倒舱，则由此引起的损失和费用由申请变更卸货港的货方负担。

⑥ 超额责任附加费是指托运人要求承运人承担超过提单上规定的赔偿责任限额（按实际损失赔偿）时而增收的附加费。超额责任附加费通常按照货物 FOB 价格的一定百分比收取。

除上述各项附加费外，还有洗舱附加费、熏蒸附加费、冰冻附加费等。

（三）集装箱海运运费的构成

由于集装箱货物的交接方式和交接地点与传统海上货物运输的交接方式和交接地点不同，使班轮公司负责的运输区段从海上延伸到陆上。因此，承运人向货主收取的运输费不仅包括海上运费，而且还包括陆上运输和港口有关作业的费用以及与集装箱的装箱、拆作业有关的各项费用。

集装箱货物的全程运输可划分为发货地内陆运输、装货港集装箱码头搬运、装卸作业、海运输、卸货港集装箱码头搬运、装卸作业和收货地内陆运输等五个区段的运输及作业。在国际集装箱多式联运的情况下，承运人根据自己对货物运输所承担的风险和责任，收取全程运输费用。集装箱全程运输费用通常由以下费用构成。

1. 海运运费

海运运费是集装箱班轮公司为完成集装箱货物海上运输而从货方取得的报酬。从集装船舶运输的优越性出发，集装箱船舶运输可收取的费用应高于普通船舶收取的费用。

2. 堆场服务费

堆场服务费，也称码头搬运费，是指在装船港堆场接收出口的整箱货以及堆存和搬运至船边的费用，以及在卸船港船边接收进口集装箱以及将集装箱搬运至堆场和堆存的费用。堆场服务费中还包括在装卸港的有关单证费用。堆场服务费一般在装、卸港分别向发货人或收货人收取。

3. 拼箱服务费

拼箱服务费是指对出口货装箱、进口货拆箱所收取的费用。拼箱服务费通常包括为完成下列服务项目而收取的费用：将空箱从空箱堆场提取运至货运站；将装好货物的重箱从货运站运至装船港码头堆场；签发场站收据、装箱单，在货运站内货物正常搬运和一定期限内的堆存、装箱、封箱、做标记；必要的分票与积载，提供集装箱内货物的积载图；在卸货港将重箱从码头堆场运至货运站，拼货箱拆箱作业、理货、堆存、保管、交付货物等。

4. 集散运输费

集散运输又称为支线运输，是指由内河、沿海的集散港至集装箱进出口港之间的集装箱运输。一般情况下，集装箱在集散港装船后，就可签发集装箱联运提单，承运人为这一集散运输而收取的费用称为集散运输费。

5. 内陆运输费

当内陆运输由承运人负责时，内陆运输费用应根据承运人运价本的规定来确定。这些规定主要包括：

（1）区域运费。区域运费是指承运人按货方的要求，在货方指定的地点之间进行重箱和空箱运输时所收取的费用。

（2）无效拖运费。当承运人将集装箱按货方要求运至指定地点，而货方却没有发货，且要求将集装箱运回时，承运人将收取全部区域费用以及货方宣布运输无效后可能产生的任何延迟费用。

（3）变更装箱地点费。当承运人应货方要求同意改变原定集装箱交付地点时，货方应对承运人因变更装箱地点而引起的全部费用给予补偿。

（4）装箱时间与延迟费。承运人免费允许货方装货的装箱时间长短以及超过允许装箱时间后收取的延迟费的多少，主要视各港口的条件、习惯、费用支出等情况而定。例如，在发货人工厂、仓库装箱时，免费允许货方装货的装箱时限为：20h 箱 2h，40h 箱 3h。上述时间均从集卡司机将空集装箱交货方时起算，即使是雨天或恶劣气候也不能超出规定的时限，否则对超出时间应计收延迟费。

（5）清扫费。当货方提取重箱、拆箱、掏出货物后，还应负责清扫箱子，将清洁无味的集装箱归还给承运人。如果清扫空箱的工作由承运人负责，费用仍应由货方承担。

另外，当内陆运输由货方自己负责时，承运人可根据自己的选择或事先商定的协议，在指定场所将集装箱和有关机械设备出借给货方，并按规定计收费用，货方在承运人指定的场所（如集装箱码头堆场）提箱时，或在承运人指定的地点归还集装箱时，将集装箱装上车辆或从车上卸下的费用，即集装箱装卸费由货方负担；货方还应在规定的用箱期限届满后，将集装箱归还给承运人，超出时间则为延误，延误费用即超期使用费，由货方负担，计收标准按每箱每天计收，不足 1 天以 1 天计。

不同的交接方式，集装箱运输承运人应收取的费用也不相同。表 4-1 列出了在集装箱运输中不同交接方式下承运人收取运费的结构。

表 4-1 集装箱运输中不同交接方式下承运人收取运费的结构

交接方式	发货地				海上运输	收货地				运费结构
	A	B	C	D	E	D	C	B	A	
门到门	√		√		√		√		√	A+C+E+C+A
门到站	√		√		√		√	√		A+C+E+C+B
门到场	√		√		√	√	√			A+C+E+D+C
站到门		√	√		√		√		√	B+C+E+C+A
站到站		√	√		√		√	√		B+C+E+C+B
站到场		√	√		√	√	√			B+C+E+D+C
场到门			√	√	√		√		√	C+D+E+C+A

(续)

交接方式	发货地				海上运输	收货地			运费结构
	A	B	C	D	E	D	C	B	A	
场到站	/	/	√	√	√	/	√	√	/	C+D+E+C+B
场到场	/	/	√	√	√	/	√	/	/	C+D+E+D+C

注：A 为内陆运输费；B 为装/卸港集装箱货运站装/拆箱费；C 为装/卸港集装箱作业区码头搬运费；D 为装/卸车费（换装费，即需要使用港区机械将集装箱从货主接运车上卸下或装上时发生的费用）；E 为海运运费。

四、航空货物运输费用的构成

（一）航空货物运价分类及运价使用原则

按运价的制定方法，航空货物运价可分为协议运价和公布运价。协议运价是指经营某航线的两个或者两个以上承运人通过磋商达成协议，并报请各有关国家政府批准后，共同使用的货物运价。

按运价的组成，航空货物运价可分为公布直达运价和非公布直达运价。其中，公布直达运价可按货物的性质进一步分为普通货物运价、指定商品运价、等级货物运价和集装货物运价；非公布直达运价包括比例运价和分段相加运价。

航空货物运价的使用必须符合货物运价的使用顺序：优先使用协议运价；如果没有协议运价，则使用公布直达运价；如果没有协议运价和公布直达运价，则使用非公布直达运价。使用协议运价时，优先使用双边协议运价；如果没有双边协议运价，则使用多边协议运价。使用公布直达运价时，优先使用指定商品运价；没有指定商品运价时，使用等级运价；没有指定商品运价和等级运价时，使用普通货物运价。使用非公布直达运价时，优先使用比例运价；没有比例运价时，使用分段相加运价。

航空货物运价应当采用填开航空货运单当日承运人公布的货物运价。货物运价的使用必须按照货物运输的正方向，而不能按反方向使用。使用货物运价时，还必须符合货物运价规则中提出的要求和规定的条件。

在使用航空货物运价时，应当按照"从低原则"计算航空运费，即当货物重量（货物毛重或者货物体积重量）接近某一个重量分界点的重量时，需要将根据该货物重量和对应的货物运价计算得出的航空运费与根据该重量分界点的重量和对应的货物运价计算得出的航空运费相比较，然后取其低者。

（二）航空货物运输费用的构成

航空货物运输费用是在货物运输过程中产生的，承运人应当向托运人或者收货人收取的费用，一般包括航空运费、货物声明价值附加费以及货物地面运输费、退运手续费、航空货运单费、到付运费手续费、特种货物处理费和保管费等。

1. 航空运费

航空运费是指根据货物的计费重量和适用的货物运价计算得出的货物始发站机场至目的站机场之间的货物运输费用，不包括机场与市区之间、同一城市两个机场之间的地面运输费以及其他费用。

2. 货物声明价值附加费

托运人办理货物声明价值时，应当在航空货运单上注明货物声明价值。如果国际货物每千克价值超过 20 美元或者国内货物每千克价值超过人民币 20 元，托运人应当按照规定向承运人支付货物声明价值附加费。

3. 其他费用

其他费用是指承运人可以收取的除航空运费、货物声明价值附加费以外的费用，包括货物地面运输费、退运手续费、航空货运单费、到付运费手续费、特种货物处理费和保管费等。

（1）货物地面运输费。货物地面运输费是指承运人在机场与市区之间、同一城市两个机场之间运输货物的费用。航空运费仅限于货物始发站机场与目的站机场之间的货物运费，在某些情况下，托运人在市区托运货物或者收货人要求在市区提取货物，这就需要承运人将货物从市区运输到机场或者从机场运输到市区，托运人或者收货人应当支付由此产生的地面运输费。

（2）到付运费手续费。到付运费手续费是指因提供货物运费到付服务而向收货人收取的手续费。到付运费手续费最低收取 10 美元。

第三节 铁路货物运输费用的计算

一、铁路货物运费的计算程序及公式

（一）铁路货物运输费用的计算程序

（1）根据货物运单上填写的发、到站，按《货物运价里程表》计算出发站至到站的运价里程。

（2）根据货物运单上填写的货物名称，查《铁路货物运输品名分类与代码表》、《铁路货物运输品名检查表》，确定适用的运价号。

（3）整车、零担货物按货物适用的运价号，集装箱货物根据箱型、冷藏车货物根据车种分别在《铁路货物运价率表》（见表 4-2）中查出适用的运价率（即发到基价和运行基价）。

表 4-2　铁路货物运价率表

办理类别	运价号	发到基价		运行基价	
		单位	标准	单位	标准
整车	1	元/t	4.60	元/(t·km)	0.0212
	2	元/t	5.40	元/(t·km)	0.0243
	3	元/t	6.20	元/(t·km)	0.0284
	4	元/t	7.00	元/(t·km)	0.0319
	5	元/t	7.90	元/(t·km)	0.0360
	6	元/t	8.50	元/(t·km)	0.0390
	7	元/t	9.60	元/(t·km)	0.0437
	8	元/t	10.70	元/(t·km)	0.0490
	9			元/(轴·km)	0.1500
	冰保	元/t	8.30	元/(t·km)	0.0455
	机保	元/t	9.80	元/(t·km)	0.0675
零担	21	元/10kg	0.087	元/(10kg·km)	0.000365
	22	元/10kg	0.104	元/(10kg·km)	0.000438
	23	元/10kg	0.125	元/(10kg·km)	0.000526
	24	元/10kg	0.150	元/(10kg·km)	0.000631
集装箱	1t 箱	元/箱	7.40	元/(箱·km)	0.0329
	5.6t 箱	元/箱	57.00	元/(箱·km)	0.2525
	10t 箱	元/箱	86.20	元/(箱·km)	0.3818
	20ft 箱	元/箱	161.00	元/(箱·km)	0.7128
	40ft 箱	元/箱	314.70	元/(箱·km)	1.3935

注：整车农用化肥发到基价 4.20 元/t，运行基价 0.0192 元/(t·km)。

（4）根据《铁路货物运价规则》确定货物的计费重量（自轮运转货物为轴数、集装箱为箱数）。

（5）货物适用的发到基价加上运行基价与货物的运价里程的相乘之后，再与货物的计费重量（自轮运转货物为轴数、集装箱为箱数）相乘，计算运费。

（6）根据《铁路货物运价规则》及有关规定计算货物的杂费以及专项和代收费用等。

（二）铁路货物运费的计算公式

根据现行《铁路货物运价规则》，不同运输种类的货物运费的计算公式如下：

1. 整车货物

整车货物按重量计费时,运费计算公式一般为

运费 = [发到基价(元/t) + 运行基价(元/(t·km)) × 运价里程(km)] × 计费重量(t)

自轮运转货物按轴数计费时,运费计算公式为

运费 = [运行基价(元/(轴·km)) × 运价里程(km)] × 轴数

2. 零担货物

零担货物的运费计算公式为

运费 = [发到基价(元/10kg) + 运行基价(元/(10kg·km)) × 运价里程(km)] × 计费重量(kg)/10

3. 集装箱

集装箱的运费计算公式为

运费 = [发到基价(元/箱) + 运行基价(元/(箱·km)) × 运价里程(km)] × 箱数

二、整车货物运费

(一) 一般整车货物运费

1. 计费重量

(1) 整车货物的计费重量,一般情况下,按货车标记载重量计算运费。货物重量超过货车标重时按货物重量计费。计费重量以吨为单位,吨以下四舍五入。特殊情况下按表4-3确定计费重量。表4-3所列货车装运货物重量超过规定计费重量时,按货物重量计费。

表4-3 整车货物规定计费重量表

项　目	计费重量/t
使用标重不足30t的家畜车	30
使用矿石车、平车、砂石车,经铁路局批准装运《铁路货物运输品名分类与代码表》01(煤)、0310(焦炭),04(金属矿石)、06(非金属矿石)、081(土、砂、石、石灰)、14(盐)类货物	40(超过时按货物重量计费)
标重低于50t,车辆换长小于1.5的自备罐车	50
SQ_1(小汽车专用平车)	85
QD_3(凹底平车)	70
GY_{95s}、GY_{95}(GY_{40},GH_{40},$GY_{95/22}$,$GH_{95/22}$)(石油液化气罐车)	65
GY_{100s}、GY_{100}(石油液化气罐车)	70

（2）车辆换长超过 1.5m 的货车（D 型长大货物车除外），未明定计费重量的，按其超过部分的每米（不足 1m 的部分不计）折合 5t 与 60t 相加之和计费。

（3）承运人提供的 D 型长大货物车的车辆标重大于托运人要求的货车吨位时，经铁路局批准可根据实际使用车辆的标重减少计费重量，但减吨量最多不得超过 60t。

2. 运价率

根据托运人在货物运单上填写的货物名称，按照《铁路货物运输品名分类与代码表》查出该批（项）货物适用的运价号，按承运当日实行的运价率，查出该批货物适用的运价率。

（1）按一批办理的整车货物，运价率不同时，按其中的高运价率计费。

（2）运价率加（减）成的确定。《铁路货物运输品名分类与代码表》中规定的加（减）成应先计算出其适用的运价率后按下述规定进行加（减）成计算。

1）一批或一项货物，运价率适用两种以上减成率，计算运费时，只适用其中较大的一种减成率。

2）一批或一项货物，运价率适用两种以上加成率时，应将不同的运价率相加之和作为适用的加成率。例如，托运人运送一件经过广九线的一级超限货物。由于一级超限货物运送时运价率加成 50%，另经广九线运送的货物，其运价率按统一运价率加成 50% 计算，因此，其运价率的加成率应为 50% + 50% = 100%。

3）一批或一项货物，运价率同时适用加成率和减成率时，应以加成率和减成率相抵后的差额作为适用的加（减）成率。如某站发送一件超级超限货物，用自备车装运。其运价率既适用于加成率又适用于减成率，超级超限货物加成 150% 计费，用自备车装运减成 20% 计费，因此，该批货物适用的运价率为加成 150% − 20% = 130%。

（二）冷藏车货物运费

1. 计费重量

机械冷藏车、加冰冷藏车运送鲜活货物按规定计费重量计费（见表 4-4），超过时按货物重量以吨为单位四舍五入计费。

2. 运价率的确定

用冷藏车运送货物，按货物运价率表中的冰保车和机保车的运价率计算运费，特殊情况按下述方法办理。

（1）途中不需要加温（或托运人自行加温）或制冷的机械冷藏车按机械冷藏车的运价率减 20% 计费。

（2）加冰冷藏车不加冰运输时，按加冰冷藏车的运价率计费。

表 4-4　冷藏车规定计费重量表

车　　种	车　　型	计费重量/t	附　　注
机械冷藏车	B_{18}	32	8 辆装货
	B_{19}	38	4 辆装货
	B_{20}	42	8 辆装货
	B_{21}	42	4 辆装货
	B_{10}、B_{10A}	48	
	B_{22}、B_{23}	48	4 辆装货
冷板冷藏车	BSY	40	
加冰冷藏车	B_6、B_{6N}、B_{6A}、B_7	38	不加冰运输按标重 45t
自备冷藏车		60	

（3）代替其他货车装运非易腐货物的冷藏车、隔热车（即无冷源车）和自备冷藏车，均按所装货物适用的运价率计费。

（三）快运货物运费

按快运办理的货物，其运价里程及运价号的确定方法与不按快运办理的货物完全相同，但计算运费时按货物运价率表规定的该批货物运价率的 30% 加收快运费。

（四）超长、超限和限速货物运费

1. 超限、限速货物运费计算

由于超限货物和需限速运行的货物运输条件特殊，办理手续复杂，影响铁路运输效率，增加运输成本。因而运送这类货物时，发站应将超限货物的超限等级在货物运单货物名称栏内注明。承运人记载调度命令号，其运费计算按下列规定进行。①一级超限：按运价率加 50% 计费。②二级超限：按运价率加 100% 计费。③超级超限：按运价率加 150% 计费。④限速运行（不包括仅通过桥梁、隧道、出入站线限速运行）的货物，按运价率加 150% 计费。

需限速运行的货物主要是指货物装车后，重车重心高超过 2000mm 及与限界距离或邻线列车距离较小的超级超限货物。由于限制其运行速度，因而影响铁路运输效率，增加铁路运输成本，运价率需进行加成。

需限速运行的超限货物，只核收 150% 的加成运费，不另核收超限货物加成运费。

2. 使用游车时货物运费计算

超长、超限货物运送时，在一些情况下，除使用负重的主车负担货物重量外，还需使用游车满足货物对长度的需要，所以要核收游车运费。游车运费按下列规定计算：

（1）游车不装货物时，游车运费按主车货物运价率和游车标重计费。

(2) 利用游车装运货物，按所装货物运价率与主车货物运价率高的核收游车运费。

(3) 两批货物共同使用游车时，游车运费各按主车货物的运价率及游车标重的 1/2 计费。

(4) 运输超限货物或需要限速运行的货物使用游车时，游车运价率不加成。

(5) 自轮运转的轨道机械，以企业自备货车或租用铁路货车作游车时，按整车 9 号运价率做游车运费；自轮运转的轨道机械，以铁路货车作游车时，按整车 8 号运价率和游车标重核游车运费。

三、零担货物运费

(一) 计费重量

零担货物的计费重量以 10kg 为单位，不足 10kg 的四舍五入为 10kg。具体确定时分有以下三种情况。

(1) 有规定计费重量的货物，按规定计费重量计费，如表 4-5 所示。

表 4-5 零担货物规定计费重量表

序 号	货 物 名 称		计费单位	规定计费重量/kg
1	组成的摩托车	双轮	辆	750
		三轮（包括正、侧带斗的，不包括三轮汽车）	辆	1500
2	组成的机动车辆、拖斗车（单轴的拖斗车除外）	车身长度不满 3m	辆	4500
		车身长度 3m 以上，不满 5m	辆	15000
		车身长度 5m 以上，不满 7m	辆	20000
		车身长度 7m 以上	辆	25000
3	组成的自行车		辆	100
4	轮椅，折叠式疗养车		辆（件）	60
5	牛、马、骡、驴、骆驼		头	500
6	未装容器的猪、羊、狗		头	100
7	灵柩、尸体		具（个）	1000

(2) 按货物重量计费。《铁路货物品名分类与代码表》中 "童车"、"室内健身车"、"209 其他鲜活货物"、"9914 搬家货物、行李"、"9960 特定集袋化运输用具" 等

按货物的重量计费。

（3）按货物重量和体积折合重量择大计费。除上述两种特殊情况外，零担货物的计费重量均为按货物重量和体积折合重量择大计费。其目的是为保持零担货物运价与整车货物运价之间的合理比价关系，避免货物运输中发生运费倒挂、化整为零的现象；折合重量根据托运人在货物运单"托运人记载事项"栏内填记的货物长×宽×高的尺寸按下式计算。

$$折合重量（kg）= 300 \times 体积（m^3）$$

托运人托运零担货物时，除在货物运单上正确填记货物重量外，还应在货物运单"托运人记载事项"栏内填记货物的长×宽×高的体积，托运人托运一批同一规格的货物时，应记明单件货物的规格与体积。

外形不规则的货物的体积，应按紧密堆码状态的外廓尺寸组成的立方体确定。

货物长、宽、高的计算单位为米，小数点后保留两位小数（四舍五入）。体积的计算单位为立方米，保留两位小数（四舍五入）。

按折合重量计费的零担货物，应在计费重量数前记明"尺"及折合重量。

发站对托运人填记的货物规格、体积等事项可进行抽查，必要时会同托运人复测更正，车站对经常运输的轻浮零担货物，可在调查研究的基础上，制定出轻浮零担货物按体积的折合重量表或采用其他简便速算办法，经铁路分局核准后实行。

（二）运费计算

零担货物起码运费为每批 2 元。零担货物运价率按承运当日的"零担货物运价率"确定。

（1）运价率不同的零担货物在一个包装内或按总重量托运时，按该批或该项货物中运价率高的计费。

（2）在货物运单内分项填记重量的零担货物，应分项计费，但运价率相同时，重量应合并计算。

（3）托运人自备的可折叠（拆解）的专用集装箱、集装笼、托盘、网络、货车篷布，装运卷钢、带钢、钢丝绳的座架、玻璃集装架和爆炸品保险箱及货车围挡用具，凭收货人提出的特价运输证明书回送时，零担按 21 号运价率计费。

四、集装箱货物运费

集装箱运费按箱计费，不再考虑箱内所装货物重量，但所装货物重量与自重之和不得超过集装箱总重。集装箱内单件货物重量超过 100kg 时，必须在货物运单托运人记载事项栏内注明。

(一) 运费计算

集装箱货物的运费按使用的箱数和铁路货物运价率表中规定的不同箱型的运价率计费，但下述情况除外：

(1) 危险货物集装箱的运价率，按铁路货物运价率表的规定加成30%计算。

(2) 罐式集装箱的运价率，按铁路货物运价率表的规定加成30%计算。

(3) 其他铁路专用集装箱的运价率，按铁路货物运价率表的规定加成20%计算。

(4) 启备集装箱空箱运价率按其适用重箱运价率的50%计算。

(5) 承运人利用自备集装箱回空捎运货物，在货物运单承运人记载事项栏内注明，免收自备集装箱箱主的回空运费。

(二) 集装箱一口价

为了增加价格透明度、规范收费行为、满足货主需要以及开拓铁路集装箱运输市场，目前铁路实行集装箱一口价。

集装箱一口价是指集装箱自进发站货场至出到站货场铁路运输全过程的各项价格总和，包括门到门运输取空箱、还空箱的站内装卸作业、专用线取送车作业、港站作业的费用和经铁道部确认的集资货场、转场货场费用。

集装箱一口价由铁路发站使用货票向托运人一次收取，货票记事栏内注明"一口价"。计算及核收以箱为单位。

集装箱一口价的费用包括：①国铁运费、新路新价均摊运费、电气化附加费、特殊运价；②印花税；③铁路建设基金；④国铁临管线运费、合资铁路或地方铁路运费和集装箱使用费；⑤地方铁路建设附加费；⑥发到站集装箱装卸综合作业费；⑦铁路集装箱使用费，自备集装箱管理费；⑧运单表格费、货签表格费、施封材料费、铁路集装箱清扫费；⑨护路联防费；⑩组织服务费；⑪经铁道部确认的港站费用和转场费用。

集装箱一口价不包括的费用有：①要求保价运输的保价费用；②快运费；③委托铁路装掏箱的装掏箱综合作业费；④专用线装卸作业的费用；⑤集装箱在到站超过免费暂存期间产生的费用；⑥托运人或收货人责任发生的费用。

下列情况，集装箱运输一口价中的相应费用在发站免收或减收，在到站时退还收货人：①在专用线、专用铁路进行装卸的装卸综合作业费与取送车费的差额；②托运人、收货人自装自卸的装卸综合作业费；③在部定转场货场，托运人、收货人直接到铁路货场取送集装箱或装掏箱的转场费用；④管内装卸综合作业费、组织服务费等杂费下浮的。

按规定权限批准运价下浮的，集装箱运输一口价的各项费用同比例下浮，包括到站费用。

下列货物不适用集装箱运输一口价运输，仍按一般计费规定计费：①集装箱国际联运；②集装箱危险品运输（可按普通货物条件运输的除外）；③冷藏、罐式、板架等专用集装箱运输。

实行一口价的集装箱暂不办理在货物中途站或到站提出的运输变更。

第四节 水路货物运输费用的计算

一、国际海上货物运输费用的计算

（一）班轮运费的计算

1. 计费标准的概念及表示方法

计费标准也称计算标准。最基本的计费标准是货物的容积和重量，即将货物分为容积货物和重量货物，并且为货物的容积和重量规定一个比例关系，按照这种比例关系换算。如果某种货物按照其体积计算的容积吨小于按重量计算的重量吨时，则这种货物属于容积货物，应按容积计算运费；相反，则这种货物属于重量货物，应按重量计算运费。这种按货物容积（体积或尺码）或重量计算运费的单位称为运费吨或计费吨。

在班轮运输中，主要使用的计费标准是按容积和重量计算运费；对于贵重货物，则按货价的一定百分比计算运费；对某些特定货物也会按其实体的个数或件数计算运费。在船公司制定的运价本中，对运价的计算标准一般有以下几种规定：

（1）按货物的毛重计收：在运价本中以"W"表示。W是Weight的缩写，是指该种货物应按其毛重计算运费。一般以每一吨为计费单位，也有按长吨（英制单位：1长吨=1.02t）或短吨（英制单位：1短吨=0.91t）计算的。

（2）按货物的体积计收：在运价本中以"M"表示。M是Measurement的缩写，是指该种货物应按其尺码或体积计算运费。一般以 m^3 为计费单位。

（3）按货物的毛重或体积计收：在运价本中以"W/M"表示，是指该种货物应按其毛重和体积计算运费，并选择其中运费较高的收取运费。

（4）按货物的价格计收：在运价本中以"AD. VAL"表示，是指该种货物应按其FOB价格的一定百分比计算运费。这种运费称为从价运费。

（5）按货物重量或体积或价格三者中最高的一种计收：在运价本中以"W/MorAD. VAL"表示，是指该种货物应分别按其毛重、体积和其FOB价格的一定百分比计算运费，并选择其中运费高者收取运费。

（6）按货物的件数计收：在运价本中以"PerUnit, Head, PieceEtc."表示，是指车辆按"每辆"，活牲畜按"每头"计算运费。

（7）按议价费率计收。在运价本中以"OpenRate"表示，是指该种货物应按承运人与托运人双方临时议定的费率计收运费。在运输大宗低值货物如粮食、煤炭等时，这类货物在运价本中一般不具体规定费率，在托运货物时，由船公司与托运人临时洽商议定。议价费率一般比等级费率低。

（8）起码运费率。起码运费率是指按每一提单上所列的货物重量或体积所计算出的运费尚不足运价本中规定的最低费率时，则按起码运费率计收，即对每一提单应计收的最低运费不低于起码运费。班轮公司大多以其等级费率的第一级费率作为起码运费率。

随着集装箱运输的发展和班轮运输的集装箱化，托运人采用整箱托运方式的比例不断增加，在集装箱运输中，又有按每一个集装箱计算收取运费的规定。

2. 运费计算的步骤

在计算一笔运费时，应按下列步骤进行：

（1）根据装货单留底联（或托运单证中的运费计算联）查明货物的装货港和目的港所在的航线，注意它们是否属于航线上的基本港口、所运货物是否需要转船或要求直达；对于选港货，还应注意选卸港名及选卸港口数。

（2）了解货物品名、特性、包装，是否属于超重、超长货物或冷藏货物。如果托运人提供的货物重量、尺码所使用的计量单位与运价表规定的计量单位不相符，必须首先对计量单位按规定的换算率进行换算。

（3）根据货物品名，从货物分级表中找出该货物的等级和计算标准。如属于未列名货物，则参照性质相近货物的等级和计算标准计算，同时做好记录以便在实际中进一步验证，为日后更正所属等级或应在商品分级表内补充列名等决策积累资料。

（4）查找所属航线等级费率表，找出等级货物的基本费率。

（5）查出各项应收附加费的计算方法及费率。

（6）列式进行计算。

3. 计算实例

【例 4-1】某班轮从上海港装运 10t 共 11m^3 的蛋制品去英国普利茅斯港，要求直航。求全部运费。

解：

（1）该票货物的运输航线属中国/欧洲地中海航线，目的港普利茅斯港是航线上的非基本港。

（2）查货物分级表知蛋制品为 12 级，计算标准为 W/M。

（3）查中国/欧洲地中海航线等级费率表可知，12 级货物的基本费率为 116 元/t。

（4）查中国/欧洲地中海航线附加费率表可知，普利茅斯港直航附加费为 18 元/t，燃油附加费为 35%。

（5）因该批货物容积吨大于重量吨，所以运费吨为 11t，代入运费计算公式，得：

$$运费总额 = 11t \times [116 \times (1+35\%) + 18] 元/t = 1920.60 元$$

（二）集装箱海运运费的计算

海上集装箱运输都是采用班轮运输的营运组织方式经营的，所以也要根据费率表中规定的费率和计费办法来计算运费，并有基本运费和附加费之分。集装箱海运运费的计算办法有两种：一种与普通班轮运输的运费计算办法一样，即对具体的航线按货物的等级及不同的计费标准计算运费；另一种是对具体航线实行分货物等级和箱型的包箱费率，或不分货物等级只按箱型的包箱费率计算运费。包箱费率是按箱计收运费的费率，采用包箱费率计算运费时，只需用具体航线上相应箱型的费率乘以箱数即可。但按照普通班轮运输的运费计算办法时，根据集装箱货物既可以交集装箱货运站装箱拼箱托运，也可以由托运人自行装箱整箱托运而有不同的具体计算办法。

1. 拼箱货的运费计算

由集装箱货运站装箱的拼箱货的运费计算与普通班轮运费的计算办法基本一致，所不同的是应按集装箱运输的费率而不是按普通班轮运输的费率计算，并应加收有关集装箱拼箱货运输的费用（如拼箱服务费）等，但不再收取杂货码头的收货费用。当然，用集装箱运输从价货物时，不是以货物的从价费率计算运费，而是按 W/M20 级计算，以运费高者计收运费。

对拼箱货，船公司也按提单所记载的货物计收起码运费，如中远运价本规定，每一提单不足 1 个运费吨的，则按 1 个运费吨计收运费。

2. 整箱货的运费计算

在由托运人自行装箱以整箱托运的情况下，采用普通班轮运输的运费计算办法时，托运人应按"最低运费"和"最高运费"的计算办法计算应支付的海运运费，尤其是使用承运人的集装箱装运时更是如此。在由托运人委托班轮公司或船舶代理人装箱以整箱托运的情况下，除仍然按照上述方法计算海运运费外，托运人还要支付装箱费。

（1）最低运费的计算。由托运人自行装箱整箱托运的情况下，如果箱内货物没有达到规定的装箱标准，也即箱内所装货物没有达到规定的最低运费吨时，托运人应对其亏损部分支付"亏箱运费"，以确保承运人的利益。因此，各航运公会或班轮公司都分别对不同类型、不同用途的集装箱规定了各自的最低运费吨。例如，中远总公司规定一个普通干货标准箱的最低运费吨为 $20m^3$ 或 16 重量吨。由于航运的国际性，各航运公会或班轮公司所规定的最低运费吨都比较接近。

$$最低运费 = 实装货物全部运费 + 亏箱运费$$

实装货物全部运费是指根据货物具体航线等级费率及计费标准计算出的基本运费和附加费；亏箱运费的计算方法为：

$$亏箱运费 = 亏箱吨 \times 实装货物全部运费/计费吨$$

显然，如果一个集装箱内只装载一种货物，而装箱货物的运费吨（重量吨与容积吨中较高者）的总量少于所规定的最低运费吨，也就是说集装箱未装满时，应按所规定的最低运费吨计收运费，即以所规定的最低运费吨乘以装箱货物的等级费率和应收的附加费率所得的乘积。当一批货物需要分装几个集装箱托运时，最后不足整箱的部分货物可按实装货物的运费吨计收运费，或者免收若干吨亏箱运费。

（2）最高运费的计算。规定最高运费是指即使托运人实际装箱的货物尺码超出对集装箱规定的计费吨，承运人仍按对集装箱规定的计费吨收取运费，超出部分免收运费。最高运费是专用于海上集装箱运输的一种规定，其目的在于鼓励托运人采用集装箱装运货物，并能最大限度地利用集装箱的内部容积。在海上集装箱运输的运费计算中，航运公会或班轮公司都为各种规格和类型的集装箱规定了一个按集装箱内部容积折算的最高运费吨，通常按集装箱内部容积的85%计算。例如，20英尺干货箱的最高运费吨为 $31m^3$，40英尺干货箱的最高运费吨为 $67m^3$。最高运费的计算只适用于按尺码计算运费的容积货物，不适用于按重量计算运费的重量货物。如果集装箱内所装货物分属不同的运费等级，则免收运费的货物应从运价等级最低的货物开始计算。

如果整箱货的托运人没有提供正确的衡量单位或计算运费的资料，则按最高运费吨和箱内运价等级最高的费率计算运费；如果整箱货物的托运人只提供了部分货物的计算运费的资料，除已有资料的货物按实际尺码吨和该类货物的等级费率计算运费外，对缺乏必要资料的货物，则以最高运费吨减去已提供资料的货物尺码吨作为未提供或提供资料不足的货物的计费吨，并以这个计费吨乘以未提供资料或提供资料不足的货物中运价等级最高的费率，求得未提供资料或提供资料不足的那部分货物的运费。将按实际尺码吨计算出的运费和这些未提供资料或提供资料不足的货物的运费相加，即为整箱货应收的最高运费。

3. 特殊货物运费的计算

采用集装箱装运货物，在运费计算上有一些特殊的规定，主要有：

（1）成组货物。对符合运价本有关成组货物的规定和要求并按拼箱货托运的成组货物，通常给予运费优惠。在计算运费时，通常扣除托盘本身的重量或尺码，但扣除部分不得超过成组货物（货物加托盘）重量或尺码的10%，超出部分仍按托盘所装货物的费率计收运费。以整箱货托运的成组货物，托盘本身也按货物的费率标准计收运费，即不享受运价优惠。

（2）家具和行李。集装箱内的家具和行李，除组装成箱后再装入集装箱内的情况外，运费均按集装箱容积的100%计收，其他费用也按箱计收。

（3）服装。服装以挂载于集装箱内的方式运输时，一般要求整箱 CY/CY（场到场）交接，衣架及箱内必须的装箱物料由托运人提供，运费按集装箱容积的85%计收。

如果集装箱内除挂载的服装外，还装载其他货物时，服装仍按箱容的 85% 计收运费，其他货物则按实际尺码计收运费，但两者的总计费尺码超过集装箱的容积时，超过部分免收运费。

（4）回运货物。回运货物是指货物在卸货港或交货地点卸货后的一定时间内由原承运人运回原装货港或收货地点的货物。若货物在卸货港或交货地点卸货后 6 个月内由原承运人运回原装货港或收货地点，对整箱货（原箱）的回程运费按原运费的 85% 计收，拼箱货的回程运费按原运费的 90% 计收。但货物在卸货港或交货地点滞留期间发生的一切费用由申请方负担。

4. 附加费的计收

集装箱海运运费除基本运费外，也要加收各项附加费。附加费的标准、项目，根据航线、货种的不同而有不同的规定。

（1）超重、超长、超大件附加费。该附加费只对由集装箱货运站装箱的拼箱货收取，其费率与计收办法与普通班轮运输相同。如果采用 CFS/CY（站到场）条款，则对超重、超长、超大附加费减半计收。

（2）变更目的港附加费。变更目的港只适用于整箱托运的整箱货，并按箱收取变更目的港附加费。提出变更目的港的全套正本提单持有人，还必须在船舶抵达提单上列名的卸货港 48h 前以书面提出申请，经船方同意后才可变更。如变更目的港的运费超过原目的港的运费时，申请人应补交运费差额；反之，承运人不予退还。若由于变更目的港产生翻舱及其他费用，也应由申请人负担。

（3）选择卸货港附加费。选择卸货港或交货地点只适用于整箱托运整箱交付的货物，而且一张提单的货物只能选定在一个交货地点交货，并按箱增收选卸附加费。经承运人同意后，托运人可指定承运人经营范围内直航的或经转运的三个交货地点内选择指定卸货港，其选卸范围必须按照船舶挂靠顺序排列。此外，提单持有人还必须在船舶抵达选卸范围内第一个卸货港 96h 前告知船舶代理人交货地点，否则船长有权在第一个或任何一个选卸港将选卸货卸下。

（4）转船附加费。集装箱货物的转船运输，包括支线运输转主干线运输，应收转船附加费。

除上述各项附加费外，其他有关的附加费计收规定与普通班轮运输的附加费计收规定相同。

5. 滞期费

这里所说的滞期费是指在集装箱运输的情况下，货主未在规定的免费保存时间内前往承运人的集装箱堆场或集装箱货运站提取货物时，承运人向货主收取的费用。滞期费按天计算。

整箱货的免费堆存期从卸下船舶时起算,不包括星期日及节假日,但一旦进入滞期时间,便连续计算,星期日及节假日也不除外。装有不同货物的集装箱,在不同的港口,其具体的免费保存期各不相同。对装危险品的集装箱,通常要求收货人从装卸桥下直接提走,否则要收取较高的费用并承担相应的风险。对超期堆存的集装箱,承运人有权进行转场处理,货主应对由此产生的费用和风险负责。

对于拼箱货,收货人也应在集装箱货运站免费保存期内提取货物,否则也要支付滞期费。

(三)航次租船运费的计算

1. 航次租船运费的支付方法

航次租船运费的支付方法通常有:

(1) 预付运费。航次租船中,在装货港支付运费称为预付运费。具体支付时间根据船舶所有人和承租人在航次租船合同中的约定,可以在签发提单时支付,也可以在货物装船若干天后支付。

(2) 到付运费。航次租船中,在卸货港支付运费称为到付运费。具体支付时间根据船舶所有人和承租人在航次租船合同中的约定,可以在卸货前支付或边卸货边支付,也可以在卸货后、交付货物之前支付或交付货物之后支付。到付运费对船方来说风险较大,尤其是在货物交付后支付运费的情况下风险更大,因为货物或船舶在运输途中遭受灭失或损坏,船方就可能丧失获取运费的权利。为保障船方的利益,在签订航次租船合同时,可在合同中加上一些带有针对性内容的条款,如"非船方原因造成运输全程不能完成时,承租人仍应支付与实际运距相符的比例运费"。

(3) 运费部分预付和部分到付。这是指航次租船合同中,将运费分为预付和到付两部分。

航次租船的运费,不论采取哪一种支付方式,合同中规定的运费支付时间应该是指船方收到运费的日期,而不是承租人付出款项的日期。

2. 航次租船运费的估算方法

船舶所有人必须对某一船舶的具体的固定费用(包括船舶投资费用、船舶维持费用、一般管理费等)和某一航次该船可能发生的变动费用(包括合同航次可能发生的燃油费、港口使用费及其他费用在内的航次费用)事先作出估算,求出该船舶每天、每吨的运费水平。将该合同航次可能需要的航次时间乘以每天、每吨的运费水平,再加上预期的盈利,就可得出以各种航次租船方式进行租船时,作为洽谈运费水平依据之一的估算费率。

航次租船合同中,除一般的航次租船按照约定的费率和约定的货物数量计算运费的租船方式外,还有日租租船和包船租船等方式。航次租船费率和包船租船费率的估算都是以日租租金费率为基础的。

(1) 日租租船费率的估算。日租租船是航次租船的一种特定形式。根据具体的船舶及航线的情况，以船舶每营运吨天的固定费用和平均每营运吨天的航次费用两项费用，可确定船舶每营运吨天运费的下限。

每营运吨天固定费用 =（船舶投资费用 + 船舶维持费用 + 一般管理费用）
÷ 计划营运天数 × 船舶载重吨

每营运吨天航次费用 =（燃油费 + 港口使用费 + 其他费用）÷ 航次时间 × 船舶载重吨

式中，船舶投资费用包括折旧费和利息；船舶维持费用包括船舶保险费、维修费、船员费、物料费、润滑油费及其他有关费用。

在确定船舶每吨天费率下限的基础上，再考虑港口的装卸效率、船方应负担的其他费用、盈利率及市场竞争情况等因素确定船舶每吨天的费率，即可估算出船舶每天的运费。

(2) 航次租船费率的估算。航次租船的运费通常是按照合同约定的装载货物的数量和约定的费率来计算的。以每吨货物估算费率为下限，再考虑适当的利润率和船方应负担的其他费用及市场竞争情况等，即可估算出作为洽谈依据的估算费率水平。

每吨货物的运费 =（每营运吨天固定费用 + 每营运吨天航次费用）
× 航次天数 ÷ 合同货物数量

在实际业务中，不必对每艘船舶的固定费用作出实际计算，只要对租船市场上相同类型船舶的定期租船的租金率事先有所了解，在具体洽谈航次租船费率时，用定期租船的日租金率乘以估计完成合同航次所需时间，再加上具体航次估算的燃油费、港口使用费和其他费用，然后再除以合同货物数量，即可得出估算的费率。

每吨货物的估算费率 =（相同类型船舶的定期租船的日租金率
× 估计的航次时间 + 航次费用）÷ 合同货物吨数

(3) 包船租船费率的估算。包船租船是指不管装载货物数量多少，按船舶载重吨数计收运费的租船方式。其费率估算更加简单。

包船租船的费率 = 日租租船的估算费率 × 估计航次天数 ÷ 船舶载重吨

当然，也可以将市场上同类型船舶的定期租船的日租金率作为船舶的每吨天的固定费用乘以估计航次天数，再加上该合同航次中可能发生的各种航次费用，即

包船租船的费率 =（同类型船舶在定期租船市场上的日租金率 × 估计航次天数 +
估算的航次费用）÷ 船舶载重吨

二、国内水路货物运输费用的计算

国内水路货物运输实行的是市场运价，所以在确定水路货物运价时，应以运输价值为基础，并考虑运输市场的供求关系、竞争导向因素、不同运输方式之间的比价关系以

及货物的运费负担能力。水路货物运价的制定包括货运基本价格的制定、货类分级及级差率的确定、运价里程与计算里程的确定、运价率表的制定等。

（一）货运基本价格的制定

货运基本价格，简称"基价"，也称基本价率，是指基准的运价率，是衡量运价总水平的重要标志。

为了确定不同级别、不同货类、不同运距的货物运价率，首先必须确定一个基本价率，然后在基价的基础上，按照一定的程序和方法确定各种货物的运价率。基价的确定对货运总体运价率的确定起着关键作用。

基价确定方式有两种，即综合基价和组合基价。

1. 综合基价

综合基价是指以综合运输成本为基础进行测算的货运基本价格。它是制定均衡运价的基础。其理论公式为：

综合基价[元/(t·km)] = (运输成本 + 利润 + 税金)/计划期换算货物周转量

式中　　运输成本——计划期部门或航区预计货运成本；

利润——按规定利润率计算办法所得的利润额；

税金——计划期按国家规定的工商税率计算出来的税金；

计算期换算货物周转量——以基本货类、基本船型为基础，各货类、船型按运输生产效率的一定比例换算而得的货物周转量。

综合基价确定后，不同货种、不同运距的货物运价率可按下式确定，根据所得的运价率，可以制定运价率表。

运价率（元/t）= 综合基价 × 里程 × 级差系数

以综合基价为基础而确定的货物运价，是一种均衡里程运价。它既能反映货物运价的总体水平，也能反映不同运距、不同货种的运价差别，测算也比较方便。但是此法不能较好地体现运输成本随运距变化的情况，不能反映运距的变化对停泊成本和航行成本的不同影响。

2. 组合基价

组合基价是指由航行基价和停泊基价组合而成的货运基本价格。它是递远递减运价的基础。其理论计算公式为：

组合基价(元/t) = 航行基价 × 里程 + 停泊基价

航行基价[元/(t·km)] = (航行成本 + 利润 + 税金)/计划期换算周转量

停泊基价(元/t) = (停泊成本 + 利润 + 税金)/计划期换算货运量

式中　　　　　航行成本、停泊成本——与船舶航行、停泊有关的成本；

航行基价、停泊基价中的利润、税金——船舶在航行、停泊期间应分摊的利润和税金；

计划期换算周转量、货运量——以基本货类、基本船型为基础，各货类、船型按运输生产效率进行换算而得的货物周转量、货运量。

组合基价确定后，不同货种、不同运距的货物运价率按下式计算，然后将计算结果列表，即为运价率表

$$运价率(元/t) = 组合基价 \times 级差系数$$

以组合基价为基础而确定的货物运价，是一种递远递减运价。随着运距的增加，每吨公里停泊基价在逐步减少，而航行基价为不变值，从而每吨公里运价随运距的增加也逐渐减少。采用递远递减运价能较好地体现运输成本随运距变化的情况，比均衡里程运价更为合理。

3. 我国北方沿海、长江航区的航行基价与停泊基价

（1）航行基价。从理论上说，由于航行成本基本上随运输距离的增加而同步增加，所示每吨公里（或每吨海里）的航行成本可视为不变值。但运距的变化与单位航行成本并不绝对相等，一般是运距短的单位航行成本高，运距长的单位航行成本低。自然条件和地理位置不同的某些航区，各航行区段的单位航行成本有显著差别，所以沿海以运距的长短分别规定不同的航行基价，长江则以上游区段、中游区段、下游区段分别规定有差别的航行基价。表4-6、表4-7是我国北方沿海和长江航区曾采用过的航行基价。

表4-6 北方沿海航行基价表

运输距离	1～200nmile	201～400nmile	400nmile以上
航行基价/[元/(t·nmile)]	0.0075	0.0070	0.0065

表4-7 长江航区航行基价表

运输区段	重庆—宜昌	宜昌—武汉	武汉—上海
航行基价[元/(t·km)]	W | 0.0280	0.0136	0.0070
	M | 0.0196		

（2）停泊基价。停泊基价的制定主要依据单位停泊成本。由于行驶在各航区的船舶的结构、装备等有较大差异，分摊到每货运吨的停泊成本也不同，沿海航区的船舶停泊基价一般小于内河航区。表4-8是我国曾采用过的北方沿海、长江干线的停泊基价。

表4-8 北方沿海、长江干线的停泊基价

航区	停泊基价/（元/t）	航区	停泊基价/（元/t）
北方沿海	2.60	长江干线	1.50

受物价上涨等因素的影响，航行基价、停泊基价也要随着物价上涨的幅度作相应调整。例如，长江干线的航行基价从1990～1993年就调整过4次，见表4-9。

表 4-9 长江干线航行基价 1990～1993 年的调升情况表

项目 航段	1990 年 3 月以前执行的航行基价/[元/(t·km)]	1990 年 3 月 15 日航行基价/[元/(t·km)]	1991 年 12 月 15 日航行基价/[元/(t·km)]	1992 年 5 月 1 日航行基价/[元/(t·km)]	1993 年 7 月 1 日航行基价/[元/(t·km)]
重庆—宜昌	0.028	0.028	0.028	0.0347	0.0355
宜昌—武汉	0.0136	0.015	0.015	0.0186	0.0245
武汉—上海	0.007	0.01	0.015	0.0186	0.022

(二) 货类分级及级差的确定

在货运基本价格确定以后，就应确定不同货类的运价率。为此，必须对货物分级，并确定分级数和级差率。

1. 货物分级和分级数的确定

由于运输的货物成千上万、种类繁多，如果对每种货物制定一个运价，从运价以运输价值为基础的理论分析是正确的，但实际上是不可能的。通常将货物运输条件和技术经济特征类似的划归为同一类，并实行相同的运价率。这样既减少了制定运价的工作量，又比较合理地确定了每类货物的运价。

(1) 货物分级。如何对货类进行合理分级及确定多少个级别为宜，主要取决于它能否体现各货类在运价上的合理差别以及是否便于运输费用计收。对货物分级应主要从运输效率和运输成本上来分析确定，通常要考虑货物的积载因数、货物运输及装卸的难易程度、货物的理化性质、货物的运费承担能力及与其他运输方式的比价等。以上因素相接近的货物可归并为同一级别。

(2) 货物分级数的确定。货物分级数的多少要能合理体现各种货类在运价上的差别，也要便于计算核收。我国沿海（包括北方沿海、华南沿海）、长江、黑龙江及部分地方航区采用 10 级分类制。

2. 级差的确定

货物分级确定以后，为了体现各级货物间运价的差异，应该确定级差。它有两种表示方法，即级差率和级差系数。

级差率是指同一航线不同级别货物运价率之间的递增（或递减）率。其计算公式为：

$$级差率 = (后级运价率 - 前级运价率) \div 前级运价率 \times 100\%$$

在制定运价时，如已确定了各货类的级差率，则各级货物运价率可按下式确定：

$$后级运价率 = 前级运价率 \times (1 + 级差率)$$

级差率的数值可以是正数，也可以是负数。若为正数，则说明后一级的运价率高于前一级；反之，后一级的运价率低于前一级。

级差系数是指各级货物的运价率对基级货物运价率（即基价）的比例关系。在制定货物运价时，为了测算方便，往往并不利用级差率进行繁杂的套算，而是直接按级差系数一次完成。不难发现，级差系数与级差率虽然是两个不同的概念，但它们之间有着内在的联系。在各货类级差率已定的情况下，其级差系数也可随之确定。我国沿海、长江、黑龙江航区现行各级货类的级差率、级差系数见表4-10。

表4-10 国内水路货物运输各级货类的级差率、级差系数表

级 别	1	2	3	4	5	6	7	8	9	10
级差率（%）	5	5	5	15.76	15.78	39.74	42.34		-32	-29.41
级差系数（%）	100	105	110.25	115.76	134	155.14	216.8	125	85	60

如果已知级差系数和基价，则其他级别的运价率可按下式确定：

各级运价率 = 基价 × 相应的级差系数

（三）运价里程与计算里程的确定

运价里程是指由水运主管部门统一颁布的为测定两港间运价率而特设的里程。它不同于实际里程和航行里程，比较稳定，不得任意更改，只有在航道或港区发生永久性变化时，才由水运主管部门统一修订。

在制定运价率表时，为便于运作和简化，往往把运价里程划分为若干区段。每一区段适合从某一里程起至下一里程止的特定范围。若两港间的运价里程落在某一里程区段内，则按统一规定的里程计算，这一里程称为计算里程。

我国对沿海航区和长江航区里程区段的划分以及相应采用的计算里程均有不同规定。

1. 沿海航区（包括北方、华南沿海）

(1) 里程区段的划分。我国沿海航区里程区段的划分见表4-11。

表4-11 我国沿海航区里程区段划分表

里程区段/n mile	区 段 数	每段里程/n mile	里程区段/n mile	区 段 数	每段里程/n mile
1～50	1	50	201～400	5	40
51～100	5	10	401～1000	10	60
101～200	5	20	1000以上		100

(2) 各区段计算里程的确定。各里程区段又划分为若干小区段。表4-11中，51～100n mile 区段中，以每10n mile 划分为5个小区段，即51～60n mile、61～70n mile……91～100n mile，其计算里程以各区段的中间值为准，并仅保留整数。例如，大连—天津运价里程为247n mile，属241～280n mile 区段，其计算里程为260n mile，天津—青岛运价里程为461n mile，属451～520n mile 区段，其计算里程为490n mile。

2. 长江航区

（1）里程区段的划分。长江航区里程区段的划分，是以每10km为一里程区段，即1~10km、11~20km、21~80km……依此类推。

（2）各里程区段计算里程的确定。按各区段的终值为准，即将运价里程的个位逢十进整。例如，上海—张家港运价里程为170km，计算里程即为170km，南京—南通运价里程为264km，计算里程即为270km。

【例4-2】 确定上海—青岛三级货物的运价率。

解：上海—青岛为北方沿海航线，其运价里程为404n mile，属401~460n mile区段，则计算里程为430n mile。其航行基价在200n mile区间为0.0075元/（t·n mile），201~400n mile区段为0.0070元/（t·n mile），400n mile以上为0.0065元/(t·n mile)。三级货物的级差系数为110.25%，停泊基价为2.6元/t。于是：

$$运价率 = [0.0075 元/(t·n\ mile) \times 200n\ mile +$$
$$0.0070 元/(t·n\ mile) \times 200n\ mile + 0.0065 元/$$
$$(t·n\ mile) \times 30n\ mile + 2.6 元/t] \times 110.25\%$$
$$= (3.095 + 2.6) 元/t \times 110.25\%$$
$$= 6.28 元/t$$

【例4-3】 确定九江—宜昌木材的运价率。

解：九江—宜昌为长江航线。其中九江—武汉为下游区段，运价里程为269km，以270km计算；武汉—宜昌为中游区段，运价里程为626km以630km计算。木材为四级货物，级差系数为115.76%，停泊基价为1.5元/t。于是：

$$运价率 = [0.0070 元/(t·n\ mile) \times 270km + 0.0136 元/(t·n\ mile) \times$$
$$630km + 1.5 元/t] \times 115.76\%$$
$$= (10.46 + 1.5) 元/t \times 115.76\%$$
$$= 3.84 元/t$$

第五节 公路、航空货物运输费用的计算

一、公路货物运输费用的计算

（一）公路货物运费的计算公式

1. 整批货物运费的计算公式

整批货物运费(元) = 吨次费(元/t) × 计费重量(t) + 整批货物运价
[元/(t·km)] × 计费重量(t) ×
计费里程(km) + 货物运输其他费用(元)

其中，整批货物运价按货物运价价目中的价格计算。

2. 零担货物运费的计算公式

零担货物运费(元) = 计费重量(kg) × 计费里程(km) × 零担货物运价 [元/(kg·km)] +
货物运输其他费用(元)

其中，零担货物运价按货物运价价目中的价格计算。

3. 集装箱运费的计算公式

重(空)集装箱运费(元) = 重(空)箱运价[元/(箱·km)] × 计费箱数(箱) × 计费里程(km) + 箱次费(元/箱) × 计费箱数(箱) + 货物运输其他费用(元)

其中，集装箱运价按计价类别和货物运价费用计算。

4. 计时包车运费的计算公式

包车运费(元) = 包车运价[元/(t·h)] × 包用车辆吨位(t) × 计费时间(h) + 货物运输其他费用(元)

其中，包车运价按照包用车辆的不同类别分别制定。

由以上公路货物运费的计算公式可以看出，计算公路货物运费，关键在于明确公路货物运输的运价价目、计费重量（箱数）、计费里程（时间）以及货物运输的其他费用。下面分别介绍上述运费计算因素的确定方法。

(二) 公路货物运费的计价标准

1. 计费重量（箱数）

(1) 计量单位。①整批货物运输以"t"为单位；②零担货物运输以"kg"为单位；③集装箱运输以"箱"为单位。

(2) 计费重量（箱数）的确定。

1) 一般货物。整批、零担货物的计费重量均按毛重（含货物包装、衬垫及运输需要的附属物品）计算。整批货物吨以下计至100kg，不足100kg的四舍五入。零担货物起码计费重量为1kg，重量在1kg以上而尾数不足1kg的，四舍五入。集装箱的计费箱数为实际运输箱数。

货物计费重量一般以起运地过磅重量为准。起运地不能或不便过磅的货物，由承、托双方协商确定计费重量。

2) 轻泡货物。整批轻泡货物后的高度、长度、宽度，以不超过有关道路交通安全规定为限度，货物的计费重量按车辆标记吨位计算。零担运输轻泡货物以货物包装最长、最宽、最高部位尺寸计算体积，按每立方米折合333kg计算其计费重量。

3) 包车运输的货物。包车运输的货物按车辆的标记吨位计算其计费重量。

4) 散装货物。如砖、瓦、砂、石、土、矿石、木材等散装货物，按体积由各省、自治区、直辖市统一规定的重量换算标准计算其计费重量。

5）由托运人自理装车的货物。托运人应装足车辆额定吨位，未装足的，按车辆额定吨位计算其计费重量。

6）统一规格的成包成件货物。这种货物根据某一标准件的重量计算全部货物的计费重量。

7）接运其他运输方式的货物。无过磅条件的，按前程运输方式运单上记载的重量计算。

8）拼装分卸的货物按最重装载量计算。

2. 计费里程

（1）计费里程的单位。公路货物运输计费里程以"km"为单位，尾数不足1km的进整为1km。

（2）计费里程的确定。

1）货物运输的计费里程，按装货地点至卸货地点的实际载货的营运里程计算；营运里程以省、自治区、直辖市交通行政主管部门核定的营运里程为准，未经核定的里程，由承托双方商定。

2）同一运输区间有两条（含两条）以上营运路线可供行驶时，应按最短的路线计算计费里程或按承托双方商定的路线计算计费里程。

3）拼装分卸的货物，其计费里程为从第一装货地点起至最后一个卸货地点止的载重里程。

4）出入境汽车货物运输的境内计费里程以交通主管部门核定的里程为准；境外里程按毗邻国（地区）交通主管部门或有权认定的部门核定的里程为准。未核定里程的，由承托双方协商或按车辆实际运行里程计算。

5）因自然灾害造成道路中断，车辆需绕道行驶的，按实际行驶里程计算。

6）城市市区里程按当地交通主管部门确定的市区平均营运里程计算；当地交通主管部门未确定的，由承、托双方协商确定。

3. 计时包车货运计费时间

（1）计时包车货运计费时间以"小时"为单位，起码计费时间为4小时；使用时间超过4小时，按实际包用时间计算。

（2）整日包车，每日按8小时计算；使用时间超过8小时，按实际使用时间计算。

（3）时间尾数不足0.5小时的舍去，达到0.5小时的进整为1小时。

4. 运价的单位

各种公路货物运输的运价单位分别为：①整批运输：元/（t·km）；②零担运输：元/（kg·km）；③集装箱运输：元/（箱·km）；④包车运输：元/（吨位·h）；⑤出入境

运输涉及其他货币时，在无法按统一汇率折算的情况下，可使用其他货币为运价单位。

（三）公路货物运输的其他费用

除吨（箱）次费用、运价费用外，公路货物运输的其他费用还包括调车费、延滞费、装货（箱）落空损失费、排障费、车辆处置费、检验费、装卸费、车辆通行费、保管费、道路阻塞停车费和运输变更手续费等。

1. 调车费

应托运人要求，车辆调出所在地产生的车辆往返空驶，应计收调车费。调车费核收的有关规定如下：

（1）应托运人要求，车辆调往外省、自治区、直辖市或调离驻地临时外出驻点参加营运，调车往返空驶者，可按全程往返空驶里程、车辆标记吨位和调出省基本运价的50%计收调车费。在调车过程中，由托运人组织货物的运输收入，应在调车费内扣除。

（2）经承托双方共同协商，可以核减或核免调车费。

（3）经铁路、水路调车，按汽车在装卸船、装卸火车前后行驶里程计收调车费；在火车、在船期间包括车辆装卸及待装待卸时，按每天8小时、车辆标记吨位和调出省计时包车运价的40%计收调车延滞费。

2. 延滞费

车辆按约定时间到达约定的装货或卸货地点，因托运人或收货人的责任造成车辆和装卸延滞，应计收延滞费。

（1）发生下列情况，应按计时运价的40%核收延滞费：

1）因托运人或收货人的责任引起的超过装卸时间定额、装卸落空、等装待卸、途中停滞、等待检疫的时间。

2）应托运人要求运输特种或专项货物需要对车辆设备改装、拆卸和清理延误的时间；因托运人或收货人造成不能及时装箱、卸箱、掏箱、拆箱、冷藏箱预冷等业务，使车辆在现场或途中停滞的时间。

延误时间从等待或停滞时间开始计算，不足1小时者，免收延滞费；超过1小时及以上，以0.5小时为单位递进计收，不足0.5小时进整为0.5小时。车辆改装、拆卸和清理延误的时间，从车辆进厂（场）起计算，以0.5小时为单位递进计算，不足0.5小时进整为0.5小时。

（2）由托运人或收、发货人责任造成的车辆在国外停留延滞时间（夜间住宿时间除外），计收延滞费。延滞时间以小时为单位，不足1小时进整为1小时。延滞费按计时包车运价的60%~80%核收。

（3）执行合同运输时，因承运人责任引起货物运输期限延误，应根据合同规定，按延滞费标准，由承运人向托运人支付违约金。

3. 装货（箱）落空损失费

应托运人要求，车辆开至约定地点装货（箱）落空造成的往返空驶里程，按其运价的 50%计收装货（箱）落空损失费。

4. 排障费

运输大型特型笨重物件时，因对运输路线的桥涵、道路及其他设施进行必要的加固或改造所发生的费用，称为排障费。排障费由托运人负担。

二、航空货物运费计算

（一）等级货物运价

等级货物运价是指在规定地区范围内，在普通货物运价的基础上附加或附减一定百分比作为某些特定货物的运价，即航空公司对某些特定货物规定的折扣运价或额外运价。它适用于指定地区内部或地区之间的少数货物运输。只有当某种货物没有指定商品运价可适用时，方可选择适合的等级货物运价，其起码质量为 5kg。例如，航空公司对发行的报纸提供普通运价 50%的折扣运价，而对危险品和贵重物品则收取较高的额外运价。

1. 等级货物运价分类

（1）附减等级货物运价。该类运价主要适用于书报、杂志及无人押运行李等价值不高的货物。其运价种类代号为"R"。

（2）附加等级货物运价。该类运价主要适用于一些较贵重的或对运输条件要求较高的物品，如贵重物品、灵柩、骨灰及活体动物等。其运价种类代号为"S"。

2. 等级货物运价的计算方法

（1）报纸、期刊、图书、盲人读物适用的运价。运价适用条件：

1）适用于中国至 IATA 各区域。（IATA 将全球分成三个区域：一区包括北美、中美、南美、格陵兰、百慕大和夏威夷群岛；二区由整个欧洲大陆（包括俄罗斯的欧洲部分）及毗邻岛屿、冰岛、亚速尔群岛、非洲大陆和毗邻岛屿、亚洲的伊朗及伊朗以西地区组成；三区由整个亚洲大陆及毗邻岛屿（已包括在二区的部分除外）、澳大利亚、新西兰及毗邻岛屿、太平洋岛屿（已包括在一区的部分除外）组成。

2）运费按普通货物 45kg 以下运价的 50%收取。

3）当根据普通货物运价计得的运费低于按此规定所计得的运费时，应采用该较低运费。

4）其最低运费按普通货物的最低运费收取。

（2）作为货物交运的行李。运价适用条件：

1）中国与 IATA 二区之间的运输，或者三区（美国领土、领地除外）内的运输，中国至一区的运输,均按普通货物45kg以下运价的50%收取。

2）当根据普通货物运价计得的运费低于按此规定所计得的运费时,应采用该较低运费。

3）若使用上述折扣运价,货物的计费重量不可低于10kg。

4）其最低运费按普通货物的最低运费收取。

(3) 贵重物品。运价适用条件：

1）适用于中国至IATA各区域。

2）贵重物品的运费按普通货物45kg以下运价的200%收取,但不得低于50美元或等值货币。

3）例外：IATA一区与三区之间且经北或中太平洋（除朝鲜半岛至美国本土各点外）,1000kg或1000kg以上贵重货物的运费按普通货物45kg以下运价的150%收取。

(4) 灵柩和骨灰。运价适用条件：

1）适用于中国至IATA各区域。

2）灵柩按普通货物45kg以下运价收取。

3）骨灰按适用的普通货物运价收取。

4）其最低运费按普通货物的最低运费收取,但不得低于65美元或等值货币。

(5) 机动车辆（国航特殊规定）。

1）当一辆机动车辆只占一块P6P或P1P集装板的位置时,每辆机动车的最低计费重量为1800kg。

2）当一辆机动车辆所占的位置超过一块P6P集装板的位置时,不管其实际重量为多少,每辆机动车的计费重量都为4000kg。

(6) 混运货物运价。

1）混运货物的运费应根据整票货物的重量（或体积）和适用的运价计算。

2）如果托运人将每件货物的品名和重量分别申报,计算运费时将其视为单独收运的货物。每件货物内含有不同种类的物品时,适用运价中最高的一种。

3）混运货物不可包含下列物品：贵重物品、骨灰、活体动物、外交信袋、尸体、无人押运行李、危险物品。

(二) 普通货物运价

普通货物运价又称一般货物运价,是应用最为广泛的一种运价。这种价格适用于各种货物,以货物重量计算运费。当一批货物不能使用等级货物运价,也不属于指定商品时,就应该选择普通货物运价。航空公司通常设置货物重量等级,根据不同的货物重量等级采用不同的运输价格。重量越大,运价越优惠。

普通货物运价分类如下：45kg（100lb）以下,运价类别代号为N；45kg（含45kg）,

运价类别代号为 Q；45kg 以上可分为 100kg、300kg、500kg、1000kg、2000kg 等多个计费质量分界点，但运价类别代号仍用 Q 表示。

1. 运费的计算方法

运费 = 适用的运价 × 计费重量

2. 运费的收取方法

将根据货物实际重量和适用的运价计得的运费，与其相邻的较高重量分界点的重量和适用的运价计得的运费作比较，取低者作为货物的运费。由于对大运量货物提供较低的运价，航空公司规定在计算运费时除了要比较其实际质量和体积质量并以较高者为计费质量外，如果用较高的计费质量分界点计算出的运费更低，则可选用较高的计费质量分界点的费率，此时货物的计费质量为较高的计费质量分界点的最低运量。

【例 4-4】PEK（北京）到 S×B（斯特拉斯堡）的运价分类如下：

N：18 元/kg，Q：14.8 元/kg，300kg：13.54 元/kg，500kg：11.95 元/kg

有一件普通货物 38kg，从 PEK 运往 S×B，计算其运费。

解：N 级运费：38kg × 18 元/kg = 684 元

Q 级运费：45kg × 14.8 元/kg = 666.45 元

两者比较取其低者，因此该件货物应按 45kg 以上运价计得的运费 666.45 元收取运费。

为判定在两个质量分界点之间从多大重量开始其运费要高于以较高质量分界点运价计得的运费，可以采取如下方法。

设两个质量分界点分别为 W_1 和 W_2，$W_1 < W_2$；两个质量分界点运价分别为 A_1 和 A_2，$A_1 < A_2$；在两个质量分界点之间任一质量数 W_x，则

$$W_x \times A_1 = W_2 \times A_2$$
$$W_x = W_2 \times A_2 / A_1$$

例如，$W_1 = 300\text{kg}$，$W_2 = 500\text{kg}$；$A_1 = 13.54$ 元，$A_2 = 11.95$ 元

则 $W_x = 500 \times 11.95 / 13.54 = 441.29\text{kg}$

当货物质量超过 441.29kg 后，其运价就可按照 500kg 级基本运价计费。

3. 运费限额

按计费重量和适用的运价计算出的货物运费不得低于一个限额，该限额称为最低运费。

4. 计算实例

【例 4-5】一批活热带鱼，毛重 120kg，体积 0.504m^3，从 A 点到 B 点，计算其运费。

解：对三种运费的计算如下：

GCR（普通货物费率）运价：9.00 元/kg × 120kg = 1080 元

CCR（商品分类费率）运价：16.00 元/kg×120kg=2004 元

SCR（特定商品费率）运价：1024 类（起码质量为 100kg）

7.59 元/kg×120kg=910.80 元

根据以上计算，这批活热带鱼的运费应按特定商品运价计算的运费收取。

【例 4-6】 一箱纺织机，毛重 180kg，体积 1m³，从 A 点到 B 点，计算其运费。

解：对三种运费的计算如下：

GCR 运价：1.30 元/kg×180kg=234 元

CCR 运价：不属等级商品

SCR 运价：4787 类（起码质量为 250kg）

1.00 元/kg×250kg=250 元

根据以上计算，该箱纺织机的运费应按普通货物运价计算的运费收取。

（三）集装货物运价

集装货物运价适用于采用集装器运输的货物，由于集装器运输可以显著减少包装和搬运费用，其运价可以大大低于普通货物运价。这种运价适用于各种货物，但使用集装运价时必须保证货物从始发站至目的站装载在同一集装器内运输。同时，集装运价规定了基准重量，其作用类似于最低运费，不管其货物是否达到这一重量，托运人都要按基准重量支付运费。如果托运人的货物超过了这一基准重量，超过部分要支付额外的运费，但是运价要低于大宗的普通货物运价或指定物品运价。

1. 集装货物运价的内容

一般情况下，计算集装货物运费时应考虑以下因素：①集装器运价种类代号；②PivotWT.（集装器最低计费重量）；③PivotCharge（集装器最低运费）。

2. 集装货物运价的适用范围

除特别公布的指定商品运价外，国际航协运价手册中公布的 ULD 运价适用于所有货物。

（四）附加费及运价使用说明

1. 声明价值附加费

在国际货物运输中，货物声明价值附加费的计算公式为：

$$\text{货物声明价值附加费} = [\text{货物声明价值} - (\text{货物毛重} \times 20 \times \text{美元兑换成人民币的汇率})] \times 0.5\%$$

例如，托运人托运货物的毛重为 5kg，托运人为其办理货物声明价值为人民币 8000 元。按 1 美元折合人民币 8.2 元计算，货物声明价值附加费=[8000−(5×20×8.2)]×0.5%=35.90 元。

在国内货物运输中，货物声明价值附加费的计算公式为：

货物声明价值附加费 = [货物声明价值 - (货物毛重 × 20)] × 0.5%

2. 其他附加费

(1) 货物地面运输费。货物地面运输费计算公式为：

货物地面运输费 = 货物重量 × 货物地面运输费率

货物重量取货物毛重、货物体积重量中较高者。货物体积重量是指将一份航空货运单的货物总体积，按照每 6000 cm³ 折合 1 kg 计算所得的重量。

(2) 到付运费手续费。到付运费手续费计算公式为：

到付运费手续费 = (航空运费 + 货物声明价值附加费) × 计价货币在货物到达目的站当地当日银行卖出价 × 5%

3. 运价说明

具体使用各种航空运价时，应注意以下问题：

(1) 计算航空运费时，首先适用指定商品运价；其次是等级货物运价；最后是普通货物运价。

(2) 无论适用何种运价，当最后计算的运费总额低于规定的起码运费时，按起码运费计收。

(3) 公布的直达运价是指一个机场到另一个机场的基本运费，不包含其他附加费，而且该运价仅适用于单一方向。

(4) 除起码运费外，公布的直达运价一般以千克或磅为计算单位。

(5) 运价的货币单位一般以起运地货币单位为准，汇率以承运人签发运单时的汇率为准。

第五章 运输决策

运输决策是企业物流管理过程中的关键，涉及物流作业中的时间控制和成本控制等多个方面。企业进行运输问题决策时，必须考虑到多个目标，作出适当的平衡后提出最终解决方案。

运输决策在整体物流决策中占有十分重要的地位，根据物流发展过程中的相关统计资料，物流运输成本占物流总成本的35%~50%，对许多商品来说，运输成本占商品价格的4%~10%，也就是说，运输成本占物流总成本的比例比其他物流活动大。运输决策包含的范围很广泛，其中主要的决策是：运输方式的选择、运输路线的选择、运输计划编制及运输能力配载等。

第一节 运输决策概述

一、运输合理化

（一）运输合理化的概念及其意义

物流系统的总目标是高效率、低成本地组织物流活动，最大限度地保证商流的实现。根据系统理论的整体性原则，物资运输必须在与物流系统总目标一致的前提下组织运输活动。运输管理决策就是从物流系统的总目标出发，运用系统工程学的理论和系统工程的方法对运输子系统中的运输方式、运输路线、运输工具以及与其他子系统间的关系进行综合分析，并考虑环境因素的影响，如计划、运力、供需矛盾等，选择合理化的运输方案。

物流过程的合理运输就是从物流系统的总体目标出发，运用系统理论和系统工程原理和方法，合理利用各种运输方式，选择合理的运输路线和运输工具，以最短的路径、最少的环节、最快的速度和最少的劳动消耗组织好货物的调运。运输合理化的重要意义主要表现在以下几点：

（1）合理运输，有利于加速再生产进程，促进国民经济持续、稳定、协调的发展。按照社会主义市场经济的基本要求组织货物的合理运输，可以使物质产品迅速地从生产所在地向消费所在地转移，加速资金的周转，促进社会再生产过程的顺利进行，保持国民经济稳定、健康地发展。

（2）合理运输，能节约运输费用，降低物流成本。

(3) 合理运输，缩短了运输时间，加快了物流速度。合理组织运输活动可使货物的在途时间尽可能缩短，因而可以降低库存商品的数量，实现加快物流速度的目标。从宏观的角度讲，物流速度的加快还减少了商品的库存量，节约了资金占用，相应地提高了社会物质产品的使用效率，同时也利于促进社会化再生产过程。

(4) 运输合理化，可以节约运力，缓解运力紧张的状况，还能节约能源。运输合理化克服了许多不合理的运输现象，从而节约了运力，提高了货物的通过能力，起到合理利用运输能力的作用。同时，由于货物运输的合理性，降低了运输部门的能源消耗，提高能源利用率。这些对于缓解我国目前交通运输和能源紧张的情况具有重大的现实意义。

(二) 运输合理化的影响因素

由于运输是物流中最重要的功能要素之一，物流合理化在很大程度上依赖于运输合理化。

运输合理化的影响因素很多，起决定性作用的有五个方面的因素，称做合理运输的"五要素"。

(1) 运输距离。运输时间、运输货损、运费、车辆或船舶周转等若干技术经济指标都与运距有一定的比例关系，运距长短是运输是否合理的一个最基本因素。缩短运输距离从宏观、微观来讲都有好处。

(2) 运输环节。每增加一次运输，不但会增加起运的运费和总运费，而且必须要增加运输的附属活动，如装卸、包装等，各项技术经济指标也会因此下降。所以，减少运输环节，尤其是同类运输工具的环节，对合理运输有促进作用。

(3) 运输工具。各种运输工具都有其各自的优势和适用范围，对运输工具进行优化选择，按运输工具特点进行装卸运输作业，发挥所用运输工具的最大作用，是运输合理化的重要环节。

(4) 运输时间。运输是物流过程中需要花费较多时间的环节，尤其是远程运输，在全部物流时间中，运输时间占绝大部分，所以，运输时间的缩短对整个流通时间的缩短有决定性作用。此外，运输时间短，有利于运输工具的加速周转，充分发挥运力的作用，有利于货主资金的周转，有利于运输线路通过能力的提高，对运输合理化有很大贡献。

(5) 运输费用。前文已谈及运费在全部物流费用中占很大比例，运费高低在很大程度决定整个物流系统的竞争能力。实际上，运输费用的降低，无论对货主企业来讲还是对物流经营企业来讲，都是运输合理化的一个重要目标。运费的判断，也是运输是否合理化的最终判断依据之一。

(三) 不合理运输的主要形式

不合理运输是指在组织货物运输过程中，违反货物流通规律，不按经济区域和货物自然流向组织货物调运，忽视运输工具的充分利用和合理分工，转载量低，流转环节多，从而出现浪费运力和加大运输成本的现象。

不合理运输主要有以下几种类型：

1. 返程或起程空驶

空车或无货载空驶，可以说是不合理运输的最严重形式。在实际运输组织中，有时候必须调运空车，从管理上不能将其看成不合理运输。但是，因调运不当、缺乏货源计划、不采用运输社会化而形成的空驶，则是不合理运输的表现。造成空驶的原因主要有以下几种：

（1）能利用社会化的运输体系不利用，却依靠自备车送货。

（2）由于工作失误或计划不周，造成货源不实，车辆空去空回，形成双程空驶。

（3）由于车辆过分专用，无法搭运回程货，只能单程实车、单程空驶周转。

2. 对流运输

对流运输也称为相向运输、交错运输。凡属同一种货物或彼此间可以相互代用而又不影响管理、技术及效益的货物，在同一线路上或平行线路上作相对方法的运送，而与对方运程的全部或一部分发生重叠交错的运输，即为对流运输。已经制定了合理流向图的产品一般必须按合理流向的方向运输，如果与合理流向图指定的方向相反，也属对流运输。

对流运输有两种类型：一种是明显的对流运输，即在同一路线上的对流运输；另一种是隐蔽的对流运输，即同一种货物在违反近产近销的情况下，沿着两条平行的路线向相对的方向的运输，它不易被发现，因此被称为隐蔽的对流运输。

3. 迂回运输

迂回运输是指货物绕道而行的运输现象，即本可以选短距离进行运输，却选择路程较长的路线进行运输。迂回运输有一定的复杂性，不能简单处理，只有因计划不周、地理不熟、组织不当而发生的迂回才属不合理运输。如果最短距离有交通堵塞、道路情况不好或有噪声、排气等特殊限制时，所发生的迂回不能成为不合理运输。

4. 重复运输

重复运输是指一种货物本可直接到达目的地，但由于某种原因而在中途停卸重复装运的不合理运输现象。重复运输，一般虽未延长运输里程，但增加了中间装卸环节，延长了货物在途时间，增加了装卸搬运费用，而且降低车、船使用效率，影响其他货物运输。

5. 倒流运输

倒流运输是指货物从销售地或中转地向产地或起运地回流的一种运输现象。其不合理程度比对流运输更严重，因为往返两程的运输都是不必要的，形成了双程浪费。倒流运输也可以看成是隐蔽对流的一种特殊形式。

6. 过远运输

过远运输是指调运物资舍近求远的货物运输现象，即销地完全有可能从距离较近的供应地调进所需要的质量相同的货物，却从远处调运。过远运输拉长了货物运距，产生浪费。

7. 运力选择不当

运力选择不当是指未充分利用各种运输工具的优势，常见的有以下几种形式：

（1）放弃水路。这是指在同时可以利用水运和陆运时，不利用成本较低的水运或水陆联运，而选择成本较高的铁路运输或公路运输，使水运优势不能发挥。

（2）铁路、大型船舶的过近运输。这是指不是铁路及大型船舶的经济运行里程却利用这些运输方式进行运输。火车及大型船舶起运地及到达目的地的准备、装卸时间长，且机动灵活性不足，在过近距离中利用，无法发挥其运速快的优势。相反，由于装卸时间长，反而会延长运输时间。另外，与小型运输设备比较，火车及大型船舶的装卸难度大，费用也较高。

（3）运输工具承载能力选择不当。这是指不根据承运货物数量及重量，盲目决定运输工具，造成过分装载、损坏车辆或车辆不满载、浪费运力的现象。

（4）托运方式不当。这是指没有选择最好的托运方式从而造成运力浪费及费用支出加大。例如，本应该选择整车运输而未选择，反而采用零担托运；应当直达却选择了中转运输；应当中转运输却选择了直达运输等。

二、运输决策的内容和意义

（一）运输决策的内容

不同企业的运输决策有不同的内容。对生产企业和连锁商业企业而言，首先是解决运输业务是否外包的问题；其次是运输商的选择问题；最后是与承运人设计具体的运输方案。对承运人来说，其运输决策主要是具体运输方案的制订。

一般来说，运输决策大致分为以下两类，一类是干线运输的组织及决策；另一类是城市配送运输的组织及决策。

1. 干线运输的组织及决策

干线运输通常是指较长距离的输送，一般是异地之间的货物运输，可采用铁路、公路、水陆、航空、管道和多式联运等运输方式。在干线运输组织与决策中，涉及许多内容，如企业运输网络设计决策、运输方式决策、最短路线决策和最佳运输量决策等。这些决策的正确制定将极大地降低企业供应链成本，提高市场竞争能力。

2. 城市配送运输的组织及决策

配送运输通常是指在市内或某一地区内进行的多品种、小批量、多频率的运送，基本上采用汽车运输。在配送过程中，涉及配送网络设计、配送路线优化和运输车辆选择等决策问题。

(二) 运输决策的意义

运输工作是整体物流工作的一个重要环节，搞好运输工作对企业物流的意义主要体现在以下各方面：

（1）便利和可靠的运输服务是有效组织输入和输出物流的关键。企业的工厂、仓库与其供货厂商和客户之间的地理分布直接影响运输费用。因此，运输条件是企业选择工厂、仓库、配送中心等物流设施配置地点需要考虑的重要因素之一。

（2）运输影响着物流的其他构成因素。例如，选择的运输方式决定着装运货物的包装要求；运输工具的类型决定其配套使用的装卸搬运设备以及接收和发运站台的设计；企业库存存储量的大小直接受运输状况的影响，发达的运输系统能适量、快速和可靠地补充库存，以降低必要的储备水平。

（3）运输费用在物流费用中占很大的比例。运输成本占物流总成本的35%~50%，对许多商品来说，运输成本占商品价格的4%~10%，也就是说，运输成本占物流总成本的比例比其他物流活动大。组织合理运输，以最小的费用，较快的时间，及时、准确、安全地将货物从其产地运到销地，是降低物流费用和提高经济效益的重要途径之一。

三、运输决策的影响因素

任何企业的运输决策，如制造企业、商业连锁企业、第三方物流企业等，在制定运输决策时都必须考虑两方面的权衡：一是运输成本与库存成本的权衡；二是运输成本与用户服务水平的权衡。目前，越来越多的制造企业采用先进的生产方式，如JIT生产方式等，采用这些先进的生产方式可以有效地降低库存成本，但却会导致运输成本的上升，相应的运输费率和运输频率都会增加，承运人的运输压力增大；反之，如果企业为了降低运输成本而增加订货批量，就会增加库存成本；另外承运人为了降低运输成本采用集中运输等方式，会在一定程度上降低运输服务水平。因此，企业运输决策就是在运输、库存和服务水平之间寻求恰当的平衡，因此，服务水平、成本是影响企业运输决策的主要因素。

（一）服务水平

高服务水平必然引起高服务费用，企业要权衡好运输成本和用户服务水平之间的相互关系后，才能答应用户的进一步要求。由于用户要求的运输服务水平要在合同中体现，因此决策时要慎重考虑。

（二）成本

生产企业关心的是在提供给客户一个合适的服务水平下，能否使总成本最小。总成本是影响企业运输决策的因素，包括运输成本、库存成本、设施成本、过程成本和服务水平成本等。为此，为了实现总成本最小化，企业要权衡自营还是外包运输、运输网络设计等决策问题。

承运人制定运输决策关心的是选择什么样的运输系统和随后采用的运营决策能否带来成本的降低。这些成本包括与运输工具相关的成本（如租赁或自购）、固定运营成本、与运距相关的成本、与质量相关的成本和管理费用等。为了有效地降低成本，承运人要考虑干线运输和城市配送运输的组织等。

四、运输决策的方法

（一）干线运输

根据运输决策的内容不同，所选择的决策方法也不同。在干线运输的组织及决策中，常用的方法如下：

1. 运输方式选择方法

企业运输决策要综合考虑铁路、公路、航空、水路和管道这五种基本运输方式的服务性能指标。由于这些运输方式在运载工具、线路设备和运营方式等方面各不相同，具有不同的技术经济特征，在服务水平和运输成本方面差异很大，因此企业运输方式选择时往往采用对运输方式的服务性能指标进行综合分析比较的方法，如运输方式选择的综合评价法。有时，企业为了简单起见，只根据收益的增加或成本的降低选择运输方式。

2. 最短路线选择方法

最短路线选择是指货物起运地与目的地不同，而且有若干条运输路线可以选择时，决策目标是寻找起点到终点之间连线的最短路线，以使运输成本最低。常见的方法包括最短路径法、动态规划法（顺序解法和逆序解法）、穷举法和 Dijkstra 标号法等。

3. 最佳运输量确定方法

这类决策是指在给定的多个货物起运点和多个货物目的地、每一个起点到每一个终点的运输费用、每一个起点的供应量和每一个终点的需求量情况下，确定满足需求的最小运输总成本的最佳运输量。常用的方法包括线性规划法和表上作业法。

（二）城市配送运输

在城市配送运输的组织及决策中，常用的方法如下：

1. TSP 行程安排决策

TSP（Traveling Salesman Problem）决策问题是：给出一个起点仓库和一组 n 个客户的集合，寻找一条在起点仓库开始和结束的路线。这条路线经过每一个消费者，并且最短。在 TSP 决策中，没有装载能力限制、没有时间窗口、没有司机约束规则，而且一辆车满足所有客户需求。常用的方法包括精确算法、启发式算法、智能算法和图解法。

精确算法主要是运用运筹学中的分支定界法、割平面法、网络流算法和动态规划算法；启发式算法主要包括最近的邻居法、最近的插入法和节约法等；智能算法主要包括遗传算法和神经网络算法等；图解法是在启发式算法的基础上，基于地图或 CIS 的一种特殊的启发式算法。

2. VRP 运输路线选择及行程安排决策

VRP（Vehicle Routing Problem）决策考虑车辆的装载能力（如重量、体积、平面空间）、车辆使用时间要求和用户时间窗口等约束条件，是更接近于实际操作情况下的决策。其采用的方法与 TSP 决策方法相同，只是在启发式算法中还包括扫描法。

现在比较成熟的启发式算法很多，其区别主要在于求解过程的收敛程度不同。一般来讲，可以把启发式算法分为以下四类：

（1）构造算法。根据一些规则，每次将不在线路上的点一次增加到线路中去，直到所有的点都被安排进去为止（如最近的邻居法、最近的插入法）。该方法最早提出用来解决旅行商问题，求解速度比较快，也很灵活，但有时距离最优解相差很远。

（2）两阶段算法。对构造算法进行改进后，提出了两阶段算法。第一阶段得到一个可行解，第二个阶段则对解进行调整，使其趋于最优解或满意解。

（3）不完全优化算法。精确算法中的决策原则，在规模很大的问题中，导致计算量的指数增长。在不完全算法中，用启发式准则代替，可以有效缩小解的搜索空间。

（4）改进算法。从一个初始解开始，通过对当前的解进行反复的局部扰动，以求得问题的满意解。

第二节　运输方式选择

影响运输方式选择的因素包括：货物的特性、可选择的运输工具、运输成本、运输时间、运输的安全性等。对于货主或托运人来说，运输的安全性和准确性、运输成本的低廉性和运输速度的快捷等因素是关注的重点。而对于承运人来说，则倾向于较慢的运输速度和较长的转运时间，因为较长的转运时间可以把运输工具作为移动仓库。因此，物流企业对运输方式的选择，可根据货主或托运人的要求，根据不同运输方式的特性来进行最优选择。

一、影响运输方式的因素

在各种运输方式中，如何选择适当的运输方式是物流合理化的重要问题。一般来讲，应从物流系统要求的服务水平和允许的物流成本两方面来考虑。可以使用一种运输方式，也可以使用联运方式。

决定运输方式，可以在考虑具体条件的基础上，对下述五个具体项目认真研究：

1. 货物品种

运输方式必须要能适应货物的特性，包括货物的物理性能、化学性质，以及外观形状等。货物对运费的负担能力也要考虑到。

2. 运输期限

运输期限与交货日期相关。必须调查各种运输工具所需要的运输时间，根据运输时间选择运输工具。一般情况下，运输的快慢顺序依次为航空运输、汽车运输、铁路运输和船舶运输。各运输工具可以按照它的速度编组来安排日程，加上它的两端及中转的作业时间，就可以算出所需的运输时间。在商品流通中，一个准确的交货日期是对运输的基本要求。

3. 运输成本

运输成本因货物的种类、重量、容积、运距的不同而不同。而且，运输工具不同，运输成本也会发生变化。在考虑运输成本时，必须注意运费与其他物流子系统之间存在着互为利弊的关系，不能只考虑运输费用以决定运输方式，要由全部总成本决定。

4. 运输距离

从运输距离上看，一般情况下，可以依照以下原则选择运输方式：300km 以内，用汽车运输；300~500km，用铁路运输；500km 以上，用船舶运输。

5. 运输批量

大批量运输成本较低，应尽可能使商品集中到最终消费者附近，选择合适的运输工具进行运输是降低成本的良策。一般来说，15~20t 以下的商品用汽车运输；15~20t 以上的商品用铁路运输；数百吨以上的原材料之类的商品，应选择船舶运输。

选择何种运输方式对于物流效率具有十分重要的意义，在决定运输方式时，必须权衡运输系统要求的运输服务和运输成本，可以将运输机具的服务特性作为判断的基准：运费、运输时间、频度、运输能力、货物的安全性、时间的准确性、适用性、伸缩性、网络性和信息等。

二、运输方式选择的原则

一般来说，在进行运输方式的决策时，通常会以成本、时间、安全这三个方面为主要的考虑对象，这就是通常所说的成本优先原则、时间优先原则、安全优先原则。下面分别对这三个优先原则进行简单的介绍。

1. 成本优先原则

运输总成本是指为两个地理位置间的运输所支付的费用以及与运输管理、维持运输中存货有关的总费用。如果单纯从运输方式的费用考虑，航空运输比公路运输的成本高得多，公路运输比铁路运输的费用成本高，铁路运输比水路运输的成本高，水路运输又比管道运输的成本高。但是，货物的运输总成本不仅仅包括运输工具的运输费用，还包括运输管理、维持运输中的包装、保管、库存、装卸费用以及保险费用，而这些费用又和运输速度有直接关系：运输速度快，运输时间短，这些费用会随之减少；反之则会增加。这就是说，最低的运输费用并不意味着最低的运输总成本。所以，货物的运输不能单纯考虑运输方式的费用，还要考虑运输速度，这样才能做到使运输总成本最小。

2. 时间优先原则

运输时间是指从货源地发货到目的地接受货物之间的时间。运输时间度量的是货物

"门到门"的时间,因此不能只考虑运输工具如何快速移动,还要考虑交接、转运等问题。一般来说,在没有交汇转运点的情况下,铁路运输比汽车运输快,但是在最后交货之前,货物在铁路货场上可能需要等待一周时间才能最后转运到收货人手中;而由于汽车运输能直接实现门到门的运输,所以比较起来,也许比铁路运输花费的时间短。

运输速度是指完成货物运输所需的时间。提高运输速度、缩短运输时间与降低运输总成本是一种此消彼长的关系。要利用快捷的运输方式,就有可能增加运输总成本;反之,运输总成本的下降有可能导致运输速度的减缓、运输时间的延长。所以,选择期望的运输方式,至关重要的问题就是有效地协调两者之间的关系,使其保持一种均衡状态,这样才是理想的选择。

3. 安全优先原则

运输的安全性包括所运输货物的安全和运输人员的安全,以及公共安全。当货物在运动的运输工具中时,盗窃事件发生较少,损坏也很少发生,损坏主要是由于装卸搬运或劣质的包装造成的。所以从整个运输过程来说,与其他运输方式相比,载货汽车能够更好地保护货物的安全,因为只有货车才能够实现门到门运输,而不需要中途装卸,或者因为存储或停放而降低货物的安全性。

对运输人员和公共安全的考虑也会影响运输方式的选择。例如:对于危险品运输要采取更加安全的措施;而在地面运输中采取的安全措施又远没有在空运中那样严格,这是因为航空运输安全与否造成的后果远比其他运输方式严重,对于某些货物,不健全的安全措施也会影响到公共安全,甚至影响到国家的安全。所以,不管是从货物的安全性考虑,还是从运输人员的安全或公共安全考虑,都会影响到托运人对运输方式的选择。

三、运输方式选择的方法

运输方式的选择,需要根据运输环境、运输服务的目标要求,采取定性分析与定量分析的方法进行考虑。

(一)运输方式选择的定性分析法

定性分析法主要是依据完成运输任务可用的各种运输方式的运营特点及主要功能、货物的特性以及货主的要求等因素对运输方式进行直观选择的方法。

1. 单一运输方式的选择

五种基本运输方式各有优点与不足。一般来说,公路运输机动灵活,具有实现货物门到门运输的优势;铁路运输的最大优点是不受气候的影响,可深入内陆和横贯内陆实现货物的长距离准时运输;水路运输则具有运量大、成本低的特殊优势;而航空运输的主要优点是实现货物的快速运输。所以,可以根据五种基本运输方式的优势、特点,结合运输需求进行恰当的选择。

2. 多式联运的选择

多式联运是两种以上的运输方式联合起来提供运输服务。多式联运的主要特点是可以综合不同运输方式的优势，以最合理、最有效的方式实现货物的运输。多式联运的组合方法很多，但在实际运输中，一般只有铁路与公路联运、公路或水路与铁路联运、航空与公路联运得到较为广泛的应用。

铁路与公路联运，即公铁联运，或称为驮背运输，是指在铁路平板车上载运汽车、拖车进行的长距离运输。驮背运输综合了汽车运输灵活方便以及铁路运输长距离、经济、准时的优势，运费通常比单纯的汽车运输要低。采用驮背运输，汽车运输公司可以延伸服务范围，而铁路部门也能够分享到长距离门到门货物运输的便捷。因此，驮背运输，成为了目前最受欢迎的多式联运方式。

公路或铁路与水路联运，也称为鱼背运输，是指将汽车拖车、火车车厢或集装箱转载驳船上或大型船舶上进行的长距离运输。鱼背运输的最大优势是运量大、运费低，所以在国际多式联运中被广泛采用。

航空与公路联运也是被广泛采用的运输方式，这种将航空运输快捷、公路运输灵活方便的多种优势融合一起提供的运输服务，能以最快的方式实现长距离的门到门运输。

（二）运输方式选择的定量方法

运输方式选择的定量方法有综合评价法、成本比较法、考虑竞争因素的方法等多种方法，应用时可根据实际情况选择其中的一种进行定量分析。但由于运输问题影响因素复杂，很难用一种计算结果决定一切。计算结果通常是作为决策的重要参考依据。

1. 综合评价法

运输方式的选择应满足运输的基本要求，即经济性、迅速性、安全性和便利性。

由于运输对象、运输距离和货主对运输时限要求不一样，对经济性、迅速性、安全性和便利性的要求程度也不同，因此可采取综合评价的方法确定运输方式。

评价运输方式的重要度为：

（1）经济性（F_1）。经济性主要表现为费用（运输费、装卸费、包装费、管理费等）的节省；在运输过程中，总费用支出越少，则经济性越好。其重要度，即权重系数为b_1。

（2）迅速性（F_2）。迅速性是指货物从发货地到收货地所需要的时间，即货物在途时间。F_2越小，迅速性越好。其权重系数为b_2。

（3）安全性（F_3）。安全程度通常是指货物的完整程度，以货物的破损率表示。破损率越小，安全性越好。其权重系数为b_3。

（4）便利性（F_4）。各种运输方式的便利性的定量计算比较困难，实际因素很多，如换装次数、办理手续的方便与时间等。为简便计算，在一般情况下，可以近似利用发货人所在地至装车（船、飞机）地之间的距离来表示。距离越近，便利性越好。其权重系数为b_4。则各运输方式的综合重要度为：

$$F = b_1 F_1 + b_2 F_2 + b_3 F_3 + b_4 F_4 \tag{5-1}$$

设：铁路以 T 表示，公路以 G 表示，水路以 S 表示，航空以 H 表示，则

$$F(T) = b_1 F_1(T) + b_2 F_2(T) + b_3 F_3(T) + b_4 F_4(T) \tag{5-2}$$

$$F(G) = b_1 F_1(G) + b_2 F_2(G) + b_3 F_3(G) + b_4 F_4(G) \tag{5-3}$$

$$F(S) = b_1 F_1(S) + b_2 F_2(S) + b_3 F_3(S) + b_4 F_4(S) \tag{5-4}$$

$$F(H) = b_1 F_1(H) + b_2 F_2(H) + b_3 F_3(H) + b_4 F_4(H) \tag{5-5}$$

比较其值，数值最大者为应选的运输方式。由于 F_1、F_2、F_3、F_4 的数值难以确定，所以先分别计算出经济性、迅速性、安全性、便利性在各种运输方式中的平均值，再以某种运输方式的值与平均值比较，得到其相对值。

经济性：

各种运输方式的平均费用为：

$$\overline{C} = \frac{C(T) + C(G) + C(S) + C(H)}{4} \tag{5-6}$$

式中　$\overline{C}$——四种运输方式费用支出的平均值；

$C(T)$——铁路运输费用的支出；

$C(G)$——公路运输费用的支出；

$C(S)$——水路运输费用的支出；

$C(H)$——航空运输费用的支出。

各种运输方式的经济性，可用相对值表示如下：

$$F_1(G) = \frac{C(G)}{\overline{C}} \qquad F_1(T) = \frac{C(T)}{\overline{C}}$$

$$F_1(S) = \frac{C(S)}{\overline{C}} \qquad F_1(H) = \frac{C(H)}{\overline{C}} \tag{5-7}$$

迅速性：

$$\overline{D} = \frac{D(T) + D(G) + D(S) + D(H)}{4} \tag{5-8}$$

$$F_2(G) = \frac{D(G)}{\overline{D}} \qquad F_2(T) = \frac{D(T)}{\overline{D}}$$

$$F_2(S) = \frac{D(S)}{\overline{D}} \qquad F_2(H) = \frac{D(H)}{\overline{D}} \tag{5-9}$$

式中　$\overline{D}$——四种运输方式所需运输时间的平均值；

$D(T)$、$D(G)$、$D(S)$、$D(H)$——铁路、公路、水路、航空运输所需时间。

安全性：

$$\overline{E} = \frac{E(T) + E(G) + E(S) + E(H)}{4} \tag{5-10}$$

$$F_3(G) = \frac{E(G)}{\overline{E}} \qquad F_3(T) = \frac{E(T)}{\overline{E}}$$

$$F_3(S) = \frac{E(S)}{\overline{E}} \qquad F_3(H) = \frac{E(H)}{\overline{E}} \tag{5-11}$$

式中　　　　　　　　$\overline{E}$——四种运输方式货物破损率的平均值；

$E(T)$、$E(G)$、$E(S)$、$E(H)$——铁路、公路、水路、航空运输的破损率。

便利性：

$$\overline{L} = \frac{L(T) + L(G) + L(S) + L(H)}{4} \tag{5-12}$$

$$F_4(G) = \frac{L(G)}{\overline{L}} \qquad F_4(T) = \frac{L(T)}{\overline{L}}$$

$$F_4(S) = \frac{L(S)}{\overline{L}} \qquad F_4(H) = \frac{L(H)}{\overline{L}} \tag{5-13}$$

式中　　　　　　　　$\overline{L}$——四种运输方式发（到）货地至装（卸）载地距离的平均值；

$L(T)$、$L(G)$、$L(S)$、$L(H)$——铁路、公路、水路、航空运输发（到）货地至装（卸）载地距离。

根据以上的计算结果，代入式(5-2)~式(5-5)，可得到 $F(T)$、$F(G)$、$F(S)$、$F(H)$ 的值，其数值最大者为优。

$$F(T) = -\left[b_1 \frac{C(T)}{\overline{C}} + b_2 \frac{D(T)}{\overline{D}} + b_3 \frac{E(T)}{\overline{E}} + b_4 \frac{L(T)}{\overline{L}}\right] \tag{5-14}$$

$$F(T) = -\left[b_1 \frac{C(G)}{\overline{C}} + b_2 \frac{D(G)}{\overline{D}} + b_3 \frac{E(G)}{\overline{E}} + b_4 \frac{L(G)}{\overline{L}}\right] \tag{5-15}$$

$$F(T) = -\left[b_1 \frac{C(S)}{\overline{C}} + b_2 \frac{D(S)}{\overline{D}} + b_3 \frac{E(S)}{\overline{E}} + b_4 \frac{L(S)}{\overline{L}}\right] \tag{5-16}$$

$$F(T) = -\left[b_1 \frac{C(H)}{\overline{C}} + b_2 \frac{D(H)}{\overline{D}} + b_3 \frac{E(H)}{\overline{E}} + b_4 \frac{L(H)}{\overline{L}}\right] \tag{5-17}$$

注意，经济性费用支出 C 越大，经济性越差，所以应用"-"号；同理，迅速性中，运输时间越长，迅速性越差；安全性中，破损率越高，安全性越差；便利性中，发（到）货地至装（卸）载地距离越长，其便利性越差，也都用"-"号。

除上面介绍的综合评价法外，层次分析法对于考虑多因素情况下不同运输方式的选择也是非常好的一种方法。

2. 成本比较法

如果不将运输服务作为竞争手段，那么能使该运输服务的成本与该运输服务水平导致的相关间接库存成本之间达到平衡的运输服务就是最佳的服务方案。也就是说，运输的速度和可靠性会影响托运人和买方的库存水平（周转库存和安全库存）以及他们之间的在途库存水平。如果选择速度慢、可靠性差的运输服务，物流渠道中就需要有更多的库存。这样，就需要考虑库存持有成本可能升高，而抵消运输服务成本降低的情况。因此，最合理的方案应该既能满足顾客需求，又使总成本最低的服务。

【例5-1】某公司欲将产品从 A 地的工厂运往 B 地的公司自有仓库，年运量 D 为 700000 件，每件产品的价格 C 为 30 元，每年的存货成本 I 为产品价格的 30%。公司希望选择使总成本最小的运输方式。据估计，运输时间每减少一天，平均库存水平就减少 1%。各种运输方式的有关参数如表 5-1 所示。

表 5-1　各种运输方式的有关参数

运输方式	运输费率 R/(元/件)	运达时间 T/天	每年运输批次	平均存货量 (Q/2)/件
铁路运输	0.10	21	10	100000
驮背运输	0.15	14	20	50000×0.93
汽车运输	0.20	5	20	50000×0.84
航空运输	1.40	2	40	25000×0.81

在途运输的年存货成本为 $ICDT/365$，两端储存点的存货成本各为 $ICQ/2$，但其中的 C 值有差别，工厂储存点 C 为产品的价格，购买者储存点 C 为产品价格与运费率之和。运输服务方案比选见表 5-2。

表 5-2　运输服务方案比选表

成本类型	计算方法	运输服务方案			
		铁路运输	驮背运输	汽车运输	航空运输
运输成本/元	RD	(0.10×700000)=70000	(0.15×700000)=105000	(0.20×700000)=140000	(1.4×700000)=980000
在途存货成本/元	ICDT/365	(0.30×30×700000×21)/365=362466	(0.30×30×700000×14)/365=241644	0.30×30×700000×5)/365=86301	(0.30×30×700000×2)/365=34521
工厂存货成本/元	ICQ/2	(0.30×30×100000)=900000	(0.30×30×50000×0.93)=418500	(0.30×30×50000×0.84)=378000	(0.30×30×25000×0.81)=182250
仓库存货成本/元	ICQ/2	(0.30×30.1×100000)=903000	(0.30×30.5×50000×0.93)=420593	(0.30×30.2×50000×0.84)=380520	(0.30×31.4×25000×0.81)=190755
总成本/元		2235466	1185737	984821	1387526

从表 5-2 的计算可知，在四种运输服务方案中，汽车运输的总成本最低，因此应选择载运汽车运输。

3. 考虑竞争因素的方法

运输方式的选择如直接涉及竞争优势,则应采用考虑竞争因素的方法。当买方通过供应渠道从若干供应商处购买商品时,物流服务和价格就会影响到买方对供应商的选择。反之,供应商也可以通过供应渠道运输方式的选择控制物流服务这些要素,从而影响买方。

对买方来说,良好的运输服务(较短的运达时间和较少的运达时间变动)意味着可保持较低的存货水平和较确定的运作时间表。为了能获得所期望的运输服务,从而降低成本,买方对供应商提供其唯一能提供的鼓励——对该供应商更多的惠顾。买方的行为是将更大的购买份额转向能提供较好运输服务的供应商,供应商可以用从交易额扩大而得到的更多利润去支付由最佳的运输服务而增加的成本,从而鼓励供应商寻求更适合于买方需要的运输服务方式,而不是单纯追求低成本。这样,运输服务方式的选择成了供应商和买方共同的决策。当然,当一个供应商为了争取买方而选择特佳的运输方式时,参与竞争的其他供应商也可能作出竞争反应,而他们会作出怎么样的竞争反应就很难估计了。因此下述的例子说明的是在不考虑供应商的竞争对手反应的情况下,买方向能提供特佳运输服务的供应商转移更多交易份额的程度。

【例 5-2】某制造商分别从两个供应商处购买了共 3000 个配件,配件单价 100 元。目前这 3000 个配件是由两个供应商平均提供的,如供应商缩短运达时间,则可以多得到交易份额,每缩短一天,可从总交易量中多得 5% 的份额,即 150 个配件。供应商从每个配件中可赚得占配件价格(不包括运输费用)20% 的利润。

于是供应商 A 考虑,如将运输方式从铁路转到汽车运输或航空运输是否有利可图。各种运输方式的运费率和运达时间如表 5-3 所示。

表 5-3　各种运输方式的运费率和运达时间

运输方式	运输费/(元/件)	运达时间/天
铁路运输	2.50	7
汽车运输	6.00	4
航空运输	10.35	2

显然,供应商 A 只是根据他可能获得的潜在利润来对运输方式进行选择决策。表 5-4 是供应商 A 使用不同的运输方式可能获得的预期利润。

表 5-4　供应商 A 使用不同运输方式的利润比较表

运输方式	配件销售量/件	毛利/元	运输成本核算/元	净利润/元
铁路运输	1500	30000.00	3750.00	26250.00
汽车运输	1950	39000.00	11700.00	27300.00
航空运输	2250	45000.00	23287.00	21712.50

如果制造商对能提供更好运输服务的供应商给予更多份额的交易的承诺实现，则供应商A应当选择汽车运输。当然，与此同时，供应商A要密切注意供应商B可能作出的竞争反应行为，如果出现这种情况，则可能削弱供应商A可能获得的利益，甚至化为泡影。

通过上述关于运输服务选择问题的讨论，应该认识到，在考虑运输服务直接成本的同时，有必要考虑运输方式对库存成本和运输绩效对物流渠道成员购买选择的影响。除此之外，还有其他一些因素需要考虑，其中有些是决策者不能控制的。

第一，如果供应商和买方对彼此的成本有一定了解将会促进双方的有效合作。但供应商和买方如果是相互独立的法律实体，两者之间若没有某种形式的信息交流，双方就很难获得完全的成本信息。在任何情况下，合作都应该向着更密切关注对方对运输服务选择的反应或对方购买量的变化的方向发展。

第二，如果分拨渠道中有相互竞争的供应商，买方和供应商都应该采取合理的行动平衡运输成本和运输服务，以获得最佳收益。当然，无法保证各方都会理智行事。

第三，还没有考虑对价格的影响。假如供应商提供的运输服务优于竞争对方，他很可能会提高产品的价格来补偿（至少是部分补偿）增加的成本。因此，买方在决定是否购买时，应同时考虑产品价格和运输绩效。

第四，运输费率、产品种类、库存成本的变化和竞争对手可能采取的反击措施都增加了问题的动态因素，在此并没有直接涉及。

第五，这里没有考虑运输方式的选择对供应商存货的间接作用。供应商也会和买方一样，由于运输方式变化改变运输批量，进而导致库存水平的变化。供应商可以调整价格来反映这一变化，反过来又影响运输服务的选择。

第三节　运输路径优化

物流运输过程中的路径选择问题是一个多目标决策问题。在选择运输路径时，不仅要考虑运输距离，还要考虑运输费用和运输费用等因素。

一、运输路径的类型

运输路径的选择影响到运输设备和人员的利用，正确地确定合理的运输路径可以降低运输成本，因此运输路径的确定是运输决策的一个重要领域。不同类型的路径适用不同的路径选择方法，一般来说，可以归纳为以下几个基本类型。

(一) 起讫点不同

对分离的、单个始发点和终点的网络运输路线选择问题，最简单和直观的方法是最短路线法。网络由节点和线组成，点与点之间由线连接，线代表点与点之间的运行成本（距离、时间或时间和距离加权的组合）。在初始，除始发点外，所有节点都被认为是未解的，即均未确定是否在选定的运输路线上。始发点作为已解的点，计算从原点开始。

一般的计算方法是：

(1) 第 n 次迭代的目标。寻求第 n 次最近始发点的节点，重复 1，2，…，n 直到最近的节点是终点为止。

(2) 第 n 次迭代的输入值。$(n-1)$ 个最近始发点的节点是由以前的迭代根据离始发点最短路线和距离计算而得的。这些节点以及始发点称为已解的节点，其余的节点是尚未解的节点。

(3) 第 n 个最近节点的候选点。每个已解的节点由线路分支通向一个或多个尚未解的节点，这些未解的节点中有一个以最短路线分支连接的是候选点。

(4) 第 n 个最近的节点的计算。将每个已解节点及其候选点之间的距离和从始发点到该已解节点之间的距离加起来，总距离最短的候选点即第 n 个最近的节点。也就是始发点到达该点最短距离的路径。

尽管以上过程看起来有些复杂，但下面的实例可以具体说明最短运输路线是怎样计算的。

【例 5-3】图 5-1 是一张公路运输网络示意图，其中 A 是始发点，J 是终点，B、C、D、E、G、H、I 是网络中的节点，节点与节点之间以线路连接，线路上标明了两个节点之间的距离，以运行时间（分钟）表示。要求确定一条从起点 A 到终点 J 的最短的运输路线。

我们首先列出一张表格如表 5-5 所示。第一个已解的节点就是起点 A。与 A 点直接连接的已解的节点有 B、C 和 D。第一步，到 B 点是距 A 点最近的节点，记为 AB。由于 B 点是唯一选择，所以它成为已解的节点。

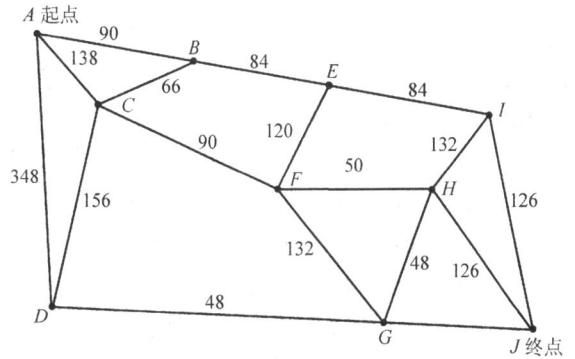

图 5-1 公路运输网络示意图

表 5-5 求解表格

步骤	直接连接到未解节点的已解节点	与其直接连接的未解节点	相关总成本	第 n 个最近接点	最小成本	最新连接
1	A	B	90	B	90	AB*
2	A B	C C	138 90 + 66 = 156	C	138	AC
3	A B	D E	348 90 + 84 = 174	E	174	BE*
4	A C E	D F I	348 138 + 90 = 228 174 + 84 = 258	F	228	CF
5	A C E F	D D I H	348 138 + 156 = 294 174 + 84 = 258 228 + 60 = 228	I	258	EI*
6	A C F I	D D H J	384 138 + 156 = 294 228 + 60 = 288 258 + 126 = 384	H	228	FH
7	A C F H I	D D G G J	384 138 + 156 = 294 228 + 132 = 360 288 + 48 = 336 258 + 166 = 384	D	294	CD
8	H I	J J	288 + 126 = 414 258 + 166 = 384	J	384	IJ*

随后，找出距 A 点和 B 点最近的未解的节点。只要列出距各个已解的节点最近的连接点，现在有 AC、BC，记为第二步。注意从起点通过已解的节点到某一节点所需的时间应该等于到达这个已解节点的最短时间加上已解节点与未解节点之间的时间，也就是说，从 A 点经过 B 点到达 C 点的距离为 AB + BC = 90 + 66 = 156，而从 A 点直达 C 点的时间为 138。现在 C 点也成了已解节点。

第三次法迭代要找到与各已解节点直接连接的最近的未解节点。如表 5-5 所示，有三个候选点，从起点到这三个候选点 D、E、F 所需的时间相应为 348、174、228，其中连接 BE 的时间最短，为 174，因此 E 点就是第三次迭代的结果。

重复上述过程直到到达终点 J，即第八步。最小的路线时间是 384 分，连接在表 5-5 中上以星号（*）标出者，最优路线为 $A—B—E—J$。

在节点较多时，用手工计算比较繁杂，如果把网络的节点和连线的有关数据存入数据库中，即可用计算机求解。绝对的最短距离路径并不说明穿越网络的最短时间，因为该方法没有考虑各条路线的运行质量。因此，对运行时间和距离都设定权数就可以得出比较具有实际意义的路线。

（二）起终点相同

这类问题主要是指考虑从设施点出发访问一定数量顾客之后又回到原来的出发点的路线确定问题，例如饮料递送、送牛奶、送包裹等问题，也就是运筹学中常见的旅行商（TSP）问题。其目标是确定回到出发点前运送的次序，以使总运程最小。通常的数学模型为：

$$\min Z = \sum_{i=1}^{m} \sum_{j=1}^{n} C_{ij} X_{ij} \tag{5-18}$$

$$\text{s. t.} \quad \sum_{i=1}^{m} X_{ij} = 1 \quad \forall j \tag{5-19}$$

$$\sum_{j=1}^{n} X_{ij} = 1 \quad \forall j \tag{5-20}$$

$$X_{ij} \in \{0, 1\} \quad \forall i, j \tag{5-21}$$

式中　　　C_{ij}——旅行商经过对应路段 (i, j) 所花的费用，如时间、距离、费用等；

决策变量 X_{ij}——如果路段 (i, j) 在线路上，其值为 1，否则为 0。

简单贪婪算法可以解决这类问题，其步骤如下：

第一步：选择距出发点最近的顾客位置。

第二步：再从没有选择的位置中选距离当前已选择的位置最近的顾客位置。

第三步：如果所有位置都选了就停止，否则返回到第二步。

【例 5-4】 某奶厂从站点 A 送奶，服务三个顾客 B、C、D，从站点 A 到三个顾客的距离如表 5-6 所示，确定最优的送奶路线。

表 5-6　站点至各顾客的距离

	A	B	C	D
A		22	31	45
B	22		18	27
C	31	18		38
D	45	27	38	

按上述方法求解，步骤如下：

第一步：B 距 A 最近。

第二步：C 距 B 最近。

第三步：只剩 D 没选，D 为继 C 之后的顾客，然后返回 A。

求出的配送顺序为 $A—B—C—D—A$。

（三）多起点、多终点、没有中间点

这个问题主要是将多个供应点的供应分配到多个顾客需求点，例如从工厂到仓库的配送、从仓库向顾客供应等。这类经典的运筹学问题成为运输问题，通常称为 Hitchcook 运输问题，求解运输问题常用表上作业法。运输问题通常可以描述为：设某物资有 m 个产地 A_1，A_2，$\cdots$，A_m；供应 n 个销地 B_1，B_2，$\cdots$，B_n；已知 A_i 的产量为 a_i ($i=1, 2, \cdots, m$)，B_j 的销量为 b_j ($j=1, 2, \cdots, n$)。则运输问题的数学模型为：

$$\min Z = \sum_{i=1}^{m} \sum_{j=1}^{n} C_{ij} X_{ij} \qquad (5\text{-}22)$$

$$\text{s.t.} \quad \sum_{i=1}^{m} X_{ij} = 1 \qquad \forall j \qquad (5\text{-}23)$$

$$\sum_{j=1}^{n} X_{ij} = 1 \qquad \forall j \qquad (5\text{-}24)$$

$$X_{ij} \geq 0 \qquad \forall i, j \qquad (5\text{-}25)$$

式中　　C_{ij}——由 A_i 到 B_j 的单位运价；

X_{ij}——由产地 A_i 运到销地 B_j 的物资量（$i=1, 2, \cdots, m$；$j=1, 2, \cdots, n$）。

（四）多起点、多终点，有中间点

这个问题是指最优分配多个供应点的供应到多个需求点，也可以灵活地在各个中间点处分配，有些起点或终点也可能是中间点。这类问题又称为转运问题。解决此问题第一步要采用一些规则将它转化运输问题，然后用任何一种求解运输的算法来解决。

【例 5-5】某一供应真空管的公司有两个工厂，一个在 A 市，另一个在 B 市。A 市的厂每天生产能力为 150，B 市的厂每天生产能力为 200，真空管通过汽车运到各需求点 C 市和 D 市，C 市和 D 市日需求量仅为 130，公司还需要两个中间转运站 E 市和 F 市，运输的费用如表 5-7 所示。

表 5-7 各点间运输单位费用

出发地\目的地	A	B	E	F	C	D
A	0	13	4	6	12	14
B	13	0	7	6	13	12
E	4	7	0	3	8	8
F	6	6	3	0	7	8
C	12	13	8	7	0	17
D	14	12	8	8	17	0

确定从工厂到需求点的最优路线。

解: 问题可分为两个阶段,第一阶段将运输模型通过以下各步转为运输问题,第二阶段求解运输问题。其步骤如下:

第一步:加上一空行或一空列平衡需求,因为本例总供应为350,总需求为260,那么加上一空需求列,需求量为90。

第二步:构造一个包括所有城市(起、终点和中间点)作为供需点的运输表,这样就形成了6×7矩阵(包括空列)。

第三步:根据表5-8的规则确定所有点的需求和供应量。

表 5-8 需求和供应量确定准则

转运问题中的性质	在运输表中的供应值	在运输表中的需求值
供应点	起运供应 + 总供应	总供应
转运点	总供应	总供应
需求点	总供应	起始需求 + 总供应
空点	0	起始供应 − 起始需求

本例中,总供应为350,最终运输表如表5-9所示。

表 5-9 最终运输表

从	A	B	E	F	C	D	空列	供应
A	0	13	4	6	12	14	0	500
B	13	0	7	5	13	12	0	550
F	4	7	0	3	8	8	0	350
E	6	6	3	0	7	8	0	350
C	12	13	8	7	0	17	0	350
D	14	12	8	8	17	0	0	350
需求	350	350	350	350	480	480	90	

二、距离最短模型

运用图上作业法可以解决运输过程中的迂回和对流现象。作业法是解决运输距离最短问题的一个基本方法。

图上作业法是中国物资流通部门从实际工作中创造出来的一种物资运输规划方法，此方法就是利用产品产地和销地的地理分布和运输路线示意图，采用科学规划方法，制定产品运输最小 t·km 的方法。图上作业法适用于交通路线呈树状、圈状，且对产销地点的数量没有严格限制的情况。图上作业法的原则可以归纳为：流向划右方，对流不应当；里圈、外圈分别算，要求不能过半圈长；如若超过半圈长，应去掉运量最小段；反复运算可得最优方案。因此，利用此法组织运输，可以使车辆行驶最佳运输路线，减少车辆空驶情况发生，提高车辆的里程利用率。下面介绍运用图上作业法解决物资调运问题。

与运输距离、线路有关的不合理运输有两种现象：一种是对流现象；另一种是迂回现象。前者是由于对流运输（不构成回路）存在同一线路上同一种货物的往返运输现象；后者存在于成圈（构成回路）的线路上，从一点到另一点有两条路可走，一条是小半圈，一条是大半圈，选择的路线距离大于全回路总路程的一半的迂回现象。图上作业法可以避免上述的对流和迂回现象，找出最短运输线路，运力最省的运输方案。

任何一张交通网络图，其线路的分布形状总可以分为成圈和不成圈两种情况。下面分别介绍运输线路不成圈和成圈两种情况下的图上作业法。

（一）运输线路不成圈的图上作业法

运输线路不成圈就是不构成回路的"树"形线路，包括直线、丁字线、交叉线、分支线等。直线是图上作业法的基本路线。不论哪种路线，都要采取一定的办法转化为一条直线的运输形式，以便作出流向线。对于运输线路不成圈的流向图，只要不出现对流现象，就是最优调运方案。

运输线路不成圈的图上作业法比较简单。就是从各端点开始，按"各站供需就近调拨"的原则进行调配。

【例 5-6】 某地区物资供应情况如图 5-2 所示，其中圆圈表示起运站，方框表示目的地。现要求用图上作业法得到物资调运的最优方案。

解： 在图 5-2 中，有 4 个起运站：A_1，A_2，A_3，A_4 的供应量分别为 +7，+8，+6，+4；另有 4 个目的地 B_1，B_2，B_3，B_4，需求量分别为 -2，-8，-7，-8。为了便于检查对流现象，把流向箭头统一画在线路右边，调运量用数字表示，并标注在箭头旁边。从起运站 A_1 开始，把 7 个单位的物资供应给 B_1，剩余 5 个单位的物资，再调运给 A_2；起运站 A_2 的 8 个单位的物资供应给 B_2，从 A_1 调运过来的 5 个单位的物资供应给 B_3，这时，B_3 缺 2 个单位的物资；A_4 站 4 个单位的物资调运给 A_3，连同 A_3 原有的 6

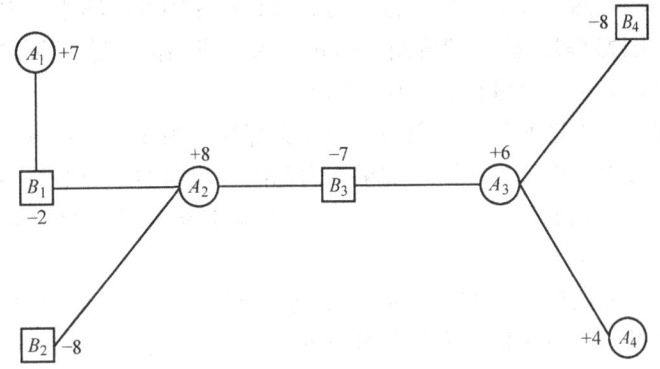

图 5-2 不成圈的交通路线示意图

个单位共 10 个单位,供应 8 个单位给 B_4,另外 2 个单位供应给 B_3,填补 B_3 所缺的 2 个单位的物资。具体步骤简述如下:

由 A_1—B_1,供 7 需 2 余 5;A_2—B_2,供 8 需 8 平衡;B_1—A_2—B_3,调 5 供 5 需 7 缺 2;A_4—A_3—B_3,A_3—B_3,调 4 供 8 需 8,供 2 需 2 平衡,如图 5-3 所示。

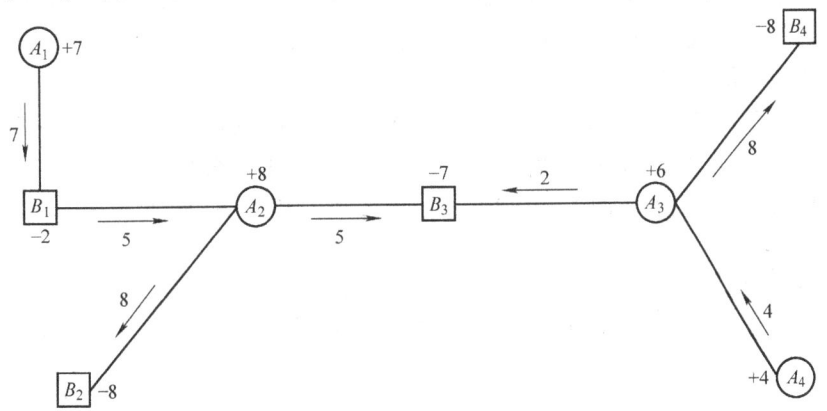

图 5-3 不成圈运输的最优线路流向图

图 5-3 没有出现对流现象,因此图 5-3 为最优线路流向图,所对应的方案为最优调运方案。

(二)运输线路成圈的图上作业法

运输线路成圈就是形成闭合回路的"环"形路线,包括一个圈(有三角形、四边形、多边形)和多个圈。成圈的线路流向图要同时达到既无对流现象、又无迂回现象的要求,才是最优流向图。

对于成圈运输线路的图上作业法,可按下述三个步骤寻求最优方案。

第一步，去段破圈，确定初始运输方案。就是在成圈的线路中，先假设某两点间的线路"不通"，去掉这段线路，把成圈线路转化为不成圈的线路，即破圈；按照运输线路不成圈的图上作业法，就可得到初始运输方案。

第二步，检查有无迂回现象。因为流向箭头都统一画在线路右边，所以圈内圈外都画有一些流向。分别检查每个小圈，如果圈内和圈外流向的总长度都不超过全圈总长度的1/2，那么，全圈就没有迂回现象了，这个线路就是最优的，对应的就是最优运输方案；否则，转向第三步。

第三步，重新去段破圈，调整流向，在超过全圈总长 1/2 的里（外）圈各段流向线上减去最小运量，然后在相反方向的外（里）圈流向线上和原来没有流向线的各段上，加上减去的最小运量，这样可以得到一个新的线路流向图。然后转到第二步检查有无迂回现象。如此反复直到得到最优线路流向图为止。

如果全圈存在两个及两个以上的圈，则需要分别对各圈进行是否存在迂回线路的检查，如果各圈的里、外圈都不超过全圈总线长的1/2，则不存在迂回现象，此方案为最优运输方案。

【例 5-7】某地区物资供应交通线路如图 5-4 所示，其中"圈"表示起运站，"方框"表示目的地，线路间括号中的数字表示起运站与目的地之间的距离（单位：km）。现要求物资调运最优方案。

解：在图 5-4 中，有 4 个起运站：A_1，A_2，A_3，A_4 的供应量分别为 +20，+60，+100，+20；另有 5 个目的地 B_1，B_2，B_3，B_4 的需求量分别为 -30，-30，-50，-70，-20。图 5-4 中有一个圈，由 A_1，B_1，A_2，B_4，B_3，B_2 构成。

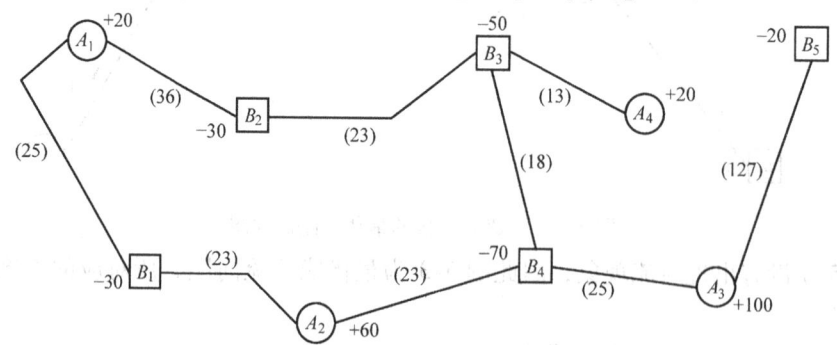

图 5-4 某地区物资供应交通线路图

下面按照运输线路成圈的图上作业法三个步骤求物资调运的最优方案。

（1）去段破圈，确定初始运输方案。去掉 A_1 到 B_2 的线路，然后根据"各站供需就近调拨"的原则进行调运，就可得到初始运输流向线路图，如图 5-5 所示。

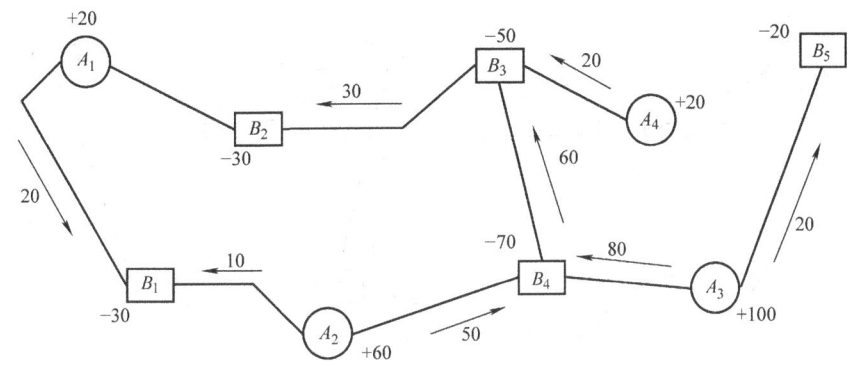

图 5-5 初始运输流向线路图

(2) 检查有无迂回现象。由图 5-5 可看出，不存在对流现象，但要检查里、外圈流向线长，看是否超过全圈（封闭回路线）总长的 1/2。本例中：

全圈总长为 $(36+23+25+18+23+23)\text{km} = 148\text{km}$

半圈长为 $\dfrac{148\text{km}}{2} = 74\text{km}$

外圈流向总长为 $(23+25+18+23)\text{km} = 89\text{km}$

里圈流向总长为 23km

因为外圈流向总长超过了全圈总长的 1/2（89km > 74km），可以断定，初始运输线路存在迂回现象，所对应的运输方案不是最优方案，因此，必须进行优化调整。

(3) 重新去段破圈，调整流向。初始方案中里圈符合要求，外圈流向总长超过全圈总长的一半，因此需缩小外圈。因为外圈流向线路中运量最小的是 $A_1 - B_1$，的 "20"，所以，去掉 A_1 到 B_1 的线路，并在外圈各段流向线上减去 "20" 的运量，同时在里圈各流向线上以及原来没有流向线的 A_1 到 B_2 线上各加上 "20" 的运量，这样可得到新的运输流向线路图，如图 5-6 所示。

检查新运输线路图的里、外圈流向线长，看是否超过全圈（封闭回路线）总长的 1/2。本例中，新的流向线路为：

外圈流向总长为 $(23+18+23)\text{km} = 64\text{km}$

里圈流向总长为 $(23+36)\text{km} = 59\text{km}$

两者均没有超过全圈总长的 1/2，即 74km，所以调整后的新流向线路图所对应的方案为最优运输方案。

此时，按调整后的新方案组织运输，运力消耗为：

$(20 \times 36 + 10 \times 23 + 20 \times 13 + 30 \times 23 + 30 \times 23 + 40 \times 18 + 80 \times 25 + 20 \times 127 \text{t} \cdot \text{km} = 7860 \text{t} \cdot \text{km}$

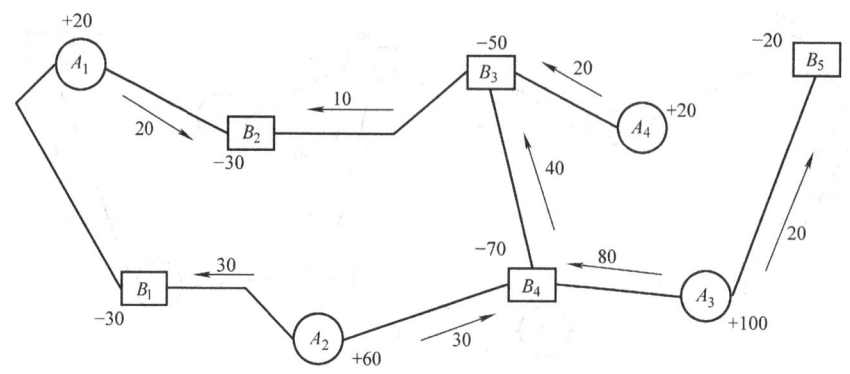

图 5-6 调整后的运输流向线路图

按初始方案组织运输的运力消耗为：

$(20 \times 25 + 10 \times 23 + 50 \times 23 + 80 \times 25 + 20 \times 127 + 20 \times 13 + 30 \times 23 + 60 \times 18 + 50 \times 23) \text{t} \cdot \text{km} = 8450 \text{t} \cdot \text{km}$

由此可知，调整后的运输方案比初始运输方案节约运力为 590t·km。

一般来说，利用图上作业法寻求商品最优运输方案，可以按运输吨公里最小原则，也可以从运输时间最短或运费最省等角度分别计算，只要商品在图上没有对流、内圈外圈长都不大于半圈长，则该运输方案就是最优运输方案。

三、成本最低模型

在运输决策中，成本往往是企业考虑的重要因素。运输成本的高低直接反映在企业的账目表上，对企业的盈利水平有很大的影响。在所有运输决策的模型中，表上作业法主要用来解决对成本有约束的运输决策问题。

表上作业法在寻求运输网络系统的优化方案时有两种方法：最小费用法和左上角法。

（一）最小费用法

最小费用法就是直接以商品运输费用最小作为目标函数来求得最优运输方案。一般是利用单位运价表和产销平衡表等表格，运用霍撒克法则进行表上作业，通过编制初始运输方案及其制定、调整求出运费最省的优化方案。

【例 5-8】编制被运输商品的产销平衡表和单位运输价格表，如表 5-10 和表 5-11 所示。使用最小费用法求出运输的最优方案。

（1）用最小原始分安排初始方案。最小乘数法就是运费最小的元素尽可能地优先供应。我们把单位运价列为 c_{ij}（$i = 1, 2, \cdots, m$；$j = 1, 2, \cdots, n$），其中 i 为产地序号，j 为销售地序号。在一般情况下，初始方案在产销平衡表方格中填上数字的格子顺是"产地数+销地数-1"。但在按最小元素法做初始运输方案时,有时会遇到不需要或不能供给的情况,则在本应填数的表格内加"0",仍然计数,如表5-12所示。

表5-10 商品产销平衡表

销地 产地	A	B	C	D	E	发运量
甲						100
乙						300
丙						600
丁						800
需求量	250	300	350	400	500	1800

表5-11 单位运价表

销地 运价 产地	A	B	C	D	E
甲	3	2	3	5	3
乙	3	3	1	3	4
丙	7	8	4	2	2
丁	5	4	7	7	8

表5-12 商品产销平衡表

销地 产地	A	B	C	D	E	发运量
甲	3	2/50	3/50	5	3	100
乙	3	3	1/300	3	4	300
丙	7	8	4	2/400	2/200	600
丁	5/250	4/250	7	7	8/300	800
需求量	250	300	350	400	500	1800

(2)用矩阵对角法进行初步调整。用任意两个成矩形对角的有运量的运价之和与该矩形另外两个对角的价值和相比较,如果前者小于后者,不需调整;如果前者大于后者,作反向调整。

在此例中：

2/50	3/50
3	1/300

呈矩形对角，并且 $2+1 < 3+3$
显然，不需要再作调整。此外，

2/400	2/200
7	8/300

中 $2+8 > 7+2$，因此，需要进行调整，调整如下：

2/400	3/50	2/200	
↓	(300)	↑	(300)
7		8/300	

从而变成：

2/100	2/500
7/300	8

这样，原始方案变为商品产销平衡结果如表 5-13 所示。

表 5-13 商品产销平衡表

销地 产地	A	B	C	D	E	发运量
甲	3	2/50	3/50	5	3	100
乙	3	3	1/300	3	4	300
丙	7	8	4	2/100	2/500	600
丁	5/250	4/250	7	7/300	8	800
需求量	250	300	350	400	500	1800

（3）用霍撒克方法检验。计算公式为：

$$\begin{cases} d_{ij} = V_i + U_j \\ A_{ij} = C_{ij} - (V_i + U_j) \end{cases}$$

上述公式的含义是：

第一个式子表示有运量的运价等于相应的行位势与列位势之和。

第二个式子表示空格里检验数等于原表相应格的运价减去相应格行位势与列位势

之和。

在本例中，按霍撒克法则的计算公式进行具体的计算。

第一步，与原方案中分配有运量的格相对应，取出单位运价表中的数列成位势表。

第二步，现在带圆圈的个数较多的行或列加"○"，依据公式 $d_{ij} = V_i + U_j$，依此求出各行、列的位势，如表5-14所示。

表5-14 霍撒克法则的应用（一）

产地＼销地	A	B	C	D	E	V_i
甲		②	③			−2
乙			①			−4
丙				②	②	−5
丁	⑤	④		⑦		0
U_j	5	4	5	7	7	

第三步，根据公式 $A_{ij} = C_{ij} - (V_i + U_j)$，用空格加减所在行、列位势之和得不带圈方格的检验数，如表5-15所示。

表5-15 霍撒克法则的应用（二）

产地＼销地	A	B	C	D	E	V_i
甲	0	②	③	0	−2（+）	−2
乙	2	3	①	0	1	−4
丙	7	9	4	②（+）	②（−）	−5
丁	⑤	④（+）	2	⑦（−）		0
U_j	5	4	5	7	7	

封闭回路的做法是从出现负值的方格出发，沿水平或垂直方向，遇有运量格转90°，形成一个封闭的回路，依次标上（+）、（−）号，并将所有标负号的转角格中的最小运量作为调整数。各正号加上基数，各负号减去基数。数学上可以证明，对应于运输表上的每个空格都可以找到一条闭回路，这条闭回路中除了这个空格以外，其余的顶端都是数字格，而且对闭回路上的任何一个空格来说，这样的空格是唯一的，如表5-16所示。

表 5-16 霍撒克法则的应用（三）

产地＼销地	A	B	C	D	E	发运量
甲			50		50	100
乙			300			300
丙				150	450	600
丁	250	300		250		800
需求量	250	300	350	400	500	1800

再用霍撒克法则检验，如表 5-17 所示。

表 5-17 霍撒克法则的应用（四）

产地＼销地	A	B	C	D	E	V_i
甲	2	2	③	2	③	-2
乙	4	5	①	2	3	-4
丙	7	9	6	②	②	-5
丁	⑤	④	0	⑦	1	0
U_j	5	4	5	7	7	

以上各元素的检验数都不小于 0，证明调整后的方案为最优。

（4）比较初始方案与最优方案的运费。初始方案运费为：

2×50 元 $+ 3 \times 504$ 元 $- 1 \times 30$ 元 $+ 2 \times 400$ 元 $+ 2 \times 200$ 元 $+ 5 \times 250$ 元 $+ 4 \times 250$ 元 $+ 8 \times 300$ 元 $= 7432$ 元

而最优方案费用为：

3×50 元 $+ 3 \times 50$ 元 $+ 1 \times 300$ 元 $+ 2 \times 150$ 元 $+ 2 \times 450$ 元 $+ 5 \times 250$ 元 $+ 4 \times 300$ 元 $+ 7 \times 250$ 元 $= 6000$ 元

优化后的运输方案可以节省运费 6130 元 $- 6000$ 元 $= 130$ 元。

（二）左上角法

除了最小费用法外，左上角法也是求得运输初始方案的一种途径，并通过霍撒克法则最终得出最优运输方案。

【例 5-9】 现有三个生产地 A、B、C 供应某种商品；有四个销售地 1、2、3、4，它们各自供应量和需求量如表 5-18 所示，试用左上角法求出最优运输方案。

表 5-18　左上角法（一）

销地 费用 产地	1	2	3	4	供求量
A	15	18	19	13	50
B	20	14	15	17	30
C	25	12	17	22	70
需求量	30	60	20	40	150

解：

（1）以运输表左上角盼格子作为开端。

（2）对这一格子可用的供应量与需求量进行比较，安排两个值中较小的一个作为运量，然后把这个数字圈起来。这一格可用的供应量（或需求量）减去安排的运量，就是剩余的供应量（或需求量）。表 5-18 中有 50 个单位的供应量和 30 个单位的需求量。因此，可以安排 30 个单位的运量到 $A1$ 格。

（3）如果安排运量的格子正好是在运输表的右下角，则停止安排。

这时，初始方案已找到。如果这一格不在右下角，则进入到第四步。

（4）根据以下规划，移到下一格：

1）如果已安排的这一格行和列比较，供应量超过需求量，下一格移到同一行相邻的格子。

2）如果需求量超过供应量，下一格移到同一列相邻的格子。

3）如果需求量等于供应量，下一格是对角线上相邻的格子。

4）回到第二步。

本例中，首先从 $A1$ 格开始，供大于求（50 > 30），所以，$A1$ 格安排运量 30。销地 1 已满足，产地 A 尚余 50—30—20。然后，从 $A1$ 格移到同一行的 $A2$ 格，用需求量 60 与供应量 20 作比较，在 $A2$ 格安排运量 20，然后移到同一列的 $B2$ 格。因为供应量 30 小于需求量 40，所以 $B2$ 格安排运量 30 后，以同样的方式移到 $C2$ 格，安排运量 10。然后，分别移到 $C3$ 和 $C4$，安排运量 20 和 40。$C4$ 格安排好后，因为是表的右下角，所以结束安排，这就是一个基本解，作为初始可行方案。分别如表 5-19 至表 5-25 所示。

表5-19　左上角法（二）

产地＼销地	1	2	3	4	供求量
A	15/(30)	18	19	13	【50】20
B	20	14	15	17	30
C	25	12	17	22	70
需求量	【30】0	60	20	40	150

表5-20　左上角法（三）

产地＼销地	1	2	3	4	供求量
A	15/(30)	18/【20】	19	13	【50】【20】0
B	20	14	15	17	30
C	25	12	17	22	70
需求量	【30】0	【60】40	20	40	150

表5-21　左上角法（四）

产地＼销地	1	2	3	4	供求量
A	15/(30)	18/【20】	19	13	【50】【20】0
B	20	14/【30】	15	17	【30】0
C	25	12	17	22	70
需求量	【30】0	【60】【40】10	20	40	150

表5-22　左上角法（五）

产地＼销地	1	2	3	4	供求量
A	15/(30)	18/【20】	19	13	【50】【20】0
B	20	14/【30】	15	17	【30】0
C	25	12	17	22	【70】60
需求量	【30】0	【60】【40】【10】	20	40	150

表5-23 左上角法(六)

产地\销地	1	2	3	4	供求量
A	15/(30)	18/【20】	19	13	【50】【20】0
B	20	14/【30】	15	17	【30】0
C	25	12/(10)	17/(20)	22	【70】【60】40
需求量	【30】0	【60】【40】【10】	20	40	150

表5-24 左上角法(七)

产地\销地	1	2	3	4	供求量
A	15/(30)	18/【20】	19	13	【50】【20】0
B	20	14/【30】	15	17	【30】0
C	25	12/(10)	17/(20)	22/(40)	【70】【60】【40】
需求量	【30】0	【60】【40】【10】	【20】0	【40】	150

表5-25 左上角法运输初始方案

产地\运量\销地	1	2	3	4	供求量
A	30	20			50
B		30			30
C		10	20	40	70
需求量	30	60	20	40	150

根据左上角法求出运输初始方案后,为了进一步算出最优方案,仍需要运用霍撒克法则进行优化,检验方法与我们在最小费用法中所阐述的方法一致,在此不再赘述。

四、时间约束模型

在大多数情况下,运输决策在对运输距离或运输成本进行优化时往往不考虑时间因素,这在大多数情况下是不现实的。

在实际中,我们在给客户提供运输服务时往往都有时间限制,或者是在某些紧急情况下或出于总体利益的考虑,运输时间不能无限制地加长,要有一定的约束,这也就是所谓的受时间约束的运输问题。

以费用为指标的运输决策模型为：

$$\min \sum_{i=1}^{m} \sum_{j=1}^{n} c_{ij} x_{ij} \tag{5-26}$$

$$\text{s.t.} \begin{cases} \sum_{j=1}^{n} x_{ij} = a_i, i = 1,2,\cdots,m; \\ \sum_{i=1}^{m} x_{ij} = b_j, j-1,2,\cdots,n \\ x_{ij} \geq 0; \\ c_{ij} \geq 0 \end{cases} \tag{5-27}$$

式中 x_{ij}——从产地 A_i 运往销地 B_j 的货运量。

对于有时间约束的运输决策问题除了要满足前面费用的约束，还应该满足下式

$$t < T$$

式中 t——实际调运所需时间；

T——调运所允许的最长时间。

对不同的情况，t 的含义也不同。

当产地按一定次序先后发货时，t 为各销地发货时间的总和；而同时进行发货时，t 为各产地发货时间最大值；也可以是这两种情况的混合，这时 t 的计算就会变得更复杂一些。

对于传统的运输问题而言，也就是以费用作为优化目标的运输问题，总存在最优解，但是对于受时间约束的运输问题若采用多目标优化方法求解，则不一定存在满足条件的最优解。

对于按次序先后发货的受时间约束的运输问题，当费用最小即路径最短时所需时间也最短，用表上作业法进行求解时，若所得结果满足 $t < T$，则得到满足条件的最优解，若 $t > T$，则此问题无解。

对于同时进行发货的、受时间约束的运输问题，整个调度所需时间 t 等于装运货物从产地到销地所需时间最长的车辆所用时间。而各产地到各销地装运货物所需时间只取决于该产地的运输量和到销地的运输时间 t_{ij}^*。则产地 A_i 到销地 B_j 所需的调运时间 t_{ij} 为：

$$t_{ij} = \max\left[\left(\sum_{j=1}^{n} x_{ij}\right)/V_i + t_{ij}^*\right] \tag{5-28}$$

式中 V_i——产地 A_i 的装卸速度。

采用表上作业法来解决这类对时间有约束的运输决策问题。

【例 5-10】某公司经销某种产品，该公司下面设有三个加工厂，每日的产量分别为

7t、4t、9t。该公司把这些产品分别运往四个销售点,各销售点每日销量为3t、6t、5t、6t,已知从各工厂到各销售点的单位产品的运价如表5-26所示,从各工厂到各销售点的运输时间表如表5-27所示,问该公司应该如何调运产品,才能保证在15小时之内,在满足各销售点的需要量的前提下使总运费最小。

表5-26 运价表　　　　　　　　　　　　　　（单位:万元/t）

产地\销地	B_1	B_2	B_3	B_4
A_1	3	11	3	10
A_2	1	9	2	8
A_3	7	4	10	5

表5-27 运输时间表　　　　　　　　　　　　（单位:h）

产地\销地	B_1	B_2	B_3	B_4
A_1	10	2	8	3
A_2	10	3	9	4
A_3	6	12	10	4

这个案例的求解步骤如下:根据调运时间公式,计算调运时间表。计算结果如表5-28所示。

表5-28 调运时间表　　　　　　　　　　　　（单位:h）

产地\销地	B_1	B_2	B_3	B_4
A_1	17	9	15	10
A_2	14	7	13	8
A_3	15	21	19	13

考虑到受时间约束的情况,查看调运时间表中是否有超时,由表5-28可看出,其中当A_1—B_1,A_3—B_2,A_3—B_3有超时,可将此三处的单位运价用M(M表示运价无穷大)表示,调整后的单位运价表如表5-29所示。

表 5-29 调整后的单位运价表　　　　　　　　　（单位：万元/t）

产地＼销地	B_1	B_2	B_3	B_4
A_1	M	11	3	10
A_2	1	9	2	8
A_3	7	M	M	5

采用表上作业法进行求解，得到从各产地到各销地的调运量如表 5-30 所示。

表 5-30 最终调运方案　　　　　　　　　（单位：t）

产地＼销地	B_1	B_2	B_3	B_4
A_1		2	5	
A_2		4		
A_3	3	0		6

表 5-30 所示的调度方案得到所需的费用最小，为 94 万元。

第四节　车辆装载决策

一、车辆装载决策概述

车辆装载问题主要是指对货物进行合理拼装，为了充分利用配送车辆的载重量和容积，节省运力、提高运输效率，配送中心常常把同一条送货线路上不同用户的货物组合、配装在同一辆载货车上。它的目标是实现车与货的高效匹配，降低空驶率以减少货物运输过程中因此而造成的经济损失。

在一些企业中，由于物流服务质量较低，使货运的空载率高达 60%。企业在安排车辆完成配送任务时，充分利用车辆的容积和载重量，做到满载满装。这是降低成本的重要途径。

由于产品品种繁多，不仅包装形态、储运性能不一。容积方面，也往往相差甚远。一辆车上如果只装容积小的货物，往往是达到了载重量，但容积空余很多；只装容积大的货物则相反，看起来车装得满，实际上并未达到车辆载重量。这两种情况实际上都造成了浪费。

为了有效地利用货车的载重和容积达到巧装满载，不要把质量较重、体积较小的货物或是体积较大、重量较轻的货物拼装在同一辆车上。这样会提高物流企业的配送成本,同时也造成了资源的浪费。装载的效果直接影响到车辆的满载率、运输效率、运输安全性和企业经济效益。在实际的工作中经常出现装载不合理现象,造成了运力的浪费。尤其是"大马拉小车"的现象发生较多,增加了单位货物运输的成本。因此,从理论与实践上探讨物流配送车辆装载的方法具有现实的意义。

二、车辆装载的影响因素

车辆装载主要受到两个因素的影响,即货物信息、车辆信息,如图5-7所示。

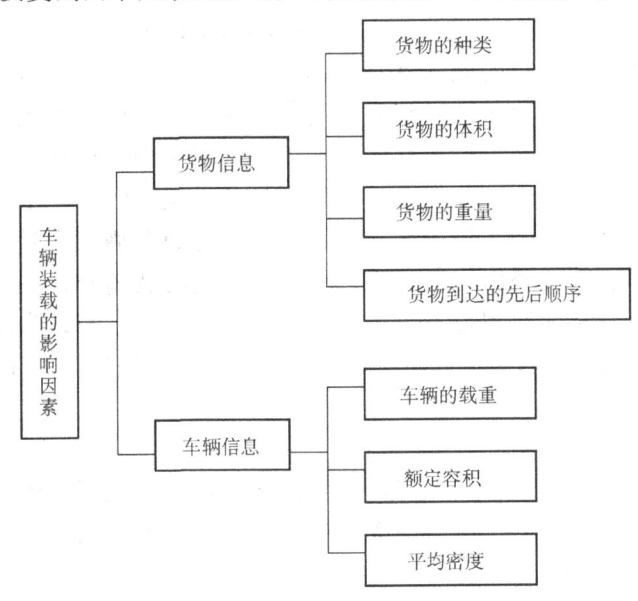

图5-7 车辆装载的影响因素

（一）货物信息

由于配送的货物品种特性各异,为了提高配送效率,确保货物质量,首先,必须对特性差异大的货物进行分类。接到订单后,依特性对货物进行分类,以分别采取不同的配送方式和运输工具,如按冷冻食品、速冻食品、散装货物、箱装货物等分类装载;其次,配送货物也有轻重缓急之分,必须初步确定哪些货物可配于同一辆车,哪些货物不能配于同一辆车,以做好车辆的初步配装工作。配车时除了追求目标函数和满足约束条件外,还要参考历史的经验数据,从而使计算出的需要配载的货物的密度与货物的实际密度更加接近。否则,计算出的配载计划单在执行时会出现装不下单上货物的情况,这是由于货物的不规则性造成的。这种配载的方法和结果都带有一定的模糊性和经验性。根据需要配载的货物的类型确定货物的优先级,货物配装的先后由配装优先级来决定,优先级高的货物优先配装。在确定货物的优先级时应遵循以下几方面的要求：①通过提高数量多的货物的优先级，优先配直达车，达到多装直达的目的；②通过按入区时间来决定货物发送的优先级，使货区内的货物能够达到迅速流通，提高货区的利用率，缩短货物的周转周期，提高运输效率；③通过对重量和体积的精心计算达到巧装满载。

（1）计算货物优先级的方法。

配装优先级 = 货物属性优先级 + 日期优先级 + 货重×0.001 + 核心货重×0.01

货物属性优先级：重点物资100，军运品80，鲜活物品60，一般物品40。

日期优先级：入区天数>6的为100，入区天数≤6的为入区天数×5

（2）对于同等优先级货物装车次序的方法。企业在安排车辆完成配送任务时，充分利用车辆的容积和载重量，做到满载满装。这是降低成本的重要途径。由于产品品种繁多，不仅包装形态、储运性能不一，在密度方面，往往相差甚远。一辆车上如果只装载重量大的货物，往往是虽然达到了载重量，但容积空余很多；只装密度小的货物则相反，看起来车装得满，实际上并未达到车辆载重量。这两种情况都造成了浪费。为了有效地利用货车的载重和容积达到巧装满载，不要把很重但体积很小的货物装在同一车或体积很大重量很轻的货物装在同一车，为此计算机每配载一件货物要做以下测试：如果已装货物的密度大于一般密度值（取170kg/m），则装载密度小于一般密度值的货物。如果已装货物的密度小于一般密度值，则装载密度大于等于一般密度值的货物。

（3）对于危险品的配装问题。货运员对有危险品混装的车应加倍小心，稍有疏忽便可能酿成事故。尤其要注意危险品的混载禁忌，严禁将性质相抵触或混载在一起会引发事故的物品配载在一起。

（二）车辆信息

车辆信息包括车辆载重量、额定容积以及计算出的相应的平均密度。

车辆的载重量一般都是标定的。如果是厢式货车，则依据箱内尺寸可计算出容积。

非厢式货车的容积计算则参照《中华人民共和国道路交通管理条例》中关于货物装载的相关规定：大型货运汽车载物，高度从地面起不准超过4m，宽度不准超出车厢，长度前端不准超出车身，后端不准超出车厢2m，超出部分不准触地；大型货运汽车挂车和大型拖拉机挂车载物，高度从地面起不准超过3m，宽度不准超出车厢，长度前端不准超出车厢，后端不准超出车厢1m；重量在1000kg以上的小型货运汽车载物，高度从地面起不准超过2.5m，宽度不准超出车厢，长度前端不准超出车身，后端不准超出车厢1m；载重量不满1000kg的小型货运汽车、小型拖拉机挂车、后三轮摩托车载物，高度从地面起不准超过2m，宽度不准超出车厢，长度前端不准超出车厢，后端不准超出车厢50cm。

因此，如果对非厢式车辆进行配载，一定要满足《中华人民共和国道路交通管理条例》中所作出的相关规定，不超限超载。

三、案例分析

在空运业务中，平衡配载工作关系到飞行安全，同时也影响运输效益。目前，我国民航企业大多为客货机，即先满足客座再考虑货物。在旅客一定的情况下，货物的装载情况会影响到飞机的重心与平衡。所以，确定可用货物载量、合理安排货物装载舱位，是影响平衡配载整体工作好坏的关键。

联程航班就是存在一个或几个经停站的航班。它的特点是：在每一个经停站，飞机起飞前，载重平衡都要重新填画。例如，东航 MU2701（南京—青岛—哈尔滨）航班、MU2705（南京—长沙—昆明）航班。这些联程航班始发站的问题最为复杂，因为始发站的平衡装载情况不仅影响到本站的起飞，而且还影响到经停地的起飞。所以，基于以上两个方面，现就联程航班始发站客货机的货物配载问题讨论如下：

（一）载量的控制问题

由于联程航班对始发站而言涉及两个以上到达站，在总载量一定的情况下，始发站到经停站、目的站货物载量如何分配是首先要解决的问题。其原则是：①按照货物的轻重缓急安排舱位。这是民航运输普遍遵循的规则。②确保整个航班的收入最大化。由于距离不同货物的运价也不同，所以就相同重量的货物而言，载量优先于价高的货物。一般目的站货物价高于经停站，所以载量优先给目的站货物，但同时要考虑给后续航站留足可利用舱位和载量。

（二）舱位的安排问题

由于联程航班涉及不同到达站的货物，所以如何将它们合理地安排在一个航班上，并且区分明显、搭配恰当，是要解决的中心问题。处理问题的总原则是要避免航班在经停站由于载量或平衡等原因倒舱。因为倒舱要将货物全部拉下再重新调整装机，而航班在经停站一般只有 45min 的过站时间，倒舱会延误航班。一般按如下原则安排：

（1）先到后上，后到先上。即目的站的货物一般装在里舱，经停站货物一般装在外舱。这样在经停站货物靠在舱门口便于卸下。如南京—青岛—哈尔滨航班，一般先装哈尔滨货再装青岛货，卸货时先卸下青岛货，再卸下哈尔滨的货物。

（2）考虑经停站的平衡问题。始发站要考虑飞机能够在经停站起飞时也能够二次平衡。一般始发站对本站的平衡问题较为重视，因为始发站若不平衡，飞机就起飞不了，而对于经停站的平衡问题一般关心不够。经常会出现在经停站飞机载量没有超出范围但重心偏出，需要倒舱的情况。这主要是由于飞机在经停站卸下货物或又装上新的货物后重心改变所致。

往往这种情况在始发站平衡配载时是可以控制并加以避免的。例如，A320 – 214 型飞机，前货舱（11、12、13 舱）与后货舱（31、32、41、42、51、52、53 舱）对重心的影响正好相反。该型飞机的飞行指数一般在 55~57 左右，重心偏后，当人数在 120 人以上时，若飞机前货舱货物不能平衡后货舱货物，则必然会出现重心偏出的情况。例如，南京—青岛—哈尔滨航班：A320-214 型飞机前舱装青岛货：11 舱 500kg，12 舱 500kg，13 舱 1000kg，后舱装哈尔滨货：31 舱 500kg，32 舱 500kg，41 舱 500kg，42 舱 500kg。在南京起飞由于前舱有 2t 货物正好与后舱的 2t 货物平衡，所以整体可以平衡，但在青岛机场卸完货后，前舱重量为零，而后舱仍有 2t 哈尔滨的货，由于前舱不能平衡后舱的货物，所以此时飞机重心必然偏后而不能平衡。但如果在始发站注意到以上问题，将 2t 哈尔滨货装前舱，2t 青岛货装后舱（由于该型飞机重心偏后，青岛起飞时前舱 2t 哈尔滨货刚好可以平衡重心）就可以避免以上问题的发生。

（3）根据实际情况，灵活应对。有时会出现至经停站货相对较多而至目的站货相对较少的情况。例如，上例若：南京—青岛 3t，南京—哈尔滨 2t，若将青岛货放前舱，哈尔滨货放后舱，则在南京可以平衡，但在青岛起飞时则不能平衡。但若对调一下，则在南京就平衡不了。解决方法有两条：①可以考虑混舱，即将一个舱内既装青岛货又装哈尔滨货，但这有一个条件就是青岛与哈尔滨货要区分明显，不至于搞混。例如，将青岛 1t 和哈尔滨 2t 同时放前舱，而将青岛另外 2t 放后舱。这样在南京、青岛都可以平衡。②只考虑本站平衡。有时即使混舱还是不能解决问题，这时则只能考虑本站的平衡，确保飞机在本站可以起飞。不过在飞机起飞后应及时拍发装载报，通知外站作好倒舱准备，必要时可以告诉外站货物的特征及最佳调整方法。例如在 A320-214 飞机中，5 舱移动 200kg，重心一般移动 1% MAC，而 3 舱要移动 500kg，才能使重心移动 1% MAC。所以达到同样的效果移动 5 舱要比移动 3 舱来得简单。

在实际配载工作中遇到的联程航班问题还有很多也比较复杂，例如，鲜活货物、超大、轻泡货物的处理等，这些都需要根据实际情况与工作经验灵活解决，但以上的原则是适用的。

资料来源：孙金禄，"联程航班配载工作需要注意的两个问题"，《江苏航空》，2005 年第 1 期。

第六章 运输绩效管理

企业的运输绩效主要体现在一系列运输活动及其结果上,企业的运输绩效管理主要是通过对一系列运输活动或过程的绩效管理实现的。从绩效评价指标方面来看,由于各种企业的运输情况差别较大,要设计一套适用于所有企业绩效评价的通用指标体系不太现实;如果按照运输活动或过程设计指标体系,不同的运输企业或企业运输均可以根据实际情况,有选择地运用这些指标建立绩效评价指标体系。所以,本章所涉及的运输绩效管理主要以运输活动或过程为研究对象。

第一节 运输绩效管理概述

随着经济全球化和信息时代的到来,世界各国企业都面临着越来越激烈的国内和国际市场竞争。为了增强竞争能力和适应能力,不断提高生产效率和改善组织绩效,许多企业在组织结构、经营管理模式等方面进行不断探索和改革。20世纪70年代后期,研究者在原来绩效评价基础上,拓展了绩效的内涵,提出了"绩效管理"的概念。20世纪90年代以来,一些工业发达的国家开展了以绩效管理为核心的管理创新,通过重新审视企业业务流程、组织体制、运行效率和竞争力等问题,不断完善企业绩效管理体系,从而推动了绩效管理在理论上和实践上的发展。随着现代物流的产生与发展,绩效管理的理论在物流运输方面也得以研究和应用,并取得了不小的进展,从而促进了运输绩效管理以及企业整体管理水平的提高。

一、绩效管理的含义及过程

(一)绩效的含义

关于绩效(Performance)的定义,因研究角度和目的不同,目前存在着几种不同的观点。

一种观点认为,绩效是一种结果。Bernardin等人(1995)认为,"绩效应该定义为工作的结果,因为这些工作结果与组织的战略目标、顾客满意感及所投资金的关系最为密切";"在特定的时间里,由特定的工作职能或活动产生的产出记录"。绩效是工作所达到的结果,是一个人或一个组织工作成绩的记录。

另一种观点认为绩效是一种行为。Murphy(1990)给绩效下的定义是:"绩效是与一个人在其中工作的组织或组织单元的目标有关的一组行为。"Campbell(1990)指出:

"绩效是行为,应该与结果区分开,因为结果会受系统因素的影响。"他在 1993 年给绩效下的定义是:"绩效是行为的同义词,它是人们实际的行为表现并能通过观察得到。就定义而言,它只包括与组织目标有关的行动或行为,能够用个人的熟练程度(即贡献水平)来定等级(测量)。绩效是组织雇人来做并需做好的事情。绩效不是行为后果或结果,而是行为本身……绩效由个体控制下的与目标相关的行为组成,不论这些行为是认知的、生理的、心智活动的或人际的。"

还有一种观点认为,绩效是行为和结果。Bmmbrach(1988)认为:"绩效是指行为和结果。行为由从事工作的人表现出来,将工作任务付诸实施。行为不仅仅是结果的工具,其本身也是结果,是为完成工作任务所付出的脑力和体力的结果,并且能与结果分开进行判断。"

在绩效管理的具体实践中,可采用较为宽泛的绩效概念,即绩效是与组织目标有关的活动或行为,同时也是这种活动或行为所获得的结果。这主要是因为,一方面,把绩效定义为产出或结果的观点与人们日常的感受相符合,便于人们理解;同时结果作为绩效在进行绩效衡量时操作性强,有利于明确具体的指标,如生产总量、次品率、销售量等,也容易体现客观性。另一方面,把绩效作为产出或结果的观点也有缺陷:一是在许多情况下,员工的工作结果并不一定是由员工自身的行为产生的,也可能是与工作的人无关的其他因素作用的结果,如营销人员因所在的区域不同而绩效受到较大影响;二是有些组织很难把结果作为衡量绩效的标准,如对于警察、医护人员;三是单纯地追求结果很可能导致员工的一些不当行为,如追求短期利益行为,同事之间互相竞争而不顾及组织整体利益的行为等。

因此,绩效应包括行为和结果两个方面,行为是达到绩效结果的条件之一。就企业来说,绩效可以看做是一种具有特定目标的生产过程或工作行为,也可以看做是该过程或行为产生的具有效益和贡献的产出或业绩,如工作成绩、目标实现、生产量、产值和利润等。

(二)绩效管理的含义

对于任何组织来说,绩效管理是一个管理组织绩效的过程,即围绕组织战略和目标,利用组织结构、技术、事业系统和管理程序等,对一定时期组织的绩效进行管理,从而实现组织目标的过程。就企业组织来看,绩效管理是现代企业的一种新型管理模式,它以绩效为核心,将企业各项业务管理、各个部门管理、公司战略管理、技术创新管理等有机结合在一起,以确保经营者、管理人员、普通员工以及企业各个部门等方面的利益与公司整体战略利益保持一致。

当然,由于组织目标是通过员工实现的,所以组织绩效管理离不开员工绩效管理。员工的绩效管理是通过为员工确定工作目标、过程监控、考核评价以及结果运用等几个环节，对员工绩效实施管理的过程。

无论是组织还是个人，由于其绩效都体现在组织行为或组织活动及其结果上，所以对组织或个人绩效的管理也体现在对组织或个人的活动及其结果的管理中。这说明比较全面的绩效管理系统会涉及组织、个人以及他们相关的活动等各个方面，包括多个方面、多个层次的内容。

（三）绩效管理的过程

在实践过程中，绩效管理是按照一定的步骤实施的，这些步骤可以归纳为四个阶段：准备阶段，实施阶段，反馈阶段和运用阶段。

1. 准备阶段

准备阶段是整个绩效管理过程的开始。这一阶段主要是完成绩效计划的任务，也就是说通过上级和员工的共同讨论，确定出绩效考核目标和绩效考核周期。

绩效考核目标，也叫做绩效目标，是对考核对象的工作任务或工作要求所作出的界定，这是对考核对象进行绩效考核的参照。

绩效考核周期，也叫做绩效考核期限，是指多长时间对考核对象进行一次绩效考核。由于绩效考核需要耗费一定的人力、物力，考核周期若过短，会增加企业管理成本的开支；但是，绩效考核周期过长，又会降低绩效考核的准备性，不利于工作绩效的改进，从而影响绩效管理的效果。因此，在准备阶段，还应当确定恰当的绩效考核周期。

2. 实施阶段

准备阶段之后就是实施阶段，这一阶段主要是完成绩效沟通和绩效考核两项任务。

绩效沟通是指在整个绩效考核周期内，上级就绩效问题持续不断地与员工进行沟通，给予考核目标必要的指导和建议，帮助考核目标实现并确定考核绩效。绩效管理的目的是通过改善考核对象的绩效来提高企业的整体绩效，只有每个考核对象都实现了各自的绩效目标，企业的整体目标才能实现，因此，在确定绩效目标后，管理者还应当帮助考核对象实现这一目标。

绩效考核是指在考核周期结束时，选择相应的考核主体和考核方法，对考核对象完成绩效目标的情况作出考核。

3. 反馈阶段

实施阶段结束以后，接着就是反馈阶段，这一阶段主要是完成绩效反馈的任务，也就是说上级要就绩效考核目标和考核对象沟通，指出其在绩效考核期间存在的问题，并共同制定出绩效改进计划。为了保证绩效改进，还要对绩效改进的执行过程进行跟踪。

4. 运用阶段

绩效管理实施的最后一个阶段是运用阶段，就是说要将绩效考核的结果运用到企业管理中的其他职能中去，从而真正发挥绩效管理的作用，保证绩效管理目的的实现。

绩效考核结果的运用包括两个层次的内容：一是直接根据考核结果作出相关的奖罚决策；二是对绩效考核的结果进行分析，从而为其他职能的实施提供指导或依据。

二、运输绩效管理的概念

运输绩效管理主要是指对运输活动或运输过程的绩效管理。这里的运输活动不仅是运输企业的运输活动，还可以是其他企业的运输活动。运输绩效管理是管理运输活动的整个过程，也就是围绕企业的总战略目标，对一定时期内运输活动的集货、分配、搬运、中转、装卸、分散等环节进行绩效管理，从而实现整个运输活动目标的过程。

对运输活动进行绩效管理，不仅能促进运输活动的优化，节约成本提高经济效益，还能产生不可忽视的社会效益。这是因为在运输绩效管理中引入运输活动对环境污染的程度以及对城市交通的影响程度等因素。鉴于目前对运输项目的社会评价着重于宏观评价，且环境评价的指标过于专业，所以可以更多地从定性的角度对企业具体的运输活动进行评价，如运输活动中是否采用清洁能源的车辆、运输时间是否考虑避开城市交通高峰时段等。

在进行运输绩效评价时，不同的评价方法会对最终的评价结果产生不同的影响，所以，应根据实际情况以及评价目标、评价原则、评价效果和实施费用等方面来确定合理的评价方法。

三、运输绩效管理的特点

作为一般的绩效管理，与其他方面的企业管理相比，有其自身的特点。在企业内部，绩效管理是整个管理系统中的一个子系统，其特点主要表现在以下几方面。

1. 绩效管理的整体性

绩效管理系统的整体性体现在它各个组成部分是作为一个统一的整体存在的。要提高绩效水平，必须实施严格的企业内部管理，必须依靠科学的指标体系进行评价，同时绩效评价结果必须用于绩效的改进。可以说，绩效管理的各个组成部分是相互联系的，离开任何一部分都不能构成绩效管理系统，都无法达到绩效管理的目的。

2. 绩效管理的目的性

绩效管理系统的根本目的是通过对组织绩效因果链中员工绩效的控制实现部门绩效目标，进而实现组织绩效目标。为此，绩效管理所有活动的开展都围绕这一根本目的进行，所有相关的部门组织、个人的工作目标和行为都不能与组织目标相抵触。

3. 绩效管理的环境适应性

绩效管理系统存在于特定的环境中，这个环境中的许多因素会直接或间接地影响组织的各个系统，包括绩效管理系统，并成为其制约条件。首先，这些环境因素指企业内部的客观条件，如工作场所的布局与物理条件（室温、通风、粉尘、噪声、照明等）、任务的特点、目标的特点、工作职责的特点、主管的领导作风、公司的组织结构、企业文化和企业宗旨等。环境因素还包括企业之外的客观环境因素，如社会政治经济状况、市场竞争强度等。绩效管理系统只有与内外部环境保持最佳的适应状态才具有生命力。

4. 绩效管理的动态控制性

从控制论的角度分析，绩效管理是一个控制系统。这一控制系统首先表现为员工、部门、组织绩效因果链中前一环节对后一环节的控制，如绩效评价（因）的效果直接影响到绩效评价结果的运用（果）。在绩效管理中，指标体系的建立以及绩效评价的进行等环节都包含着反馈与前馈的控制过程，这个过程在前后环节之间、评价者与被评价者之间始终处于动态变化之中，绩效管理正是在不断变化的过程中实现的。

物流运输绩效管理与一般的绩效管理一样，具有整体性、目的性、环境适应性、动态性等特点，只是物流运输绩效管理更具有针对性，管理对象更具体，即它主要是对物流运输活动或运输过程进行绩效管理。

四、运输绩效管理的原则

在实施过程中，运输绩效管理要提高其有效性，实现预定目标，需要坚持以下基本原则。

1. 管理结果和管理过程相结合

根据绩效管理的含义，在实施绩效管理时，既要考虑投入（行为或过程），也要考虑产出（结果或业绩）。一定时期内，虽然企业的业绩指标（如产品产量与质量、企业产值和利润、个人工作成果等）特别重要，但是，绩效管理更加深刻的内涵在于过程管理，所以更应该重视组织各项活动的过程，如绩效目标的确定与计划的制定，关键绩效指标的设计、确定和过程管理，绩效考核及其结果的反馈、讨论与改进的过程等。如果仅仅关注活动结果，那么绩效管理会变成单纯的绩效考评。

2. "管理过去"与"管理未来"相结合

绩效的评价和反馈沟通是物流运输绩效管理中最难处理的环节，也就是说，如何对每个环节、每项活动以及对每个部门、每位员工作出客观、公正、准确、科学的评价，如何把绩效考核的结果如实反馈，并使其起到实实在在的激励作用，这是运输绩效评价所面临的重要问题，也是比较困难的问题。但是，如果抓好了绩效评价的过程管理，如企业各级主管领导在各个环节都做到跟踪、监控、落实、指导、帮助、激励和沟通等工作，那么领导与有关部门以及员工双方就可以直面评价的结果，可以坦诚地进行沟通。所以，要扎实地做好运输绩效管理前期每一个环节的工作，以便于为后来的绩效评价和沟通打好基础。

3. 短期目标与长期发展相结合

在运输绩效管理中，如果仅仅关注和追求短期财务指标，追求短期经济效益，或者仅强调管理过程中的某一个方面，就会导致对长远发展战略和核心能力建设关注不足，可能会在整体上妨碍企业实现更远大的目标，如发展战略、客户服务、品牌建设、人才培养等。所以，运输绩效评价在关注短期经济目标的同时，应更多地考虑组织的战略、目标以及文化等。运输绩效管理应充分体现在企业战略重点、企业目标和核心价值观上，使企业的当前利益和长远目标与战略相一致。

4. 个体行为和团队合作相结合

在绩效评价中，往往出现这些现象：部门和个人更加重视绩效的高低，个人岗位责任和部门职责更加分明，但员工之间、部门之间合作的意愿和主动性却降低了；在某些情况下，绩效考核还使部门或团队内的个人差异显现出来；有时，绩效突出的员工反而会受到群体的压力。这些现象对于整体绩效的提高是十分有害的。因此，在实际的运输绩效评价中，应采取措施防止这些现象出现，如在设计绩效指标时，可以将个人职务绩效分为任务绩效和周边绩效或关系绩效。任务绩效是指职务任务的完成情况，是指组织所规定的行为或与履行职责有关的行为。周边绩效是指一种心理和社会关系的人际和意志行为，涉及职责范围外自愿从事的有利于组织和他人的活动，主要分为人际促进和工作奉献两个核心要素。这样就可以有效地促进员工关心团队，多承担一些职务之外的、跨边界的任务，促使个人、团队、企业目标相互融合、和谐发展。

第二节 运输设备绩效管理

一、运输设备管理的内容与任务

1. 运输设备管理的内容

企业运输设备是指企业在进行运输作业活动、实现运输功能过程中所使用的各种装备的总称。它是现代运输企业实现经营目标和生产计划的技术保障和物质基础。

企业的运输设备状况不仅直接影响企业为运输需求者提供的运输量、运输服务质量及作业效率，而且影响企业的运输成本、运送速度、安全生产及运输作业的生产秩序。因此，设备状况的好坏对企业的生存与发展都有着重大影响。搞好企业的设备管理，对提高企业的管理水平和经济效益也有着十分重要的意义。

运输设备管理是以企业生产经营目标为依据，以运输设备为研究对象，追求其寿命周期费用最经济和效能最高为目标，采用一系列理论、方法，如系统动力学、价值工程学、设备磨损及补偿理论、设备可靠性和维修理论、设备检测和诊断方法、综合管理的方法，通过一系列技术、经济组织措施，对运输设备的物质运动和价值运动进行从规划、设计、制造、造型、购置、安装、使用、维护、修理、改造、更新直至报废的全过程的科学管理。

（1）实施系统管理（全过程管理）。这是指以寿命期内的设备为研究对象，只求寿命周期费用最经济为目标的全系统过程管理。

(2) 设备的监测和诊断技术。这是指对设备故障的预报和故障结构进行检查诊断。运用测定技术和信号处理技术，对运行中的设备进行监测和诊断，根据其实际状态进行相应的维修。准确判断故障部位及其原因，以减少维修时间和费用。

(3) 维修技术专业化。组织机械修理的专业化是现代化发展的必然趋势。随着现代技术的应用，使车辆修理由"就车修理"向"总成互换法"过渡，维修技术专业化更强。

(4) 设备的更新改造技术。设备更新与改造是提高生产技术水平的重要途径，也是设备经营决策的内容之一。设备经过长期使用，破损严重、结构落后，必然带来生产效率低、消耗高、产品质量差、各项经济指标不高的结果。有机会进行设备更新改造，对充分发挥老企业作用、提高劳动生产率具有十分重要的意义。

(5) 节约能源。节约能源是设备管理的重要环节，能源的消耗主要是设备。随着现代化能源供应的不足与紧缺，在现代设备管理中，节约能源是设备管理的重大课题。

2. 运输设备管理的任务

企业的运输设备是指为了使运输设备在整个寿命周期的费用达到最经济的程度，对其进行管理的一系列活动的总称。其目的是使运输活动过程中的设备经常处于最佳状态，使其作业效率最高，支付的费用最低，把企业的运输作业活动建立在最佳的物质基础之上。

运输的基本任务就是在提高经济效益的前提下，通过一系列的技术、经济、组织措施，充分发挥设备的效能，不断改善和提高运输技术装备素质，减少设备闲置，避免资源浪费，降低运输损失，提高运输的效率。具体任务主要包括以下几个方面：

(1) 根据技术先进、经济合理原则，正确合理地选择运输设备，为企业运输活动提供最优的技术装备。

(2) 针对各种设施与设备的特点，合理使用、精心维护，并建立健全有关正确使用和维护运输设备的规章制度和管理制度。

(3) 在节省设施与设备管理费用和维修费用的条件下，保证企业的运输设备始终处于良好的技术状态下。

(4) 做好现有设备的挖潜、革新、改造和更新工作，提高运输设备的现代化水平。

(5) 做好企业运输设备的日常管理和维护工作。

二、运输设备绩效指标

(一) 财务指标体系

(1) 燃料消耗指标。燃料消耗是运输费用中的重要支出，评价燃料消耗指标的主要因素有单位实际消耗、燃料消耗定额比。燃料消耗量定额比反映驾驶人员消耗燃料是否合理，促进企业加强对燃料消耗的管理。二者计算公式如下。

$$单位实际油耗 = \frac{报告期实际油耗}{报告期运输吨·千米数 \div 100} \times 100\%$$

$$燃料消耗定额比 = \frac{百千米燃料实耗量}{百千米燃料定额量} \times 100\%$$

（2）单位运输费用。单位运输费用指标可用来评价运输作业效益高低以及综合管理水平。运输费用主要包括：燃料及各种配件的成本、养路费、工资、修理费、折旧费及其他费用支出。货物周转量是运输作业的工作量，它是车辆完成的各种货物的货运量与其相应运输距离乘积之和。

$$单位运输费用 = \frac{运输费用总额}{报告期货物总周转量}$$

（3）运输费用效益。它是指单位运输费用支出额所带来的盈利额。

$$运输费用效益 = \frac{经营盈利额}{运输费用支出额}$$

（4）单车（船）经济收益。它是单车（船）运营收入中扣除成本后的净收益。

$$单车船经济收益 = 单车船运营总收入 - 单车船成本合计$$

上式计算结果若为正值，则说明车辆运营是盈利的；若为负值，则说明车辆运营是亏损的。

（二）非财务指标体系

1. 平均维修时间

平均维修时间 $\overline{t^r}$ 受有效维修时间和故障类型影响。它和故障率有关，可按下式计算：

$$\overline{t^r} = \frac{\sum f_j t_j}{\sum f_j}$$

式中 f_j——故障类型 j 出现的频率；

t_j——修复故障类型 j 所用的平均时间。

2. 平均故障间隔期

平均故障间隔期 $\overline{t^f}$ 是指任意两次故障之间的平均时间。两次连续故障的间隔时间是指前一次故障时间和当前故障发生的时间之差。

这个标准也可以定义为系统正常运行的平均时间。

$$\overline{t^f} = \frac{1}{n} \sum t_j^u$$

式中　t_j^u——第 $j-1$ 次和第 j 次故障之间正常运行时间；
　　　n——故障次数。

3. 设施利用率

它是指盛放设备（汽车、飞机、机车、拖拉机、拖船等）的设施（如飞机场、车站、码头或港口）效率，这个指标衡量的是到达和离开设施之间的时间，也就是通常所说的停靠时间，大多数公司都要检测实际停靠时间和计划停靠时间。

$$停靠时间 = 离开时间 - 到达时间$$

4. 设备利用率

大多数运输设备比较昂贵，设备包括动力和车辆。最大可能地利用设备非常重要，设备利用率高意味着移动物品费用低或设备处理货物时间短。

设备利用率可用几种标准衡量：

$$车辆利用率 = \frac{装载运行时间}{运行总时间}$$

式中　总运行时间——等待时间、装车、卸车时间和实际运行时间。

另外，还可以使用下式计算动力利用率。

$$动力利用率 = \frac{有效牵引时间}{总时间}$$

三、提高设备绩效的措施

（一）合理使用运输设备

设备使用寿命的长短、生产效率的高低，固然取决于设备本身的设计结构特性、制造水平和各种参数，但也在很大程度上受制于设备的使用是否合理、正确。正确使用设备，可以在节省费用的条件下，减少设备的磨损，保持其良好的性能和应用精度，延长设备的使用寿命，充分发挥设备的效率和效益。

（二）定期对设备进行保养和维护

设备在使用过程中，会产生技术状态的不断变化，不可避免地出现磨损、零件松动和声响异常等不正常现象。这些都是运输设备的故障隐患，如果不及时处理并解决，就会造成设备过早磨损，甚至酿成严重事故。因此，只有做好设备的保养与维护工作，及时解除技术状态变化引起的事故隐患，随时改善设备的使用情况，才能保证设备的正常运转，延长其使用寿命。

对运输设备的保养维护应遵循设备自身运动的客观要求。主要内容包括：清洁、润滑、紧固、调整、防腐等。目前，设备的维护保养普遍实行"三级保养制"，即日常保养、一级保养和二级保养。

第三节 运输服务质量绩效管理

一、运输服务质量概述

（一）服务质量的概念

根据葛劳罗斯对服务的深层研究，从狭义来讲，服务质量可以从两个方面来衡量，即服务的技术质量和功能质量。服务的技术质量与服务的产出有关，是指服务的硬件要素，是在服务生产过程和交易双方的接触过程中客户所得到的客观结果；服务的功能质量是指服务态度及员工行为等软件要素，它是在服务生产过程中，通过交易双方接触，客户经历服务过程所产生的感受。服务的技术质量在于客观评估，而功能质量则具有主观色彩，一般很难客观地评定。换句话说，技术质量表示客户得到了什么，而功能质量则表示客户是如何得到这些服务结果的。服务的质量取决于更为基础的四个方面的服务工作质量：服务的设计质量、服务的生产质量、服务的传递质量和客户关系的质量。服务的设计质量主要影响服务的技术质量，服务的生产质量和传递质量则完全决定了服务的技术质量。服务人员和客户之间的关系主要对服务的功能质量产生重要影响，双方越是相互理解和合作，服务质量越好。服务质量的主要目标是追求最好的客户感知质量。

（二）服务质量的衡量

从广义来讲，最终服务质量不是简单地取决于服务的技术质量和功能质量，而是取决于客户对服务的期望质量和体验质量之间的差距。20世纪80年代后期，巴拉苏罗曼、贝瑞、西姆斯三位学者提出了服务质量管理的差距分析模型，并提出从五个角度对服务质量进行衡量，即可靠性、可感知性、应对性、保证性和移情性。提出了有关服务接触理论，指出了服务人员与客户之间的接触对客户整体服务感受的影响。服务企业的管理者应该知道如何利用服务人员和客户双方的"控制欲"、"角色"和"期望"等因素来提高服务质量。

从服务功能质量的主观层面上看，最终服务质量不是简单地取决于服务的技术和功能质量这两个方面，而是取决于客户对服务的期望质量和体验质量两个方面。经验证明，一个企业在执行一个项目时，不仅要重视改进技术质量和功能质量，同时也要注意在对外广告和宣传中作出的对外承诺。如果作出过分的承诺或宣传过分，就会人为地造成客户的过高期望，从而导致企业自己认为不错的质量反而被客户感知得比较低。

根据Gap模型理论，服务企业的管理者应该主要管理和控制的是：

Gap 1：管理者对客户期望与要求的掌握与判断上的差距。

Gap 2：制定的服务标准与管理者对客户期望的掌握与判断之间的差距。

Gap 3：服务的生产与传递和制定的服务标准之间的差距。

Gap 4：市场营销、宣传和承诺与客户真正感受的服务之间的差距。

Gap 5：客户的体验质量与期望质量之间的差距。

要特别注意的是 Gap 5 差距所产生的后果。当客户所经历的服务较多地低于它们所期望的服务时，将会出现严重的质量问题和不良的"口碑"，造成公司形象受损和客户流失的严重后果。当客户所经历的服务接近于或适当地高于他们的期望时，将会产生客户满意等积极效果，进而才会有客户的忠诚。而当客户的体验质量过多地超过他们的期望时，一方面，往往是因为企业付出了过高的不必要的质量成本，这时，质量成本—效益指数将会很低甚至可能是负的；另一方面，过高的感知质量，客户可能认为是不必要的，或者认为价格太高，结果也会产生不良的"口碑"。

影响客户期望质量的因素主要有：市场营销和公关活动在客户脑中形成的主观印象；服务企业的形象和有形展示；客户的口头宣传和口碑；客户对服务需要的迫切程度。

服务质量管理的差距分析模型告诉我们，物流运输企业出现了服务质量问题、客户投诉问题和客户流失时，应该从哪些方面去找原因，以及采用什么方法和措施来缩小各种差距。或者从运输服务的技术质量和功能质量角度入手，或者从自己的对外宣传和服务承诺角度入手，或者从两者同时入手，这也是运输服务企业制定和实施客户感知服务质量战略和策略的基本逻辑框架。

（三）Gap 模型应用举例

1. 缺少客户细分

某些公司向所有客户提供同样水平的服务。这一策略产生于管理者的决策意识，也反映出他们缺乏对客户需求的评估。事实上，不同客户不应获得同样的服务。服务质量分析（Gap）模型如图 6-1 所示。

任何公司都拥有少数能为公司带来相当大收益的客户。事实上，帕雷托法则（即众所周知的 80/20 规则）认为，公司 80% 的利润来自 20% 的客户。

管理者也许愿意做任何事情以取悦这 20% 的客户。但大多数买者属于 80% 的客户范畴，管理者也想取悦这些客户，但是他们购买的数量不够多，管理者不可能保证他们所获得的服务像公司最重要的客户那么多。当公司只提供一种水平的服务时，水平往往要求很高。因此，管理者发现在客户服务上所花费的，远远高于他们的预期。事实上，他们这样做会使公司最重要的客户（占 20% 的客户）深深地感到从公司所获得的价值不够多，这是缺乏客户细分的结果，从而造成了图 6-1 中的 Gap 服务质量问题。

2. 错误使用销售工具

有时，管理者为了提高销售量会承诺更好的客户服务，如更快的发货。但事实上，这些并非公司的客户服务战略。由于公司最终不能或不愿遵守这些承诺，客户对服务的

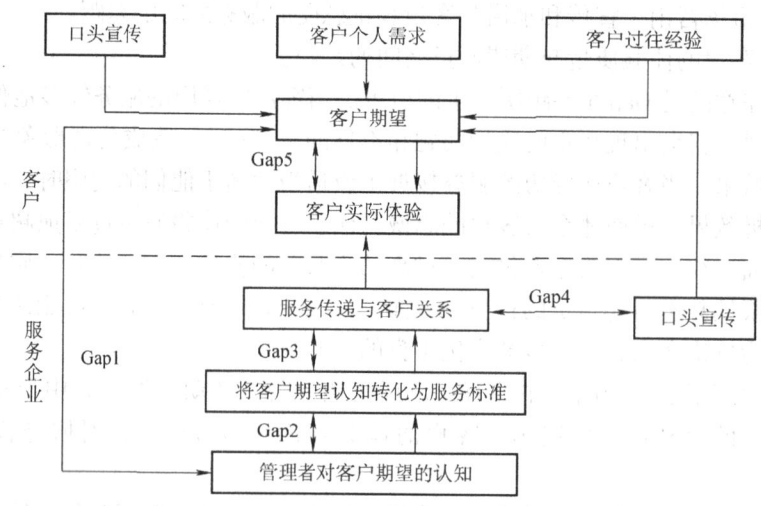

图6-1 服务质量分析（Gap）模型

预期与公司现实所提供的服务不符，最终导致客户不满，造成 Gap4 服务质量问题。

3. 员工

雇用不合格的员工和员工培训不够都会导致较差的客户服务。按照公司客户服务的宗旨，公司必须雇用有能力的员工，并进行全程培训。员工必须知道他们的责任和他们所应采取的举措，以使客户满意。员工还必须全面理解管理者对他们的期望，由此感悟怎样对待客户。

二、运输服务质量的特征

运输服务的质量一般从以下几个方面来衡量：

1. 安全性

安全性关注的是运输中货物的安全问题。在运输中受损或丢失的货物会引起存货或缺货成本的上升，受损的货物不能继续出售，买主（收货人）可能面临停产。为了防止受损货物所引起的存货增加又会导致存货成本的增加。

2. 可靠性

可靠性是指货物送达时间的一致性。可靠一致的集货和配送时间可以使托运人或收货人优化存货水平并使缺货成本最小。不可靠的货物送达时间会导致为了防止缺货情况发生而增加库存水平。这是托运人购买运输服务时考虑的基本因素。

3. 运送时间

运送时间与企业客户的订货周期相关，即在进行订货之后，运送货物需要花费多长时间。

运送时间直接影响存货水平和存货成本。货物运送时间越长，存货水平越高，存货持有时间也越长，它直接影响供应链的存货成本。

货物运送时间越长，潜在的缺货成本越大，就会失去很多销售机会，从而失去了潜在销售利润。较短的货物运送时间减少了潜在的缺货成本。在许多竞争性市场上，强调的是速度越快越好，即所谓"快鱼吃慢鱼"。

4. 可达性

可达性是指运输提供者从特定的起点到终点运送货物的能力。如果一种运输方式在起始点到终点之间不能提供直接的服务，将会导致额外的成本和运送时间。例如，汽车运输方式比铁路、水运、航空运输方式具有更好的可达性。

5. 受理能力

受理能力即承运人提供特殊运输服务的能力。客户有时会对运输设备、设施及通信系统有独特的要求，如对运输温度进行控制；对时间要求严格的货物需要配备实时通信系统以准确控制货物的在途位置和到达时间。另外，出于销售考虑，需要提供进行货物拼装或分装的设备以降低总的运输成本和时间，进而维持或提高产品的市场销售等。

6. 沟通

沟通涵盖了诸如货物追踪、回答客户询问、订货和信息管理等活动。其目的是托运人可以随时知道货物的运输信息。此外，沟通还意味着公司倾听客户心声，发现他们的需要，并且尽力满足。

7. 诚信

诚信说明的是公司要信守向客户作出的承诺。

三、运输服务质量指标

运输质量可以从许多方面进行衡量，这里主要介绍安全性、可靠性、可达性、一票运输率以及意见处理率等指标。

（一）安全性指标

1. 运输损失率

运输过程中的货物损失率有两种表示方式：一种是以货物损失的总价值与所运输货物的总价值进行比较；另一种方式是用运输损失赔偿金额与运输业务收入额反映。前者主要适用于货主企业的运输损失绩效考核，而后者更适用于运输企业或物流企业为货主企业提供运输服务时的货物安全性绩效考核。两者分别计算如下：

$$运输损失率 = \frac{损失货物总价值}{运输货物总价值} \times 100\%$$

$$运输损失率 = \frac{损失赔偿金额}{运输业务收入差额} \times 100\%$$

2. 货损货差率

该指标是指在发运的货物总票数中货损货差的票数所占的比例。

$$货损货差率 = \frac{货损货差票数}{办理发运货物总票数} \times 100\%$$

3. 事故频率

该指标是指单位行程内发生行车安全事故的次数,一般只计大事故和重大事故,它反映车辆运行过程中随时发生或遭遇行车安全事故的概率。

$$事故频率(次/万\,km) = \frac{报告期事故次数}{报告期总运输千米数/10000}$$

4. 安全间隔里程

安全间隔里程是指平均每两次行车安全事故之间车辆安全行驶的里程数,该指标是事故频率的倒数。

$$安全间隔里程(万\,km) = \frac{报告期总运输千米数/10000}{报告期事故次数}$$

5. 一票运输率

货主经一次购票(办理托运手续)后,由企业全程负责,提供货物中转直至将货物送达最终目的地的运输服务,这被称为一票运输。该指标反映了联合运输或一体化服务程度的高低。

$$一票运输率 = \frac{一票运输票号数}{同期总票号数} \times 100\%$$

(二) 顾客服务指标

顾客服务可根据以下三方面衡量:质量、时间和费用。不同行业的质量评价有不同的表示方法,对于制造业,它可以用合格产品率表示;对于运输业可能就是及时完成运货的比率。时间指标主要是指顾客等待时间,在制造业中,时间指标就是交货周期(发出订单和收到货物之间的时间);在医药行业,它就是到达和治疗后离开的时间间隔;在零售业中是得到产品的特定时间。

费用指标主要是指制造或提供服务的单位费用。

1. 服务可靠性

大多数运输公司用这个指标来衡量它们的顾客服务水平。通常是用在一定时间单位内运送货物数量来表示。时间单位可以为天、小时或分钟。例如,在铁路运输中,它用承诺的运送到达时间加减 4h 为衡量标准。

$$服务可靠性 = \frac{在承诺送达时间偏差为\,4h\,内送达的次数}{发送总次数}$$

2. 客户投诉

客户投诉的原因有很多种：货物延迟、没有按时交货、货物损坏或丢失、订单不准确、产品质量差等。

客户投诉指标一般用一段时间内客户投诉次数来衡量。

3. 意见处理率

它反映了对客户信息的及时处理能力，通常采用设置意见箱收集货主意见的办法进行操作。在货主针对运输服务质量问题提出的诸多意见中，企业予以及时查处并给予货主必要的物质或精神补偿，取得满意效果的意见，称为已处理意见。

$$意见处理率 = \frac{已处理意见数}{客户提出意见数} \times 100\%$$

4. 客户满意率

在对货主进行满意率调查中，凡在调查问卷上回答对运输服务感到满意及以上档次的货主，称为满意货主。意见处理率和满意率均可按季度计，必要时也可按月计。前者反映了货主对运输服务性好坏的基本倾向及企业补救力度的大小，后者是对运输服务质量的总体评价。

$$客户满意率 = \frac{满意客户率}{被调查客户数} \times 100\%$$

(三) 可靠性指标

1. 正点运输率

正点运输率是对运输可靠性评价的主要指标，它反映运输工作的质量，可以促进企业做好运输调度管理，采用先进的运输管理技术，保证货物流转的及时性。

$$正点运输率 = \frac{正点营运次数}{营运总次数} \times 100\%$$

2. 及时到达或离开率

大多数运输公司都十分重视此项指标，不同行业不同公司对"及时"有不同的定义。航空业一般以 5min 为衡量标准，而铁路一般以 4h 为标准。

$$及时到达或离开率 = \frac{及时到达或离开次数}{到达或离开总次数}$$

(四) 可达性 (方便性) 指标

由于有些运输方式如铁路、航空等，不能直接把货物运至最终目的地，所以要利用直达性这个标准来评价物流企业提供多式联运服务的能力。尤其是当货物来往于机场、铁路端点站、港口时，直达性就显得尤为重要。

$$货物直达率 = \frac{直达票号数}{同期总票号数} \times 100\%$$

四、提高服务质量的途径

为了提高公司的运输服务质量,管理者必须做以下事情:

（一）理解客户需求

管理者通过调查研究,了解什么服务是客户最看重的,他们为此愿意支付多少货币,这是绝对必要的。管理者利用由此获得的信息,进行成本—效益分析。在这种分析中,可根据客户向公司提供利润的多少对客户进行细分。客户服务策略也就被用来满足特定的需要。例如,公司最重要的买主（即根据利润所排出的前20%）将被列入A类,并向其提供高水平的服务；而B类则包括大量的公司客户（根据利润排列出的中间60%）,其购买量小于A类,对其提供的服务要少一些；最不重要的客户（利润最低的20%）将被列入C类,获得较低水平的服务。管理者应当向客户提供他们所需要的服务,而不必在客户服务是否必要的问题上花费太多精力。

（二）了解服务水平

运输业中,行业法规、员工和客户等的不可控因素能够推翻公司精心设计的计划,所以管理者必须持续获得客户的反馈,以确保服务质量问题可以迅速确认并加以解决。例如,让员工扮演客户角色,可以使他们对买主所获得的客户服务是好还是坏有一个深刻的了解。

（三）培训员工

员工必须理解公司的客户服务战略,从而定位他们在实施这些计划中的角色。客户经常与车辆驾驶者和订单文员或跟单员等一线员工进行服务接触。因此,对于许多客户来说,公司的客户服务是由整个公司的基层人员完成的。员工理解他们在提供客户服务中扮演的关键角色,参加完成他们的任务所必需的技能培训,这是至关重要的。

最上层的管理者必须给予一线员工自由和权力,并采取任何他们认为必要的措施取悦客户。但是,这并不是说不合理的要求将得以满足,员工会了解一定情景下最好的解决办法,并有能力解决不可预见的问题。管理者必须牢记,最优的服务水平应是能够促进公司长期获利的服务水平。

（四）开展全员营销

许多组织正在采用这样一种观点,即客户服务与公司内部相关。也就是说,管理者把收益生产过程中每一阶段的员工作为公司内部"客户"。例如,一个管理订货的员工从销售代表那里获得订货数据；一个仓库管理员工从订货部门收到货单；一个仓库卸货员从分销部门获得货车装运的货箱。换言之,在下一个员工从事工作之前,前一个员工必须令人满意地完成特定的任务。管理者必须使公司内部服务失败的可能性降至最低,因为这些失误可能会增加外部客户不满的可能性。通过满足公司内部客户的需求,这些公司提高了满足最终买主需求的能力。当然,公司内部客户服务系统的性质与向最终消费者提供的服务不同。但是，其意图是相同的，即比竞争者更能满足客户需求，从而实现公司的目标。

第四节 运输绩效评价方法

在进行运输绩效评价时，不同的评价方法会对最终的评价结果产生不同的影响，所以，应根据实际情况以及评价目标、评价原则、评价效果和实施费用等方面来确定合理的评价方法。下面介绍几种综合评价运输绩效的方法。

一、专家评价法

专家评价法是以具有各种专业知识的专家学者的主观判断力为基础，对评价对象作出总的评价的方法。它首先由专家分别对各个具体指标评分，然后通过其他技术方法处理，并给出总的评价。下面简要介绍这些方法。

（一）平均法

这种方法类似于将学生各科成绩的分数总和起来的方法。为了使求和有意义，首先要求所有评价指标的标值必须是同量、同级的；如果不是，就需要规范化。

在所有指标的标值都规范化后，若用 S_i 表示每一个指标的分值，则评价对象的综合分值为 S，即

$$S = \sum_{i=1}^{n} s_i \quad i = 1,2,\cdots,n$$

（二）加权平均法

在进行绩效评价时，当不同指标在评价者（专家）心目中所据的地位、重要性有很大差别时，就不能简单采用平均法，而是用加权平均法。首先，将所有指标放到总的系统评价环境中，权衡它们各自的重要程度，并分别用定量的系数表示出来，这种系数就是数学上经常用的权重系数。为了方便起见，一般常用规范化的权重系数，即用 w_i 表示第 i 个属性的权重系数。w_i 满足下式

$$\sum_{i=1}^{n} w_i = 1 \quad 0 \leq w_i \leq 1, i = 1,2,\cdots,n$$

获得权重系数本身也是一个评价过程，也有一些常用的方法可以参考。有了 w_i 后，用加权加法评分，就可以算出综合评分值 S，即

$$S = \sum_{i=1}^{n} w_i s_i \quad i = 1,2,\cdots,n$$

图 6-2 表示加权加法评分法的例子示意图。图 6-2 中，评价指标体系包括费用、时间、可靠性、效益等方面的指标。每项评价指标与相应的加权值乘积之和就是综合绩效

评价的值。

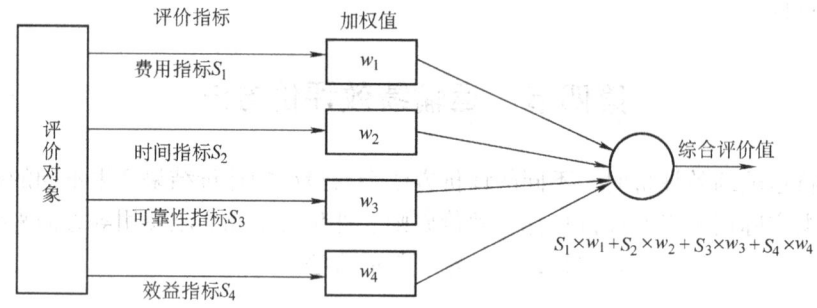

图 6-2 加权加法评价示意图

二、层次分析法

层次分析法（Analytic Hielarchy Process，AHP）是由美国学者 T. L. Saaty 于 20 世纪 70 年代末提出的多层次权重解析方法，是一种定性与定量分析相结合的、多目标结合的决策分析方法。

层次分析法的基本过程：首先，把复杂问题分解成各个组成元素，按支配关系将这些元素分组、分层，其方法是形成有序的递阶层次结构，构造一个各因素之间相互连接的层次结构模型；通常把这些因素按照目标层、准则层和方案层进行自上而下的分类；在此基础上，通过两两比较的方式判断各层次中诸元素的重要性，然后综合这些判断计算单准则排序和层次总排序，从而确定诸元素在决策中的权重，进而对评价对象进行评价。

层次分析法的计算步骤如下：

1. 构造判断矩阵 P

根据层次结构模型每层中各因素的相对重要性，给出判断数值列表，形成判断矩阵。判断矩阵表示对上一层某一因素，本层与之有关因素相对重要性的比较。若 A 层次中因素 A_k 与下层次 B_1，B_2，…，B_n 有联系，则判断矩阵 P 如图 6-3 所示。

A_k	B_1	B_2	B_3	…	B_n
B_1	b_{11}	b_{12}	b_{13}	…	b_{1n}
B_2	b_{21}	b_{22}	b_{23}	…	b_{2n}
⋮	⋮	⋮	⋮		⋮
B_n	b_{n1}	b_{n2}	b_{n3}	…	b_{nn}

图 6-3 层次分析法中的判断矩阵

b_{ij} 是判断矩阵 P 的元素,表示对因素 A_k 而言,B_i 对 B_j 相对重要性的数值。b_{ij} 的取值由专家调查法确定,并用 T. L. Saaty 提出的 1~9 梯度法表示,如表 6-1 所示。

表 6-1 b_{ij} 各梯度值的含义

标度 b_{ij}	定 义	标度 b_{ij}	定 义
1	i 因素与 j 因素同等重要	9	i 因素比 j 因素绝对重要
3	i 因素比 j 因素略重要	2,4,6,8	介于以上两种判断之间的态度
5	i 因素比 j 因素重要	倒数	若 j 因素与 i 因素比较,结果为 $b_{ij}=1/b_{ji}$
7	i 因素比 j 因素重要得多	—	—

2. 层次单排序,得到权重向量

根据判断矩阵,计算本层次与上层某因素有联系的因素的权重值,即计算判断矩阵的最大特征值及对应的特征向量,将特征向量归一化就得到权重各量。

3. 层次单排序一致性检验

最大特征值根为 $\lambda_{\max}$,判断矩阵为 z 阶时,有一致性指标如下:

$$CI = \frac{\lambda_{\max} - n}{n - 1}$$

式中　CI——层次单排序一致性检验指标;

n——判断矩阵的阶数;

$\lambda_{\max}$——判断矩阵的最大特征值。

当判断矩阵的阶数 n 很大时,需引入随机一致性指标进行修正,可从相关数据表中查出。经修正的一致性指标用 CR 表示。即 $CR = CI/RI$,其中 CI 为随机一致性指标。当 $CR \leq 0.10$ 时,排序结果具有满意一致性,否则需调整判断矩阵的元素值。

4. 层次总排序

若上层 A 有 m 个因素,总排序权值为 $a_1, a_2, \cdots, a_m$,本层 B 有 n 个因素;它们对于上一层第 j 个因素的单排序权值为 $b_{1j}, b_{2j}, \cdots, b_{nj}$,则此时因素的总排序权值为:

$$B_i = \sum a_j b_{ij} \quad i = 1, 2, \cdots, n$$

5. 自下而上组合评价

对某个评价对象进行评价时,其评价指标体系的量化评价值等于每个指标的量化值乘以其权重和。

$$S = \sum_{i=1}^{n} B_i x_i \quad i = 1, 2, \cdots, n$$

式中　S——评价对象的总评价值;

B_i——第 i 个指标的权重;

x_i——第 i 个指标的量化值。

层次分析法的优点是在判断目标（因素）结构复杂且缺乏必要数据的情况下，能把其他方法难以量化的评价因素通过两两比较加以量化，把复杂的评价因素简化为一目了然的层次性结构，能有效地确定多因素评价中各因素的相对重要程度，进而进行各种评价。但层次分析法在进行方案的总体评价时，缺乏一个统一的、具体的指标量化方法，因而在实际使用中，人们大多只用它进行指标权重的分析，然后用其他方法进行指标值的量化和归一化计算。

三、模糊综合评价法

在运用层次分析法对运输绩效进行评价时，这种方法要求必须给每项评价指标赋予一个精确的得分，只有这样，才能通过一系列矩阵运算得出每项指标的综合评价得分，并据此最终确定运输绩效评价结果。那么，对于一些具有模糊概念的指标评价体系，由于很难给出精确的评价结果，使得层次分析法在应用方面受到了一定程度的限制。在这种情况下，可以考虑采用模糊综合评价法完成运输绩效的评价。

（一）方法介绍

模糊综合评价法也是一种定性与定量相结合的多目标分析方法。这种方法引入了隶属度的概念，从而解决了层次分析法在运输绩效评价过程中遇到的难题。隶属度就是在运用综合评价指标体系对运输活动进行评价时，可采用离散的或连续的函数形式为所有评价指标的评价结果构建出若干等级，专家们根据运输活动的具体情况给出不同的评价等级，那么专家们在不同评价等级上所确定出的评价结果的比例就是评价对象在该评价指标上的隶属度。

例如，假设对某项评价指标的评价结果或评语设为 5 级：优、良、中、可、劣，或优秀、良好、一般、较差、极差等，现有 N 个专家参与评价，其中认为某评价指标的评价结果可为"优"的专家有 N_1 个，认为"良"的专家有 N_2 个，认为"中"的专家有 N_3 个，认为"可"的专家有 N_4 个，认为"劣"的专家有 N_5 个，这里 $N_1 + N_2 + N_3 + N_4 + N_5 = N$，那么该评价对象在该评价指标 i 上的隶属度为：

$$\gamma_{ij} = (N_1/N, N_2/N, N_3/N, N_4/N, N_5/N)$$

显然，对于有 m 个评价指标，n 级评价结果或评语的评价结果，其模糊评价矩阵为：

$$R = (\gamma_{ij}) \quad i = 1, 2, \cdots, m; j = 1, 2, \cdots, n$$

其中，γ_{ij} 表示评价对象在评价指标 i 上属于评语 j 的隶属度。

由于评价指标体系的建立要遵循定量与定性相结合的原则，所以评价指标体系中难免会出现一些概念模糊、评价结果难以量化的定性评价指标。而模糊综合评价法通过隶属度概念的建立，使参与评价的专家们对各评价对象在各项指标上的评价结果能够以一种类似于分数段的形式表示出来，从而较好地解决综合评价过程中评价结果不易量化的问题。

(二) 模糊综合评价法的应用步骤

1. 确定各指标的权重

在对运输活动进行模糊综合评价时，参与评价的专家要根据对客观事实的经验判断，借鉴层次分析法中有关评价指标权重系数的确定方法，确定出各评价指标的权重系数。假定某评价指标体系中的细分评价指标总共有 m 个，其中第 i 个评价指标的权重系数为 w_i，则 $\sum_{i=1}^{n} w_i = 1$，$w_i \geq 0$，则评价指标体系的权重系数向量为：$A = (W_1, W_2, \cdots, W_m)$。

2. 确定模糊评价矩阵

如前所述，首先规定出所有评价指标评价结果或评语的等级 n；然后，根据参与评价的专家们对每个评价对象所作出的评价结果，确定出运输活动在某评价指标 i 上的隶属度 $\gamma_{ij} = (N_1/N, N_2/N, \cdots, N_n/N)$；最后，确定出评价对象的模糊评价矩阵 $R = (\gamma_{ij})$，其中 $i = 1, 2, \cdots, m$；$j = 1, 2, \cdots, n$。

3. 计算模糊综合评价矩阵

已知各评价指标的权重系数向量 A 及某模糊评价矩阵 R，运用矩阵的乘法运算可计算出其模糊综合评价矩阵 B

$$B = AR = (W_1, W_2, \cdots, W_m) \begin{bmatrix} \gamma_{11} & \gamma_{12} & \cdots & \gamma_{1n} \\ \gamma_{21} & \gamma_{22} & \cdots & \gamma_{2n} \\ \vdots & \vdots & \vdots & \vdots \\ \gamma_{m1} & \gamma_{m2} & \cdots & \gamma_{mn} \end{bmatrix} = (b_1, b_2, \cdots, b_n)$$

4. 最终评价结果与选择

模糊综合评价矩阵 B 中的 b_1，b_2，$\cdots$，b_n 表示了该评价对象处于各等级评语的综合隶属程度，那么根据 b_1，b_2，$\cdots$，b_n 值的大小，可以判断出该评价对象的综合评价结果。例如，设定评价结果或评语的等级为 5，即（优秀、良好、一般、较差、极差），若 b_1，b_2，$\cdots$，b_5 中的 b_2 值最大，则说明该评价对象的最终综合评价结果为良好。

第七章 包装材料与设备

为了降低运输中货物的破损率,应选择合适的包装材料与包装技法对货物进行包装,并最终由包装设备完成包装。因此,如何选用适宜的包装材料、使用包装设备是货物包装与运输中的一个重要技术作业。本章第一节主要介绍包装材料的基本概念,第二节重点介绍木材、纸板、塑料、金属、玻璃和复合材料等包装材料的特点与用途,第三节介绍包装容器的分类与特点,第四节简单介绍主要的包装设备。

第一节 包装材料概述

一、包装材料的定义及分类

1. 包装材料的定义

包装材料是指用于制造包装容器和构成产品包装的材料的总称。包装材料既包括组成运输包装、包装装潢、包装印刷等有关材料和包装辅助材料,如纸、金属、塑料、玻璃、陶瓷、竹木与野生藤类、天然纤维与化学纤维、复合材料等;又包括缓冲材料、涂料、胶粘剂、捆扎和其他辅助材料等。

2. 包装材料的分类

包装材料可以从不同的角度进行分类:

(1) 按材料的来源可分为天然包装材料和加工包装材料。

(2) 按材料和软硬性质可分为硬包装材料、软包装材料和半硬(介于软硬之间)包装材料。

(3) 按材料的材质可分为木材、纸与纸板、塑料、玻璃与陶瓷、金属、复合材料和其他材料。

二、包装材料的性能要求

包装材料的性能涉及许多方面,从现代商品包装所具有的使用价值来看,包装材料应具有以下几个方面的性能。

1. 适当的保护性能

保护性能主要是指保护内装产品。为保证内装产品质量,防止其变质,应根据不同产品对包装的不同要求,应研究适应包装产品所用材料的机械强度、防潮、防水性、耐酸、碱腐蚀性、耐热、耐寒性、透光、透气性、防紫外线穿透性、耐油性、适应气温变化性、无毒、无异味等。

2. 易加工操作

易加工操作主要是指材料根据包装要求，容易加工成容器且易包装、易充填、易封合、效率高而适应自动包装机械操作。对此应研究包装材料的刚性、挺度、光滑度、易开口性、切削钉着性、可塑性、焊接性、可煅性、可粘（缝）性、可涂覆印刷性、防静电性等，以适应大规模工业化生产的需要。

3. 装饰性

外观装饰性能主要是指材料的形、色、纹理的美观性，能产生陈列效果，提高商品档次，满足不同消费者的审美需求和激发消费者的购买欲望。对此应研究包装材料的透明度、表面光泽、印刷适应性、不因带电而吸尘等。

4. 方便使用

方便使用主要是指由材料制作的容器盛装产品后，消费时便于开启包装和取出内装物，便于再封闭而不易破裂等。

5. 节省费用

包装材料应来源广泛、取材方便、成本低廉。节省费用性能主要是指经济合理地使用包装材料，研究节省包装材料费用、包装机械设备费用、劳动费用、包装效率、自身质量及储运等费用。

6. 易回收处理

易回收处理主要是指包装材料要有利于环保，有利于节省资源，对环境无害，尽可能选择绿色包装材料。对此要研究包装废弃物的回收、再利用和再生等。

包装材料的有用性能，一方面来自材料本身的特性，另一方面还来自各种材料的加工技术。随着科学技术的发展，各种新材料、新技术的不断出现，包装材料满足商品包装的有用性能也在不断完善。

三、包装材料的选用原则

商品包装首先考虑的问题是如何选择包装材料。选择包装材料应当同时兼顾到以下三个方面：用选择的材料制成的容器必须保证被包装的产品在经过流通和销售的各个环节之后，最终能质量完好地到达消费者手中；包装材料必须满足包装成本方面的要求，经济可行；选择的材料必须兼顾到生产厂家、运输销售部门和消费者的利益，使得三方面都能接受。

1. 包装材料能有效保存包装物

延长商品的有效保存期，是选择包装材料最重要的目的之一。现代商品的大批量生产，大范围的销售与产品质量的稳定性，都要求延长商品的有效保存期。一般来说，商品的有效保存期与流通期之比为 2:1，也就是说，商品有效保存期的一半是消耗在流通过程中。为了在流通期间产品不发生变质，容器材料的选择很重要。在商品流通过程中，经常会发生气候条件和运输条件的变化，有些地区老鼠与虫害严重，因此有些商品（如粮食和食品）的包装物，应该选用强度和阻隔性能较好的包装材料，以防止老鼠与虫害。

2. 包装材料能适应流通环境

流通环境条件在很大程度上左右着包装材料的选择，它包括流通环境的气候条件、运输方式、运输范围、流通周期四个方面。

就气候条件而言，我国从南到北气候变化很大，冬季温差高达 30℃ 以上，湿度也相差悬殊。商品流通期间，对于包装材料的选用要特别注意包装材料的高温、寒冷适应性以及耐湿性。

就运输方式而言，飞机、火车、汽车、船舶运输以及人工挑运等不同的运输方式对包装材料性能要求不同；水上、陆地、空中运输过程中，除温、湿度情况相差甚大外，物体振动情况大不一样，因此选用包装材料时既要考虑材料耐温、湿度性能，又要考虑材料的强度和可塑性等。

就运输范围而言，不同的国家（或地区）由于其民族的生活习惯及宗教信仰不同，对于商品的包装变化较大，他们有自己的运输和包装法规，如色彩标志、包装材料规格以及检疫法等，因此在选用包装材料时除了要考虑地理因素外，还要考虑国情的不同。

就流通周期而言，不同的商品和不同的流通地区，商品的流通周期是各不相同的。选用包装材料要适应预计流通周期的要求，还要注意流通周期是随季节不同而有所改变的特点。

3. 包装材料能与包装单元相协调

内包装与外包装对于包装物所起的保护作用是各不相同的。某种包装材料用于哪一方面才能充分发挥其包装功能，必须认真加以探讨。

内包装所使用的材料直接与产品相接触，通常采用软包装材料，如塑料薄膜、纸、箔材、布以及复合材料。内包装还具有装潢与缓冲功能，要求适于装潢印刷、表面有光泽、易于机械加工、填装方便、容易封缄等。外包装除了要求有装潢与缓冲作用外，还要能承受运输过程中发生的冲击、撕裂等，常采用硬性包装材料，如瓦楞纸板、塑料、胶合板等。

包装单元由包装物的特性、运输条件、销售的要求等因素决定。常见的三种单元是：以质量为单元的包装、以价格为单元的包装和集合包装。以质量为单元的包装，如工业药品、化肥、粮食、食品等，一般要求包装材料的密度要小，质量要轻；以价格为单元的包装，如服装、玩具、日用品等，一般要求包装材料的费用尽量小；集合包装可以降低流通费用,能使包装负荷均匀化,减少流通过程对包装物的损伤,对内装物与外包装材料的强度要求也可进一步降低。

4. 包装材料与包装物的档次一致

包装物的种类、性质及价格等的不同,对包装材料选择是有很大区别的。

贵重包装物(如精密仪器仪表、高档电器、照相器材、金银首饰等)一般选用性能良好的高档包装材料。主要考虑到能使被包装物得到完好的保护,以确保商品流通时的安全,至于包装材料费和包装作业费就是次要问题了。

一般包装物只要根据其种类、形状大小和质量,着眼于降低包装材料费和包装作业费、方便开箱作业,选用适当的包装规格和包装材料。

普通日用品和盥洗用品多属于低档商品,应当尽量降低包装材料费、包装作业费和运输费用,使消费者感到经济适用、货真价实。这类商品由于要通过市场零售,应设法在外包装上体现出装潢功能和货架陈列功能。为满足特定消费层的需求,应有一些高档商品,虽然它们的质量、功能与低档商品没有什么区别,却在包装上有所不同,给消费者的感觉印象就大不一样,即在单体包装、内包装和外包装的材质与印刷质量方面力求豪华,所采用的包装容器要有厚实感,给人以高级商品的感觉。总之,在包装材料和印刷造型方面,满足不同层次的消费者的心理需求是第一位的。

包装的形态、图案、材料、色彩以及广告,都直接影响商品销售。从包装材料的选用来说主要考虑的因素有:材料的颜色、材料的挺度、材料的透明性以及价格等。不同的颜色会使人产生不同的联想,影响消费者的购买行为。材料的挺度越好,商品的货架陈列效果越佳,顾客看着心里舒服,无形中会给人以美观大方的感觉。包装材料的透明性可以使商品直接做广告,告诉顾客该产品的形状、颜色等。材料的价格对包装物的销售影响很大,对于礼品包装,材料价格高、装饰效果好、保护性好是一般人心里所希望的;但对于顾客自用的商品,其包装材料价格越低越好,这样顾客才会觉得货真价实,少花钱多办事。

第二节 主要包装材料及其特点

一、木材

木材主要是指由树木加工成的木板或片材。木材是一种优良的结构材料,长期以来,一直用于制作运输包装,适用于大型的或较笨重的机械、五金交电、自行车以及怕压、怕摔的仪器和仪表等商品的外包装。近年来,木材虽然有逐步被其他材料所代替的趋向,但仍在一定范围内使用,在包装材料中约占25%左右。包装工业越发达,木制包装在整个包装材料中的比重会越低。

(一) 木材包装材料的特点

木材作为包装材料有以下许多优良的特点：

(1) 木材的资源分布广，便于就地取材。

(2) 木材具有优良的强度/质量比，有一定的弹性，能承受冲击、振动、重压等作用，木制包装是装载大型、重型物品的理想容器。

(3) 木材加工方便，不需要复杂的机械设备，使用简单工具就能制成容器，由于木材钉着性能好，箱内可安装挂钩、螺钉，便于拴挂内装物。

(4) 由于木材的热胀冷缩性比金属小，不生锈、不易被腐蚀，木制包装可盛装化学药剂。

(5) 木材可进一步加工成胶合板，对减轻包装质量、提高材料均匀性、改善外观、扩大应用范围均有很大好处；胶合板包装箱具有耐久和一定的防潮、防湿、抗菌等性能。

(6) 木制包装可以回收、再利用，是很好的绿色包装材料。

但是，木材易于吸收水分、易变形开裂、易腐败、易受白蚁蛀蚀，还常有异味，加工不易实现机械化，价格高，加之树木生长缓慢等因素，在包装上的应用受到一定限制。

(二) 包装木材的分类

包装木材的种类繁多，其用途也各不相同，一般分为天然木材和人造木材两大类，如表 7-1 所示。

表 7-1 包装木材

天然木材		人造木材	
针叶木材	阔叶木材	纤维板	胶合板
红松 落叶松 白松 马尾松	杨木 桦木	纤维板 木丝板 刨花板	三夹板 五夹板

(三) 常用包装木材

(1) 胶合板。用原木旋切成薄木片，经选切、干燥、涂胶后，按木材纹理纵横交错重叠，通过热压机加压而成。其层数均为奇数，有三层、五层、七层乃至更多层。由于胶合板各层按木纹方向相互垂直，使各层的收缩与强度相互弥补，避免了木纹的纵纹和横纹方向差异影响，使胶合板不会发生翘曲与开裂。包装轻工、化工类商品的胶合板，多用酚醛树脂或脲醛树脂作胶粘剂，具有耐久、耐热和抗菌等性能。包装食品的胶合板，多用谷胶或血胶作胶粘剂，具有无臭、无味等特性。

(2) 纤维板。其原料有木质和非木质之分，前者是指木材加工后的下脚料与森林采伐剩余物，后者是指蔗渣、竹、芦苇、稻草、麦秆等。这些原料经过制浆、成型、热压等工序制成的人造板叫做纤维板。纤维板板面宽平，不易裂缝，不易腐朽虫蛀，有较高的压缩强度、弯曲强度和耐水性能，但冲击韧度不如木板与胶合板，适宜于做包装木箱挡板和纤维板桶等。软质纤维板结构疏松，具有保温、隔热、吸声等性能，一般做包装防振衬板用。

二、纸板

纸和纸板作为传统包装材料，发展至今仍是现代包装的重要材料支柱之一。纸属于软性薄片材料，无法形成固定形状的容器，常用来作裹包衬垫和口袋。纸板属于刚性材料，能形成固定形状，常用来制成各种包装容器。以纸和纸板为原料制成的包装，统称为纸制包装。纸制包装应用十分广泛，其产值约占整个包装材料产值的45%左右，不仅用于百货、纺织、五金、电信器材、家用电器等商品的包装，还适用于食品、医药、军工产品的包装。在现代商品包装中，用纸和其他材料复合给商品销售包装增添了异彩；用纸加工制成高强度瓦楞纸板，给运输包装开辟了新路。

（一）纸包装材料的特点

纸和纸板区别于其他包装材料，具有下列特点：

（1）纸和纸板原料充沛，价格低廉，不论以单位面积价格还是单位容积价格，与其他材料相比都是经济的。

（2）纸和纸板具有适宜的坚牢度、耐冲击性和耐摩擦性。

（3）纸和纸板容易达到卫生要求，无毒、无污染。

（4）纸和纸板的成型性和折叠性优良，便于采用各种加工方法，机械加工时能高速连续生产。

（5）纸和纸板作为承印材料，具有良好的印刷性能，印刷的图文信息清晰牢固，便于复制和美化商品。

（6）纸和纸板本身质量轻，能降低运输费用。

（7）纸制包装可回收和再生，废物容易处理，不造成公害，可节约资源。

（8）纸和纸板较容易进一步深加工，适应不同包装的需要。

然而，作为纸制包装材料的纸和纸板有许多致命的弱点，如难于封口，受潮后牢度下降，以及气密性、防潮性、透明性差，易发脆，会翘曲干裂，受外界机械力（如跌落、穿刺、钩搭等）作用易破裂等。

（二）包装用纸材料的分类

纸和纸板是按定量（指单位面积的质量，以每平方米的克数表示）或厚度区分的。凡定量在 $250g/m^2$ 以下或厚度在 $0.1mm$ 以下的统称为纸；定量在 $250g/m^2$ 以上或厚度在 $0.1mm$ 以上的纸称为纸板（有些产品定量虽达 $200\sim250g/m^2$，习惯仍称为纸，如白卡纸、绘图纸等）。

在包装方面，纸主要用做包装商品、制作手袋和印刷装潢商标等；纸板主要用于生产纸箱、纸盒、纸桶等包装容器。

包装用纸的分类如表7-2所示。

表7-2 包装用纸和纸板种类

包装用纸类				包装用纸板类	
1	2	3	4	5	6
普通纸	特种纸	装潢纸	深加工纸	普通纸板	深加工纸板
牛皮纸	保光泽纸	表面浮沉纸	真空镀铝纸	白板纸	瓦楞原纸
玻璃纸	湿强纸	压花纸	防锈纸	黄板纸	瓦楞纸板
中性包装纸	防油脂纸	铜版纸	石蜡纸	箱板纸	
纸袋纸	袋泡茶纸	胶版纸	沥青纸		
羊皮纸	高级伸缩纸				

纸和纸板的规格尺寸（单位为 mm），根据其不同形式有两种要求。

平板纸要求长和宽，其幅面尺寸常见的有 787mm×1092mm，850mm×1168mm，880mm×1230mm。卷筒纸只要求宽，国产卷筒纸主要有1575mm（即2×787），1092mm，880mm，787mm 等规格，长度一般为 6000m。规定纸和纸板的规格尺寸，对于实现纸箱、纸盒及纸桶等纸制包装的标准化和系列化是十分重要的。

一般说来，$250g/m^2$ 以下的纸，以500张为一令，每件一般不超过250kg；$250g/m^2$ 以上的纸板，一件是几令或每令是多少张，则视其纸张的克重而异。卷筒纸每件一般为 250~350kg，最大不超过1t。

（三）常用包装用纸

1. 纸袋纸

纸袋纸分为一号、二号、三号、四号四种，用于制作纸袋，供水泥、化肥、农药等包装用。其要求有高的强度，保证装袋和运输过程中不破损、撕裂度、弯曲强度、透气度适中，韧性大。

2. 牛皮纸

牛皮纸多用于包裹纺织品、用具及各种小商品，以及纸盒的挂面、挂里、裱合瓦楞纸板等。牛皮纸有两个重要的质量指标，即耐破度和施胶度。耐破度按纸张的定量比例增加，纸张越厚，耐破度越大；施胶度随用途而异，但要求都很高。这两项指标对保护包装物的安全关系很大，应予以充分注意。

3. 中性包装纸

中性包装纸不腐蚀金属，主要用于军工产品和其他专用产品的包装。中性包装纸分为包装纸与纸板两种。

4. 普通食品包装纸

普通食品包装纸是一种不经涂蜡加工可直接包装食品的包装纸。它分一号、二号、三号 3 种，有单面光和双面光两种式样，主要为平板纸。

5. 鸡皮纸

鸡皮纸是一种单面光泽度很高和强度较好的包装用纸，分一号、二号两种，主要供工业品和食品包装用。其特点是施胶度和耐折度较好，纸面光泽良好并有油腻感，纤维分布均匀。

6. 羊皮纸

羊皮纸又叫做植物羊皮纸或硫酸纸，是一种半透明的高级包装纸。该纸质地紧密，坚挺而富有弹性，具有高度的抗水和不透水、不透气、不透油等特性，适宜于长期保存的油脂、茶叶及药品的包装。羊皮纸防潮性能好，也适宜于包装精密仪器和机械零件。它作为内包装材料与金属产品接触，会引起黑色金属腐蚀或黄铜制品变色，但对纯铜、电镀锌、镀镉、镀铬等影响甚小。

7. 半透明玻璃纸和玻璃纸

半透明玻璃纸质薄而柔软，双面光亮呈半透明状，具有防油、抗水性和较高的施胶度，但在水湿后会失去强度。半透明玻璃纸主要用于包装不需久藏的油脂、乳类食品和糖果、卷烟、药品等。玻璃纸又叫做透明纸，是一种透明度最高的高级包装用纸，用它包装商品，包装物清晰可见，常用于包装化妆品、药品、糖果、糕点以及针棉织品或开窗包装。

8. 有光纸与胶版纸

有光纸主要用于商品里层包装或衬垫，也可作被糊纸盒之用；胶版纸是专供印刷包装装潢、商标、标签和裱糊纸盒面的双面印刷纸，适宜于多色套印。

9. 防潮纸

防潮纸具有耐水、防潮性，主要有石蜡纸、沥青纸、油纸等。

10. 防锈纸

防锈纸有接触防锈纸和气相防锈纸。

11. 瓦楞原纸

瓦楞原纸纤维组织均匀，厚薄一致，无突出纸面的硬块，纸质坚韧，具有一定耐压、抗张、抗戳穿、耐折叠性能。

12. 箱纸板

箱纸板是专门用于和瓦楞原纸被合后制成瓦楞纸盒或瓦楞纸箱，供日用百货等商品外包装和个别配套的小包装用。

13. 牛皮箱纸板

牛皮箱纸板适用于制造外贸包装纸箱、内销高档商品包装纸箱以及军需物品包装纸箱。

14. 草纸板

草纸板主要用于各式商品内外包装的纸盒或纸箱，也可用做精装书籍等的封面衬垫，用途极为广泛。

15. 单面白纸板

单面白纸板适应于经单面彩色印刷后制盒，供包装用。

16. 茶纸板

茶纸板主要用于机订纸盒和折叠软盒，也可作瓦楞纸盒的面纸，与瓦楞纸被合后制成纸箱，供条装卷烟及其他日用品外包装用。

17. 灰纸板

灰纸板质量低于白纸板而高于茶纸板，主要适用于各种商品的中小包装，即纸盒。

18. 瓦楞纸板

瓦楞纸板是由瓦楞原纸加工而成的，先将瓦楞原纸压成瓦楞状，再用胶粘剂将两面粘上纸板，使纸板中间呈空心结构，瓦楞的波纹宛如一个个连接的小小拱形门，相互并列成一排，互相支撑，形成三角结构体，强而有力，从平面上能承受一定质量的压力，富有弹性、缓冲力强，能起到防震和保护商品的作用。瓦楞形状可分为 U 形、V 形和 UV 形三种，见图 7-1。瓦楞纸板的种类有二层、三层、五层、七层，见图 7-2。

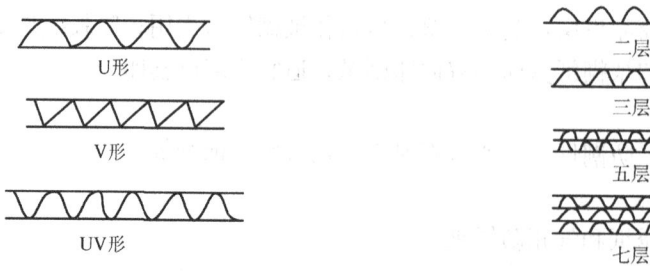

图 7-1　瓦楞形状　　　　图 7-2　瓦楞纸板的层数

世界各国通用的瓦楞纸规格分为 A 型、B 型、C 型和 E 型，见表 7-3。

三、塑料

塑料包装是指各种以塑料为原料制成的包装的总称。塑料是一类多性能、多品种的合成材料；塑料作为新颖别致的包装材料，大大改变了整个商品包装的面貌。

表 7-3 楞槽的种类

种类	每30cm的楞数	楞槽高度/mm	种类	每30cm的楞数	楞槽高度/mm
A 型	34 ± 2	4.5 ~ 5.0	C 型	50 ± 2	2.5 ~ 3.0
B 型	38 ± 2	3.5 ~ 4.0	E 型	96 ± 4	1.2 ~ 2.0

（一）塑料包装材料的特点

塑料包装具备以下几个包装特点：

（1）物理性能优良。塑料具有一定的强度、弹性、抗拉、抗压、抗冲击、抗弯曲、耐折叠、耐摩擦、防潮、气体阻隔等性能。

（2）化学稳定性好。塑料耐酸碱、耐化学药剂、耐油脂、防锈蚀等。

（3）塑料属于轻质材料。塑料密度约为金属的1/5、玻璃的1/2。

（4）塑料加工成型简单多样。塑料可制成薄膜、片材、管材、带材，还可以编织布，用做发泡材料等，其成型方法有吹塑、挤压、注塑、铸塑、真空、发泡、吸塑、热收缩、拉伸等，可创造出适合不同产品需要的新型包装。

（5）塑料有优良的透明性和表面光泽，印刷和装饰性能良好，在传达和美化商品上能取得良好效果。

（6）塑料属于节能材料，价格上具有一定的竞争力。

塑料作为包装材料也有不足之处：强度不如钢铁；耐热性不及玻璃；在外界因素长期作用下易发生老化；有些塑料不是绝对不透气、不透光、不透湿；有些塑料还带有异味，其内部低分子物有可能渗入内装物；塑料还易产生静电，容易弄脏；有些塑料废物处理燃烧时会造成公害。

（二）塑料包装材料的分类

塑料根据组分的性质可分为单组分塑料和多组分塑料。单组分塑料由合成树脂组成，仅含少量辅助物料。多组分塑料以合成树脂为基本成分，含有多种辅助物料。

塑料根据受热加工时的性能特点可分为热塑性塑料和热固性塑料两大类。前者多属软性材料，后者属刚性成型材料。

热塑性塑料加热时可以塑制成型，冷却后固化保持其形状。这种过程能反复进行，即可反复塑制。热塑性塑料的主要品种有聚乙烯、聚丙烯、聚苯乙烯、聚氯乙烯、聚酰胺、聚酯等。包装用的塑料多属于热塑性塑料。

热固性塑料加热时可塑制成一定形状，一旦定型后即成为最终产品，再次加热时也不会软化，温度升高则会引起它的分解破坏，即不能反复塑制。热固性塑料的主要品种有酚醛塑料、脲醛塑料、蜜胺塑料等。

热塑性塑料和热固性塑料的主要特点比较见表 7-4。

表 7-4 热塑性塑料和热固性塑料比较

性能	热塑性塑料	热固性塑料
耐热性	大多数都在150℃时出现热变形	制品受热后，不再熔融，一般耐热150℃
成型效率	可采用注射、挤出、热成型等多种方法加工，效率高，可连续生产	多采用模压、层压成型，效率低
废料利用	成型时没有发生化学变化，原则上废品可回收利用	成型时发生了化学变化，为立体网状结构，废品不能利用
透明度	多数可生产透明制品	几乎全部是不透明或半透明的制品
填充剂	利用的目的是降低成本	利用
增强剂	多不利用	多利用，以提高制品的性能

目前，我国塑料制品主要有七大类：塑料编织袋，塑料周转箱，钙塑箱，塑料打包带、捆扎绳，塑料中空容器，塑料包装薄膜，泡沫塑料。

（三）常用塑料包装

1. 聚乙烯（PE）

聚乙烯是乙烯高分子聚合物的总称，在包装常用塑料中应用最普遍。它分高密度聚乙烯（HDPE）、中密度聚乙烯（MDPE）和低密度聚乙烯（LDPE）三类，见表7-5。

表 7-5 不同密度聚乙烯性能比较

性 能	低密度聚乙烯	中密度聚乙烯	高密度聚乙烯
密度/(g/m³)	0.910~0.925	0.926~0.940	0.941~0.965
结晶度（%）	55~56	70~75	85~90
透明度（%）	0~75	10~80	0~40
透气速率（相对值）	1	1/3	1/3
硬度（洛氏）	D41~D46	D50~D60	D60~D70
冲击韧度（缺口、悬壁梁式）/(kJ/m²)	≤41.16	≤20.58	≤16.67
抗拉强度/MPa	6.87~15.79	8.24~20.03	21.29~37.77
伸长率（%）	90~800	50~600	15~100
结晶熔点/℃	108~126	126~135	126~136
脆化温度/℃	-80~55	49~74	-140~100
热变形温度/℃	38~49		60~82
线型收缩率（%）	1.5~5.0	1.5~5.0	2.0~5.0

通常，高密度聚乙烯可用来制造重包装袋以及塑料成型的各种包装容器，如瓶、

杯、盘、盒等；中密度聚乙烯和低密度聚乙烯多用来生产薄膜，并常与其他材料复合生产各种复合材料；近年又发展了线性低密度聚乙烯（LLDPE），特别适宜制作包装薄膜，其厚度比低密度聚乙烯减薄20%，是一种很有发展前途的塑料包装材料。聚乙烯塑料还可用来生产软管、泡沫塑料及涂层等包装材料。

2. 聚丙烯（PP）

聚丙烯是丙烯的高分子聚合物，可用于制作食品、化工产品、化妆品的各种瓶、杯、盘、盒等容器；还大量用于制造编织袋、打包带；双向拉伸聚丙烯薄膜可用来代替玻璃纸。

3. 聚氯乙烯（PVC）

聚氯乙烯塑料分为软质和硬质两类，软质薄膜多用来制作各种包装袋；硬质的可塑制成各种瓶、杯、盘、盒等包装容器。

4. 聚苯乙烯（PS）

聚苯乙烯塑料属硬质塑料，常用改性聚苯乙烯注塑成各种深杯、盘、盒等容器，也用拉伸聚苯乙烯和泡沫聚乙烯制成浅杯、盒、盘等包装容器，还大量地被用来制造包装用的泡沫缓冲材料。

5. 聚酯（PET）

聚酯塑料常用来吹塑成各种包装瓶，聚酯瓶是相当有发展前途的包装容器，聚酯薄膜经常与聚乙烯、聚丙烯等制成复合薄膜作为冷冻食品及需加热杀菌食品的包装材料。

6. 乙烯—醋酸乙烯共聚物（EVA）

该塑料一般用做包装密封的薄膜材料，也常用来与其他材料共挤形成多层复合材料，如与高密度聚乙烯复合可代替玻璃纸和蜡纸。

7. 聚酰胺（PA）

聚酰胺通常使用的名称是尼龙（Nylon），在包装上主要用于食品的软包装，特别适宜于油腻性食品的包装；也常用于农药、化学试剂等的包装。

8. 聚偏二氯乙烯（PVDC）

该塑料具有非常好的气密性和防潮性，包装上主要用于制作复合薄膜、胶粘剂和涂布材料，以充分发挥其气密性能好的特性。

9. 聚乙烯醇（PVA）

聚乙烯醇主要以薄膜的形式用于食品包装，以充分利用其气密性和保香性能好这一特点。水溶性聚乙烯醇可用于化学药品等的剂量包装。

10. 聚碳酸酯（PC）

聚碳酸酯主要用于电器绝缘材料，包装上主要是制成薄膜或容器而用于食品的包装。

11. 聚氨基甲酸酯（PVP）

该塑料主要用于精密仪器、贵重器械、工艺品等的防震包装或衬垫缓冲材料。

12. 酚醛塑料（PP）

酚醛塑料俗称电木，广泛用做电器绝缘材料，在包装上的应用主要是制作瓶盖、箱盒以及盛装化工产品的耐酸容器。

13. 脲醛塑料（VF）

脲醛塑料俗称电玉，在包装上主要用于制作精致的包装盒，化妆品容器和瓶盖等，在醋酸或100℃沸水中浸泡时，有游离的有毒物质析出，因此不适于包装食品。

14. 蜜胺塑料（MD）

该塑料多用于制作食品容器，也可用于制作精美的食品包装容器。

常用塑料薄膜的特性见表7-6。

表7-6 常用塑料薄膜的特性

主要性能 薄膜种类	强度	透明性	热封性	耐热性	耐寒性	耐油性	气密性	防潮性	印刷性	保香性
低密度聚乙烯	差	良	优	差	良	差	差	良	良	差
中密度聚乙烯	良	良	优	良	良	良	差	良	良	差
高密度聚乙烯	良	差	优	优	良	良	差	良	良	差
聚氯乙烯	良	优	良	差	差	优	优	良	优	优
聚酯	优	优	差	优	优	优	优	良	优	良
未拉伸聚丙烯	良	优	良	良	差	良	差	良	良	差
拉伸聚丙烯	优	优	差	良	良	良	良	良	良	差
聚偏二氯乙烯	良	优	优	良	良	优	优	优	良	优
聚碳酸酯	优	优	差	优	优	良	差	良	良	优
未拉伸聚酰胺	优	良	良	良	优	优	优	差	良	差
拉伸聚酰胺	优	优	差	良	优	优	优	差	优	差
聚乙烯醇	良	优	良	良	良	优	优	差	良	良
拉伸聚苯乙烯	良	优	良	差	优	差	差	差	良	差

四、金属

金属包装材料是传统包装材料之一。我国在金属包装方面居开天辟地之地位，早在春秋战国时期，就采用了青铜制作各种容器，南北朝时期有银作为酒类包装容器的记载。金属包装发展速度快、品种多，以钢和铝合金为主要材料，广泛用于销售包装和运输包装。

（一）金属包装材料的特点

包装所用的金属材料主要是指钢材和铝材，其形式为薄板和金属箔，前者为刚性材料，后者为柔性材料，金属包装具有以下特点：

(1) 金属非常牢固，强度高、碰不碎、不透气、防潮、防光，能有效地保护内装物品，用于食品包装能达到中长期保存，便于储存、携带、运输和装卸。

(2) 金属有良好的延伸性，容易加工成形，制造工艺成熟，能连续化自动生产，其中钢板能镀上锌、锡、铬等，以提高其抗锈能力。

(3) 金属表面有特殊的光泽，是增加包装美观性的重要因素，加上印铁工艺的发展，便于将商品装潢得外表华丽、美观、适销。

(4) 金属易再生利用。

金属材料在包装上的应用受到其成本高、能量消耗大、流通中易产生变形、化学稳定性差、易锈蚀等因素的限制。

（二）金属包装材料的分类

金属种类很多，而包装用的金属材料有两类。

1. 黑色金属

黑色金属类材料包括薄钢板、镀锌薄钢板、镀锡薄钢板。

2. 有色金属

有色金属类材料包括铝板、合金铝板、铝箔、合金铝箔等。

（三）常用金属包装

1. 薄钢板（黑铁皮）

薄钢板是普通低碳钢的一种，尺寸规格一般为 900mm × 1800mm、1000mm × 2000mm、厚度有 0.5mm、1mm、1.25mm、1.5mm 等。它具有较强的塑性与韧性，光滑而柔软，伸长率均匀，无裂纹、无皱纹等。它主要用于制作桶状容器。

2. 镀锌薄钢板（白铁皮）

镀锌薄钢板是在酸洗薄钢板表面上经过热浸镀锌处理，表面镀有一层厚度为 0.02mm 以上的锌保护层，其尺寸规格为 900~1800mm，厚度为 0.44mm~1mm，具有强度高、密封性能好等特点。作包装材料时，主要制作桶状容器，可盛装粉状、浆状和液状商品。

3. 镀锡钢板（马口铁）

镀锡钢板是将薄钢板放在熔融的锡液中热浸或电镀，将其表面镀上锡的保护层。用热浸法生产的镀锡钢板称为热镀锡板；用电镀法生产的镀锡板称为电镀锡板。镀锡钢板主要用于食品包装，如罐头等。

4. 镀铬薄钢板

镀铬薄钢板是在低碳薄钢板上镀铬，通常在无水铬酸为主的溶液中进行。它主要用于腐蚀性较小的啤酒罐、饮料罐及食品罐的底盖等，接缝采用熔焊法和粘结法接合。

5. 铝合金薄板

铝合金薄板是铝镁、铝锰等合金铸造、热轧、冷轧、退火、热处理和矫平等工序制成的薄板，具有轻便、美观、不生锈等优点，包装用于鱼类和肉类罐头。

6. 铝箔

铝箔是由电解铝经压延而成，极富延展性，厚薄均匀，作为包装用铝箔厚度均在0.2mm以下。铝箔从用途上区分有：单独使用的铝箔，与纸、玻璃纸、塑料薄膜等复合使用的铝箔，有在表面着色的铝箔，有表面覆膜的二次加工铝箔。铝箔具有优良的防潮性，保香性强，有金属光泽，反射率强。铝箔主要用于食品包装（如巧克力和口香糖包装）、冰淇淋、果酱、人造奶油等；其次是香烟包装、药品包装；也有用于照相、X射线等感光胶片及机械零件、工具等的包装。

五、玻璃

作为包装材料来说，玻璃具有十分优异的特性，是食品工业、化学工业、医药卫生等常用的主要包装容器材料，在现代物流中占有非常重要的地位。

（一）玻璃包装材料的特点

玻璃包装是食品、医药、化学工业的主要包装容器。玻璃包装容器的优点是：

(1) 化学稳定性好，具有无毒、无味、耐热、耐磨等特性。

(2) 易于密封，气密性好，储存性能好。

(3) 透明，可以从外面观察到盛装物的情况。

(4) 表面光洁，便于消毒灭菌，造型美观，装饰丰富多彩。

(5) 有一定的机械强度，能够承受瓶内压力与运输过程中的外力作用。

(6) 原料分布广、价格低廉、资源利用率高，易于回收和再利用等。

其缺点是质量大（质量与容量比大），脆性大，易碎。近年来采用薄壁轻量与物理化学钢化的新技术，这些缺点已显著改善，因而玻璃包装能够在与塑料、铁听、铁罐的激烈竞争下，产量逐年增加。

（二）玻璃包装材料的分类

常用玻璃包装材料的分类，一般是按照其构成或用途两种方式进行分类。

(1) 根据构成进行分类时，通常以玻璃形成体氧化物为基础，分为硅酸盐玻璃、硼酸盐玻璃、磷酸盐玻璃、铝酸盐玻璃等。

含有两种以上玻璃形成体氧化物时，则以其含量多少分出主次。如硼硅酸盐玻璃，SiO_2 含量多，居第一位，而 B_2O_3 含量较少，居于第二位。铝硼硅酸盐玻璃，SiO_2 含量最多，居第一位；B_2O_3 次之，居于第二位；Al_2O_3 含量少于 B_2O_3，居于第三位。如 Al_2O_3 的含量大于 B_2O_3，小于 SiO_2 时，则应称为硼铝硅酸盐玻璃。在分类时，一价金属与二价金属氧化物，常常不包括在内，但是给出玻璃的全称时，必须加以说明。如钠—钙—硅玻璃（$Na_2O—CaO—SiO_2$），钠—钙—镁—铝—硅玻璃（$Na_2O—CaO—MgO—Al_2O_3—SiO_2$）等。

（2）按照用途和特性进行分类时，玻璃包装材料可分为平板玻璃、瓶罐玻璃、器皿玻璃、医药玻璃、光学玻璃、电真空玻璃、颜色玻璃、乳浊玻璃、微晶玻璃、玻璃纤维等。物流包装玻璃材料，主要为钠—钙—硅玻璃系统，包括瓶罐、器皿、医药、乳浊玻璃等。

（三）常用玻璃包装

玻璃包装品种繁多，从容量为 1ml 的小瓶到十几升的大瓶，从圆形、方形到异形与带柄瓶，从无色透明到琥珀色、绿色、蓝色、黑色的遮光瓶以及不透明的乳浊玻璃瓶等，不胜枚举。

就制造工艺来说，玻璃包装一般分为模制瓶（使用模型制瓶）和管制瓶（用玻璃管制瓶）两大类。模制瓶又分为大口瓶（瓶口直径在 30mm 以上）和小口瓶两类。前者用于盛装粉状、块状和膏状物品，后者用于盛装液体。

按瓶口形式分类，玻璃包装可分为软木塞瓶口、螺纹瓶口、冠盖瓶口、滚压瓶口、磨砂瓶口等。

按使用情况分类，玻璃包装可分为使用一次即废弃的"一次瓶"和多次周转使用的"回收瓶"。

按盛装物分类，可分为酒瓶、饮料瓶、油瓶、罐头瓶、酸瓶、药瓶、试剂瓶、输液瓶、化妆品瓶等。

六、复合材料

材料的复合化是社会科技、经济发展的必然趋势之一。古代就出现了原始型的复合材料，19 世纪末复合材料开始进入工业化生产阶段。20 世纪 60 年代由于高技术的发展，对材料性能的要求日益提高，单质材料很难满足性能的综合要求和高指标要求。复合材料因具有可设计性的特点而受到各发达国家的重视，所以发展很快，开发出许多性能优良的先进复合材料，成为航空、航天工业的首要关键材料。

（一）复合包装材料的特点

复合包装材料的构成、特性和用途如表 7-7 所示。

（二）复合包装材料的分类

复合材料是指由两种或两种以上异质、异形、异性的材料复合形成的新型材料。复合材料一般由基体组元与增强体或功能组元组成。复合材料可经设计，即通过对原材料

表 7-7 复合包装材料的构成、特性和用途

名称（构成）	特 性	用 途
纸/PE	防潮、价廉	饮料、调味品、冰淇淋
玻璃纸/PE	表面光泽好、无静电、阻气、可热合	糖果、粉状饮料
BOPP/PE	防潮、阻气、可热合	饼干、方便面、糖果、冷冻食品
PET/PE	强度高、透明、防潮、阻气	奶粉、化妆品
铝箔/PE	防潮、阻气、防异味透过	药品、巧克力
OPP/CPP	强度高、耐针刺性好、透明、可热合	含骨刺类冷冻食品
LLDPE/LDPE	易封口、强度好	牛奶
PET/镀铝/PE	有金属光泽、抗紫外线	化妆品、装饰品
PET/铝箔/CPP	易封口、耐蒸煮、阻气	蒸煮袋
PET/粘合层/PVDC/粘合层/PP	阻气、易封口、防潮、耐水	肉类食品、奶酪
LDPE/HDPE/EVA	易封口、刚性好	面包、食品
纸/PE/铝箔/PE	保香、防潮、抗紫外线	茶叶、药品、奶粉
取向尼龙/PE/EVA	封口强度高、耐穿刺、阻气	炸土豆片、腌制品

的选择、各组分分布设计和工艺条件的保证等，使原组分材料优点互补，因而呈现出特有的综合性能。

复合材料按性能高低分为常用复合材料和先进复合材料。先进复合材料是以碳、芳纶、陶瓷等高性能增强体与耐高温的高聚物、金属、陶瓷和碳（石墨）等构成的复合材料。这类材料往往用于各种高技术领域中用量少而性能要求高的条件下。

复合材料按用途可分为结构复合材料和功能复合材料。目前结构复合材料在应用领域占绝大多数，而功能复合材料尚处于研发初期，但发展前景广阔。未来将形成结构复合材料与功能复合材料并重的局面，而且功能复合材料更具有与其他功能材料竞争的优势。

结构复合材料主要用做承力和次承力结构，要求质量轻、强度和刚度高，且能耐受一定温度，在某种环境中还要求膨胀系数小、绝热性能好或耐介质腐蚀等其他性能。

结构复合材料基本上由增强体与基体组成。增强体承担结构使用中的各种载荷，基体则起到粘接增强体，予以赋形并传递应力和增韧的作用。复合材料所用基体主要是有机聚合物，也有少量金属、陶瓷、水泥及碳（石墨）等。

（三）常用复合材料包装

为了使包装材料适应现代物流发展的需要，除了对原有包装进行多方面的改进

外，一个重要的发展方向就是多种复合技术，即设法将几种材料复合在一起，使其兼具不同材料的优良性能。从实用的角度划分，当今使用的复合包装材料主要有以下几类。

1. 防腐复合包装材料

这是可以解决铁及某些非铁制品的防腐难题的复合包装材料。这种复合材料的外层是一种包装用牛皮纸，其中一层是涂蜡的牛皮纸，另有两层含蜡或沥青涂膜，并加进适量防腐剂，防腐剂能够有控制地从涂层中挥发出来，从而附着在被包装金属物表面，形成一层看不见的薄膜，在任何条件下都可保护内装金属物，防止被腐蚀。

2. 耐油复合包装材料

耐油型复合材料的商品名为"赛盖派克"，它克服了普通材料包装食品，特别是肉类商品时会紧贴在食品上，或在表面结成硬皮的缺点。这种材料由双层复合膜组成，外层是具有特殊结构和性质的高密度聚乙烯薄膜，里层是半透明塑料，具有薄而坚固的特点，完全无毒，可以直接接触食品。用双层叠加膜包装食品，可以保持食品原有的色、香、味。由于它不渗透油脂和肉类食品的血渍，且不会粘着在食品上，所以应用面很广。

3. 替代纸的包装材料

这是一类用于填充、缓冲、衬垫，并可独立使用的复合包装材料，多是树脂类塑料的衍生物，一般作为纸和纸板的代用品。它的主要优点是可通过热加工成型工艺来压制出各种适用于不同商品形状的专用包装材料，可提高包装作业效率和包装材料使用效率，并可印刷和折叠，比纸和纸板结实、耐用，防潮性能极好，可以热封合，没有纤维方向，尺寸稳定。作独立包装物时，它易于印刷各种图案加以装饰。

4. 特殊复合包装材料

这主要是一类专用的食品包装材料，可使食品的保存期增加数倍，材料无毒，是用明胶与马铃薯淀粉及食用盐等材料复合而成的，有人造"果皮"之称，可用于储存蔬菜、水果、干酪和鸡蛋。

5. 防蛀复合包装材料

这是一种防蛀虫的胶粘剂，用在包装食品的复合包装材料中可使被包装的食品长期保存不生蛀虫。但这种胶粘剂有毒，不可直接用于食品包装。

6. 防滑复合包装材料

这是用于化肥、水泥及各种重物的包装袋，为方便堆码一般要求包装物外层粗糙，摩擦系数小，而内层要光洁，方便使用，并要考虑到包装物的承重能力。这类包装材料至少要两层或两层以上薄膜复合而成。

另外，大多包装用复合材料都具有气体和潮湿隔绝性能。

第三节 包 装 容 器

商品销售包装和商品运输包装选用的重要内容之一是如何选用包装容器。包装容器是指为销售、储存或运输而使用的盛装包装物,是包装材料和造型结合的产物。它们在满足包装的盛装、保护等功能方面各具特点,必须根据实际需要合理地加以选用。

一、包装袋

包装袋是柔性包装中的重要技术,包装袋材料是挠性材料,有较高的韧性、抗拉强度和耐磨性。一般包装袋结构是筒管状结构,一端预先封死,在包装结束后再封装另一端,包装操作一般采用充填操作。包装袋广泛适用于运输包装、商业包装、内装、外装,因而使用较为广泛。包装袋一般分成下述三种类型:

1. 集装袋

这是一种大容积的运输包装袋,盛装重量在 1t 以上。集装袋的顶部一般装有金属吊架或吊环等,便于铲车或起重机的吊装、搬运。卸货时可打开袋底的卸货孔,即行卸货,非常方便。集装袋适于装运颗粒状、粉状的货物。

集装袋一般多用聚丙烯、聚乙烯等聚酯纤维纺织而成。由于集装袋装卸货物、搬运都很方便,装卸效率明显提高,近年来发展很快。

2. 一般运输包装袋

这类包装袋的盛装重量是 0.5~100kg,大部分是由植物纤维或合成树脂纤维纺织而成的织物袋,或者由几层挠性材料构成的多层材料包装袋。例如,麻袋、草袋、水泥袋等。这类包装袋主要包装粉状、粒状和个体小的货物。

3. 小型包装袋(或称普通包装袋)

这类包装袋盛装重量较少,通常用单层材料或双层材料制成。对某些具有特殊要求的包装袋也有用多层不同材料复合而成。这类包装袋的包装范围较广,液状、粉状、块状和异型物等都可采用这种包装。

上述几种包装袋中,集装袋适于运输包装;一般运输包装袋适于外包装及运输包装;小型包装袋适于内装、个装及商业包装。

二、包装盒

包装盒是介于刚性和柔性包装两者之间的包装技术。其包装材料有一定挠性,不易变形,有较高的抗压强度,刚性高于袋装材料。包装结构是规则几何形状的立方体,也可裁制成其他形状,如圆盒状、尖角状,一般容量较小,有开闭装置。其包装操作一般采用码入或装填,然后将开闭装置闭合。包装盒整体强度不大,包装量也不大,不适合做运输包装,适合做商业包装、内包装,适合包装块状及各种异形物品。

三、包装箱

包装箱是刚性包装技术中的重要一类。包装材料为刚性或半刚性材料，有较高强度且不易变形。包装结构和包装盒相同，只是容积、外形都大于包装盒，两者通常以 10L 为分界。其包装操作主要为码放，然后将开闭装置闭合或将一端固定封死。包装箱整体强度较高，抗变形能力强，包装量也较大，适合做运输包装、外包装，包装范围较广，主要用于固体杂货包装。包装箱主要有以下几种类型：

1. 瓦楞纸箱

瓦楞纸箱是用瓦楞纸板制成的箱形容器。按瓦楞纸箱的外型结构分类，有折叠式瓦楞纸箱、固定式瓦楞纸箱和异形瓦楞纸箱三种。按构成瓦楞纸箱体的材料分类，有瓦楞纸箱和钙塑瓦楞箱。瓦楞纸箱有如下优良特性：

（1）从保护功能来看，瓦楞纸箱的设计可使其具有足够的强度；富有弹性，具有良好的防振缓冲性能；密封性好，能防尘、保护产品清洁卫生等。

（2）从便利功能来看，瓦楞纸箱便于实现装箱自动化；其本身质量轻，便于装卸堆垛；空箱能折叠，体积大大缩小，便于储运等。

（3）从传达功能来看，瓦楞纸箱箱面光洁、印刷美观、标志明显。

（4）从经济合理功能来看，瓦楞纸箱本身价格低，加上它体积质量要比木箱要小要轻，有利于节约运费；经废品回收，还可造纸，节约费用。

在瓦楞纸箱的采用过程中，也产生一些新问题，主要是压缩强度不大和防水性能不好，这两项都会影响瓦楞纸箱的保护功能。

2. 木箱

木箱作为传统的运输包装容器，虽然在很多情况下逐步被瓦楞纸箱所取代，但木箱在某些方面仍有其优越性和不可取代性，加上木箱目前还比较适合我国包装生产和商品流通条件的现状，所以在整个运输包装容器中仍占有一定地位。常见的木箱有以下几种。

（1）木板箱。木板箱一般用做小型运输包装容器，能装载多种性质不同的物品。木板箱作为运输包装容器具有很多优点，例如，有抗碰裂、溃散、戳穿的性能，有较大的耐压强度，能承受较大负荷，制作方便等。但木板箱的箱体较重，体积也较大，其本身没有防水性。

（2）框板箱。框板箱是先由条木与人造板材制成的箱框板，再经钉合装配而成。

（3）框架箱。框架箱是由一定截面的条木构成箱体的骨架，根据需要也可在骨架外面加木板覆盖。这类框架箱有两种形式，无木板覆盖的称为敞开式框架箱，有木板覆盖的称为覆盖式框架箱。框架箱由于有坚固的骨架结构，因此具有较好的抗震和抗扭力，有较大的耐压能力，而且其装载量大。

（4）木桶。木桶分木板桶、胶合板桶和纤维板桶。前者具有透气性好、不渗漏、无味等特点。有的桶内还涂上石蜡或衬白布层，具有防寒、结构严密、隔热、坚固的优点。胶合板桶桶盖与桶底为木板，桶身为胶合板。纤维板桶的结构与用途和胶合板桶相同，具有防潮、耐冲击等特点。

此外，还有适于装质量较轻商品（如茶叶、桃仁）的无钉无档箱及捆板箱、榫接木箱，以及雕刻的木盒、木筒、竹筒等，用于工艺品的销售包装。

3. 塑料箱

塑料箱一般用做小型运输包装容器，其优点是：自重轻，耐蚀性好、可装载多种商品，整体性强，强度和耐用性能满足反复使用的要求，可制成多种色彩以对装载物分类，手握搬运方便，没有木刺，不易伤手。

4. 集装箱

集装箱是由钢材或铝材制成的大容积物流装运设备，从包装角度看，也属一种大型包装箱，可归属于运输包装的类别之中，也是大型反复使用的周转型包装。其特点是：

（1）能反复使用，有足够的强度。

（2）中途转运时不必搬动容器内的货物就可以直接换装。

（3）可以进行快速装卸，并可以从一种运输工具直接方便地换到另一种运输工具。

（4）便于货物的装满和运输。

（5）具有 $1m^3$ 以上的内容积。

四、包装瓶

包装瓶是瓶颈尺寸有较大差别的小型容器，是刚性包装中的一种，包装材料有较高的抗变形能力，刚性、韧性要求一般也较高，个别包装瓶介于刚性与柔性材料之间，瓶的形状在受外力时虽可发生一定程度变形，外力一旦撤除，仍可恢复原来瓶形。包装瓶结构是瓶颈口径远小于瓶身，且在瓶颈顶部开口；其包装操作是填灌操作，然后将瓶口用瓶盖封闭。包装瓶的包装量一般不大，适合美化装潢，主要做商业包装、内包装使用。包装瓶主要包装液体、粉状货。包装瓶按外形可分为圆瓶、方瓶、高瓶、矮瓶、异形瓶等若干种。瓶口与瓶盖的封盖方式有螺纹式、凸耳式、齿冠式、包封式等。

五、包装罐（筒）

包装罐是罐身各处横截面形状大致相同，罐颈短，罐颈内径比罐身内颈稍小或无罐颈的一种包装容器，是刚性包装的一种。包装材料强度较高，罐体抗变形能力强。包装操作是装填操作，然后将罐口封闭，可作运输包装、外包装，也可作商业包装、内包装用。包装罐（筒）主要有三种：

(1) 小型包装罐。这是典型的罐体，可用金属材料或非金属材料制造，容量不大，一般是做销售包装、内包装，罐体可采用各种方式美化。

(2) 中型包装罐。外型也是典型罐体，容量较大，一般做化工原材料、土特产的外包装，起运输包装作用。

(3) 集装罐。这是一种大型罐体，外形有圆柱形、圆球形、椭球形等，卧式、立式都有。集装罐往往是罐体大而罐颈小，采取灌填式作业，灌入作业和排出作业往往不在同一罐口进行，另设卸货出口。集装罐是典型的运输包装，适合包装液状、粉状及颗粒状货物。

第四节 物流包装设备

物流包装设备是能够部分或全部完成物流包装作业的装备，属企业的固定资本，是物流包装管理的重要范畴。

一、物流包装设备的分类

物流包装设备的分类有多种方式，本节仅以包装设备在物流包装流程中的功能分为四个类别。

1. 包装加工制造设备

这是在包装作业前，用于加工或制造包装材料、包装容器的准备工作的设备，属制造类型设备。包装加工制造设备包括制瓶、制罐设备，以及塑料容器制造等包装物的制造设备，如制瓶设备、模压设备、铸塑设备等。

2. 装潢印刷设备

这是用于包装物外部标识、装饰、说明、警示等的印刷设备。包装印刷设备的范围较广，物流包装作业与管理设备种类和型号比较复杂，如制版设备、印刷设备、印后加工设备等。

3. 物流包装设备

这是完成全部或部分包装作业过程的主导设备，是包装设备的主体，可以分为充填机、封口机和裹包机。

4. 包装辅助设备

物流包装作业中还有一些功能不同的辅助机械设备，这些都是包装作业中不可缺少的设备，如捆扎机、打包机、集装机、拆卸机和堆码机等。

二、主要包装设备

在了解物流包装设备的基础上，结合不同产品相对应的包装类型对主要的物流包装设备进行简单介绍。

1. 充填机

将产品按预定量充填到包装容器内的机器称为充填机。充填液体产品的机器称为灌装机。

（1）容积式充填机。这是将产品按预定容量充填到包装容器内的机器。适合于固体粉料或稠状物体充填的容积式充填机有：量杯式、螺旋式、气流式、柱塞式、计量泵式、插管式和定时式等多种。

（2）称量式充填机。这是将产品按预定质量充填至包装容器内的机器。充填过程中，事先称出预定质量的产品，然后充填到包装容器内。对于易结块或粘滞的产品，如红糖等，可采用在充填过程中产品连同包装容器一起称量的毛重式充填机，如图7-3所示。

（3）计数充填机。这是将产品按预定数目充填至包装容器内的机器。按其计数方法不同，有单件计数与多种计数两类，如图7-4所示。

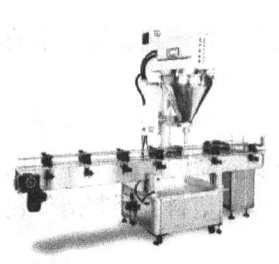

图7-3　称量式充填机

图7-4　计数充填机

2. 封口机

封口机是指将盛有产品的包装容器封口的机器。

（1）热压封口机。热压封口机是用热封合的方法封闭包装容器的机器。封口时被封接面由热板压在一起，待被封接材料在封接温度下充分粘着后，卸压冷却而完成封口操作。这种封口方法主要用于复合膜和塑料杯等。

（2）带封口材料封口机。它的封口不是通过加热，而是通过加载使封口材料变形或变位实现封闭的。常见的带封口材料封口机有压纹封口机、牙膏管封口的折叠式封口机、广口玻璃瓶的滚压封口机，压轮将金属盖与包装容器结合部互相卷曲勾合，以封闭包装容器的机器。带封口材料封口机如图7-5所示。

（3）带封口辅助材料封口机。它采用不同种类封口辅助材料完成包装容器的封口，如图7-6所示。常见的有缝合机、钉书机、胶带封口和粘结封口等。

图7-5　带封口材料封口机

图7-6　带封口辅助材料封口机

3. 裹包机

裹包机是用挠性包装材料完成全部或局部裹包产品的机器。裹包机有覆盖式、折叠式、接缝式、扭结式、底部折叠式、枕式、半裹式、托盘套筒式和缠绕式等。

（1）折叠式裹包机。它是用挠性包装材料裹包产品，并将末端伸出的裹包材料折叠封闭的机器叫做折叠式裹包机，如卷烟、香皂、饼干和口香糖的裹包等。

（2）扭结式裹包机。这种裹包机是将末端伸出的无反弹性的柔性包装材料进行扭结封闭，主要用于糖果的裹包。扭结式裹包机如图7-7所示。

（3）收缩包装机。用具有热缩性的薄膜将产品裹包后再进行加热使薄膜收缩，裹紧产品的机器叫做收缩包装机，具有适用性广、包装性能好、生产效率高、市场销售好等特点，便于自动化生产。收缩包装机如图7-8所示。

图7-7　扭结式裹包机

图7-8　收缩包装机

（4）拉伸裹包机。这种裹包机是使用拉伸薄膜，在一定张力上裹包产品。用于将堆集在托盘或浅盘上的产品连同托盘或浅盘一起裹包。它具有热收缩裹包机的特点，但无须加热，节省能源。拉伸裹包机如图7-9所示。

图7-9 拉伸裹包机

第八章 储运包装技术与方法

本章继续对货物运输中的重要包装技术与方法进行介绍,第一节对货物运输中造成货物破损或质变的原理进行讲解,在随后的五节中分别介绍包装中缓冲、防潮、防霉、防锈与各类危险品包装的技术与方法。

第一节 储运商品概述

商品储运包装是以满足商品运输、装卸、储存需要为目的的包装。它既是保证运输、储存安全的条件,又是提高运输装卸、储存作业效率的物质基础。

为了理解各种包装技术与方法的应用原理,首先介绍一下商品在储运过程中质量变化的形式,分别从物理变化、化学变化、生理生化变化等基本方面阐述。

一、储运商品的物理变化

储运商品的物理变化是指在储运过程中不改变商品本质,也没有新的物质生成,而只改变商品本身的形态。商品的外在形态可分为气态、液态、固态三种,不同形态的商品在一定温度、湿度或压力下,会发生相互变化,称为"三态变化",一般表现形式为原有商品的挥发、溶化、熔化、渗漏以及凝固、干缩等。

1. 挥发

挥发是指液体商品或经液化的气体商品,在储运中液体表面能迅速气化变成气体散发到空气中的现象。液态商品的挥发速度与环境温度的高低、商品本身的沸点、空气的流动速度、液态商品表面接触空气的面积等因素有关。环境温度高、商品本身的沸点低、空气的流动速度快、液态商品表面接触空气的面积大,挥发的速度就快,反之挥发的速度就慢。在储运过程中,由于运输、搬运、装卸、颠簸等使这些变化尤为明显,因此,对沸点低、易挥发的商品应研究采用密封性能强的包装方法进行包装,以防在储运过程中挥发。

2. 溶化

溶化是指某些储运中的固体商品在潮湿空气中能吸收空气中的水分,当吸收水分达到一定程度时,就溶化为液体的现象。溶化是固态变液态的变化形式。有的商品发生溶化现象是由于其具有吸湿性和水溶性两种性能。

具有吸湿性的商品在一定条件下会不断地从空气中吸收水分。如果该商品同时又具有水溶性，则商品与水分接触时，水分子能扩散到商品体中，破坏商品分子中原有的紧密联系，均匀地分散到水溶液里，于是商品逐渐被潮解，以至完全溶化成液体。但是有些商品，如棉花、纸张、硅胶等，虽然它们也有较强的吸湿性，但不具有水溶性，吸收水分再多，它们也不会被溶化，但会对商品的使用性能造成较大损害。还有些商品如硫酸钾、过氯酸钾等虽然具有水溶性，但是由于它们的吸湿性很低，所以并不容易溶化。由此可见，只有同时具有吸湿性和水溶性两种性能的商品，在一定条件下，它们才会被溶化，如日用消费品中的盐、糖等均属此类。

3. 熔化

商品的熔化是指某些商品在储运中受热后发生变软以至变成液体的现象。熔化与溶化相对于外部环境而言，前者主要与温度相关，后者则取决于空气的湿度，而温度、湿度又是储运中最基本的两大环境要素。商品的熔化除受环境温度的影响外，还与商品本身的熔点密切相关。熔点越低，越易熔化；反之越难熔化。因此对易熔化商品的包装，一般应研究采用密封性能好、特别是隔热性能好的包装方法，尽量减少因环境温度升高而影响商品质量。

4. 渗漏

渗漏主要是指储运中的液体商品，特别是易挥发的液体商品由于包装容器密封不良，包装质量不符合包装商品的性能要求，搬运、装卸时过度震动，使包装物受损等，而出现的商品渗漏现象。另外，一些玻璃制品、陶瓷制品、搪瓷制品、铝制品、皮革制品、粉状商品等，在搬运过程中，受到碰、撞、挤压和抛掷等外力的作用，会发生破碎、变形、结块、脱落散开等形态上的变化，致使这类商品的质量降低或完全丧失使用价值。

二、储运商品的化学变化

化学变化是指不仅改变物质的外表形态，而且在变化时生成了其他物质。商品在储运过程中发生化学变化，就是商品质变的过程，严重时会使商品完全丧失使用价值。商品在储运中发生化学变化的形式很多，常见的有化合、分解、水解、氧化、老化等。

1. 化合与分解

商品在储运中受外界条件的影响，会出现两种或两种以上的物质相互作用，生成一种新物质的化合反应。化合反应在正常的商品储运中不多见，这种现象一旦出现将会造成明显的直接经济损失。

分解是指某些化学性质不稳定的商品，在光、热、酸、碱及潮湿空气的影响下，会发生化学变化，由原来的一种物质生成两种或以上的新物质。商品发生分解后不仅数量减少而且质量降低，有时产生的新物质还可能有危害性。

2. 水解

水解是指某些储运商品在一定条件下，遇水而发生分解的现象。水解的实质是分子与水作用而发生复分解反应，如硅酸盐、肥皂等，其水解产物是酸和碱，具有与原成分不同的性质。高分子有机物中的纤维素、蛋白质发生水解，导致链节断裂、强度降低。

3. 氧化

氧化是指储运商品与空气中的氧和其他物质放出的氧接触，发生与氧结合的化学变化。商品的氧化不仅会降低商品的质量，有的还会在氧化过程中产生热量，发生自燃，有的甚至发生爆炸事故。易于氧化的商品很多，如某些化工原料、纤维制品、橡胶制品、油脂类商品等。棉、麻、丝等纤维织品，如长期与日光接触发生的变色现象，就是由于织品的纤维材料被氧化的结果。有些商品在氧化过程中要产生热量，如果热量不易散失，又会加速氧化过程，使温度逐步升高达到自燃点时，就会发生自燃现象。氧化是储运中，特别是库存商品中经常出现的商品损失。

4. 锈蚀与老化

锈蚀与老化是一个相对缓慢的过程，由于运输时间一般较短，这种变化并不明显，它是库存商品中较为常见的现象。

（1）锈蚀。锈蚀是指金属制品特别是铁制品在潮湿空气或酸、碱、盐类物质的影响作用下发生腐蚀的现象。金属制品的锈蚀不仅会使金属制品的重量减少，更为严重的是会影响制品的质量和使用价值。这种现象也普遍发生在金属包装物上。

（2）老化。老化是指某些以有机高分子聚合物为成分的商品，如橡胶、塑料制品及合成纤维织品等，受日光、热和空气中氧等因素的影响，而出现发粘、龟裂、强度降低以至发脆变质的现象。橡胶制品是容易发生老化现象的商品之一，其原因是橡胶分子与氧气化合后破坏了橡胶烃的分子结构。日光、高温、潮湿空气等都会加速橡胶制品的老化过程。

塑料制品发生老化是合成树脂的分子结构发生变化而造成的。如主链断裂、分子量降低，使塑料变软、发粘、机械性能变坏；若分子发生交联，就会使塑料变僵、变脆、丧失弹性和发生龟裂；如分子链的侧基改变，就会使塑料制品出现变形、龟裂以及性能改变等。

合成纤维织品老化是在日光、热和空气中的氧等因素作用下，发生变色、强度降低，甚至逐渐脆化变质。

三、储运商品的生理生化变化

商品的生理生化变化是指有机体商品本身所进行的一系列变化。如粮食、水果、蔬菜、鲜鱼、鲜肉、鲜蛋等商品，在储运过程中，受外界环境的影响，往往会发生各种各样的生理生化变化。

下面分别讲述这些变化中的呼吸、发芽和胚胎发育。

1. 储运商品的呼吸作用

呼吸作用是指有机体商品在生命活动过程中，不断地进行呼吸，分解体内有机物质产生热能，维持其本身的生命活动的现象。呼吸停止就意味着有机商品生命力的丧失。呼吸作用是有机体在氧与酶的参与下进行一系列的氧化过程；被呼吸作用分解的物质称为呼吸基质，基质中最主要的是糖类中的葡萄糖。呼吸作用可分为有氧呼吸和缺氧呼吸两种类型。呼吸作用是导致许多水果、蔬菜类商品在储运中发生损失的主要原因。

2. 储运商品的发芽

有些有机体商品粮食、果蔬等在储运过程中，如果水分、氧气、温度、湿度等条件适宜就可能发芽，使粮食、果蔬的营养物质在酶的作用下转化为可溶性物质，供给有机体本身的需要，从而降低有机体商品的质量。例如，各种粮食发芽都会降低加工成品率和食用价值，马铃薯发芽则会产生有毒物质。同时发芽过程中通常伴随发热生霉，不仅增加损耗，而且降低质量，对粮食种子而言则会丧失播种价值。

3. 储运商品的胚胎发育

这里主要指的是受精后鲜蛋的胚胎发育。鲜蛋在储运过程中如果温度适宜，胚胎往往会发育成为血环蛋，大大降低鲜蛋的质量。为抑制鲜蛋的胚胎发育，要选用合理的运输、储存条件和商品包装材料。

有机体商品除生理生化变化外，还可能被接触到的有害微生物污染，发生霉变、发酵、蛋白质腐败等变化，并可能招致虫蛀，造成商品损毁。霉变是有机体商品容易发生的变化；发酵主要是被酵母菌、乳酸菌、醋酸菌等污染后，使商品发生分解作用；蛋白质腐败主要是由于细菌污染食品而发生蛋白质分解的现象。

四、影响储运商品质量的外因

商品在运输、储存等储运过程中，要与自然环境接触，有时受日光直接照射。由于空气的成分，特别是其中的氧、水蒸气、有害气体、细菌、霉菌等的作用，温度、湿度、气压及日光照射的影响，商品会发生霉腐、虫蛀、锈蚀、老化、溶化、干裂、退色、挥发、燃烧和爆炸等物理、化学、生化变化，使商品的质量下降，甚至报废。因此，必须了解外界因素与商品质量变化的关系。下面分别讲述其中的主要方面。

1. 环境温度、湿度对商品质量的影响

商品中都含有水分，其含水分的多少因商品的组成成分及结构而异。对大多数商品来说，水分是组成商品的必要成分。环境温度、湿度的变化必然引起商品含水量的增减，引起商品质量的变化，引起储存环境中微生物、虫害的生长、繁殖和死亡，所以商品的水分与环境温度、湿度的大小密切相关，是影响储运商品质量最重要、最普遍的外因。

2. 空气和日照对商品质量的影响

在空气中通常有约1/5的氧存在。商品发生化学和生化变化绝大多数与空气中的氧有关,氧是很活跃的气体,能与许多商品直接化合,使商品氧化,不仅降低商品质量,有时还会在氧化过程中产生热量发生自燃,有时还会发生爆炸。

日光也是影响商品变质的一个重要因素,日光中包含各种频率的色光(可见光谱),红外线约占43%,紫外线约占7%。红外线有增热作用,可以增加商品的温度,降低商品的含水量。紫外线对微生物有杀伤作用,大多数细菌只要日光照射1~2h就会死亡,其他微生物光照1~4h多数也会死亡。有些商品在日光的照射下发生剧烈或缓慢的破坏作用,而且还可能发生自燃,引起火灾。

3. 外力对储运商品质量的影响

商品在流通过程中需经过各种运输工具的运输及运输途中的中转、储存、搬运、装卸等,都会使商品受到不同程度的振动、冲击等的影响,而使其质量受损。除此之外,商品在储存运输过程中的层层堆码,使底层商品承载过重,以及商品在装卸、搬运过程中的意外跌落等原因,产生的外力都会损害商品的质量。因此,为了保护商品在流通过程中避免或减轻各种外力的损害,其基本方法之一,就是包装材料与包装技术的选用。

为了减少商品在储运过程中的质量变化,防止商品损耗和变质,就要根据商品质量变化的现象、商品质量变化的规律,研究相应的、科学的包装技术和包装方法,保护商品在储运过程中的安全。

第二节 缓冲包装技术

缓冲包装又叫做防振包装,是为了减缓内装物受到的冲击和振动,保护其免受损坏采取一定防护措施的包装。内装物受到的冲击或振动而产生的损伤主要有两种。

(1) 产品表面受物理作用破坏或某一部位,特别是外侧突缘部位,受到的外力超过本身的强度,产生了变形或破坏。

(2) 产品的原粘接部件受外力作用而脱落,或滑动部件受外力作用,使其固定设施失效,发生滑动、撞击而破坏。

为了防止损伤,就需采用缓冲材料,使外力先作用于缓冲材料上,起到"缓和冲击"的作用。实践中设计一个合理的缓冲包装所考虑的因素范围很大,大致包括产品特性、流通环境、缓冲材料的性能与选择、企业信誉和材料价格等因素。

一、商品在冲击振动作用下的响应

(一) 冲击

冲击造成商品损坏是由于作用商品的冲击力超过了商品自身的强度。冲击一般是包装件从一定高度与地面碰撞或受瞬间外力作用时所受的冲击。内装物受不同方向碰撞也是一种冲击，冲击力大小取决于冲击时的加速度。冲击是在一个极短时间内完成的，往往只有百分之几秒甚至千分之几秒，但运动物体的动量却发生了相当大的变化，因而受到的作用力很大，并同时产生很大的冲击加速度。

商品在冲击状态下所承受的最大加速度与重力加速度之比，称为商品的脆值或易损度，用重力加速度g的倍数G表示，它是缓冲包装设计不可缺少的参数之一。G值一般用试验机或自由落体试验测得。基本方法是将加速度传感器安装在受试制品上，然后逐渐增加作用于试件上的冲击加速度，测出试件损坏前的最大冲击加速度。部分商品的脆值见表8-1。

表8-1　部分商品的脆值

序号	产品名称	脆值G
1	大型电子计算机	10以下
2	高级电子仪器、晶体振荡器、精密测量仪、航空测量仪	15~25
3	大型电子管、变频装置、精密指示仪、电子仪器、大型精密机器	25~40
4	小型电子计算机、现金出纳机、大型通信装置、大型磁带录音机、彩色电视机、一般测量仪器	40~60
5	黑白电视机、磁带录音机、真空泡光学仪、照相机、可移式无线电装置	60~90
6	洗衣机、电冰箱	90~120
7	机械类、小型真空管、一般器材	120以上

作用于商品冲击加速度若超过G值，商品就会由于局部应力集中造成直接性破坏，如变形、弯曲、折断、扭曲、凹瘪、破碎、裂纹等。

汽车在平坦公路上运行，冲击加速度$1g$以下；不平坦公路的，冲击加速度达$1.5~2.5g$；在颠簸、紧急制动、紧急转弯或突然加速与减速、冲击加速度可达$10g$以上。火车车厢在连接碰撞的前后方向冲击加速度最大值为$2.6g$，紧急刹车时可达$3~4g$，上下方向为$2g$，左右方向为$1g$。因此，在一般情况下，运输工具产生的冲击力不至于造成商品破损，但包装件若未充分固定，上述冲击力就可能造成货物倒塌或包装件之间、包装件与壁厢之间的撞击，因而造成破损。

流通过程中因冲击产生的货损，主要发生在装卸搬运环节中货物倒翻和跌落时。装卸中包装件跌落大致有两种情况：一是从人的膝部附近处跌落，高度约$30cm$，G值为35左右；二是从人的肩膀附近处跌落，高度约$120cm$，G值为110左右。采用机械装卸若操作不当，也会使货物翻落。以冲击加速度作为跌落高度的函数，可用下面经验公式计算

$$G = 0.8H + 11$$

即冲击加速度与跌落高度 H 成正比。

(二) 振动

任何包装件（容器—介质—内装物系统）都是一个有弹性和阻尼同时存在的多自由度振动系统。包装系统所产生的振动是由运输工具振动所策动的，属于受迫振动。受迫振动是否发生及其振动大小，取决于包装系统的振动特性。

铁路货车所产生的振动，在运行时和减速时会有所差别，以减速时大。汽车运输时所产生的振动与车型、载重量、行车速度、路面状况，以及包装件在车厢内放置的位置及固定情况等有关。对于船舶运输来说，波浪是引起船舶上下振动和左右摇摆的主要因素，其振动量的大小与包装件处于船舶中的位置、船舶的类型、大小及动力装置所处的位置有关。遇到大风浪，船舶的振动也将加剧。航空运输的振动与飞机的类型和气流条件有关。各种运输工具运行时的振动频率各不相同。

运输工具的振动频率是环境条件的一个重要参数。一般来讲，运输工具振动加速度在 $0 \sim 2g$ 范围内，频率在 100Hz 以内，但振动力是一种多次反复作用的外力，特别是包装系统的固有频率与运输工具振动频率相等或相接近时，内装产品可能因共振而遭到破坏。因此运输中的包装件，在受振动作用后会导致各种不同的破坏。常见的破坏有接触性破坏、疲劳性破坏和破损。

接触性破坏是指商品受到机械性擦伤和表面图案、喷漆的磨损等。

疲劳性破坏是指商品在多次反复外力作用下产生的强度降低、部件移位、出现微裂纹等。

破损是指商品整体或附件因共振而破碎，如玻璃陶瓷的破碎、电子产品机件损伤、金属罐头变形等。

共振是造成破坏的根本原因，因而包装系统振动最重要的参数是系统的固有频率 f_n，即系统作自由振动时的频率。自由振动是指受外力作用后靠系统的弹性力维持的振动，系统的固有频率与包装件重量以及缓冲材料的特性有关。缓冲材料常以衬垫的形式出现于包装系统中，受外力时即产生应变。为避免共振，f_n 不能与运输工具的振动频率相等或相近，这是隔振设计的基本原理，一般要求 $\frac{f}{f_n} > 2.5$。

二、缓冲材料的特性和选择

对于包装件来说，其缓冲材料应包括容器材料、固定材料、连接材料、封接材料等，主要是指容器和产品之间的固定材料，但也不能忽视其他材料的缓冲作用。在包装件中，不同部位的缓冲材料所引起的作用也不尽相同，但其基本作用都是吸收外部的冲击能量，然后在较长时间内缓慢释放，从而达到缓冲的目的。

缓冲材料的基本特性包括：冲击能量吸收性、回弹性、温湿度稳定性、吸湿性、酸碱度（pH 值）、密度、加工性、经济性等。

(1) 冲击能量吸收性。冲击能量吸收性是指缓冲材料吸收冲击能量大小的能力。选择包装材料时，常用硬的材料来吸收大的冲击力，用软的材料来吸收小的冲击力。

(2) 回弹性。回弹性是指缓冲材料变形后，回复原尺寸的能力。通俗地说，把负荷加到缓冲材料上，然后放开时缓冲材料能恢复的程度即回弹性。在缓冲包装中，材料的回弹性使它与包装产品之间保持密切接触。为了使包装件防冲击和防震效果不致显著降低，应选用回弹性好的材料。如果采用回弹性差的材料，在储存或运输过程中发生永久性变形，必然会导致产品与缓冲材料之间或包装容器与缓冲材料之间产生间隙，产品就会在容器中跳动，这是不允许的。

(3) 温湿度稳定性。温湿度稳定性即要求缓冲材料在一定温湿度范围内保持缓冲性能。一般纤维材料中，纤维素材料易受湿度影响，而热塑性塑料易受温度影响，特别是温度低、材料变硬，使所包装产品承受的加速度变大。

(4) 吸湿性。吸湿性大的材料对包装有两个危害，一是降低缓冲性能；二是引起所包装的金属制品生锈和非金属制品的变形变质。纸、木丝等吸湿性强的材料不宜用金属制品的包装；开式微孔泡沫塑料也易吸水，不宜用来包装金属制品；闭式微孔泡沫塑料则适用于金属制品包装。

(5) 酸碱度（pH 值）。酸碱度即要求缓冲材料的水溶物的 pH 值在 6~8 之间，最好为 7，否则在潮湿的条件下，被包装物易被腐蚀。

(6) 密度。对于缓冲材料，无论是成型产品还是块状、薄片状的材料，从其使用状态来看要求其密度尽量低，以减轻包装件的质量。

(7) 加工性。它是指缓冲材料是否有易于成形、易于粘合等加工性能，以及易于进行包装作业的特性。

(8) 经济性。合理地选择缓冲材料的目的是降低流通成本，因此缓冲包装技术应考虑其经济性。材料自身价格固然是重要的一面，但还必须把改变包装的容积及形态对运输储存费的影响等因素也考虑进去。

三、缓冲包装结构和包装方法

缓冲包装结构是指对产品、包装容器、缓冲材料进行系统考虑后，所采用的缓冲固定方式。一个典型的缓冲包装结构有五层：产品（包括内衬）、内包装盒（箱）的缓冲衬垫、内包装盒（箱）、外包装箱内的缓冲衬垫、外包装箱。而一般的缓冲包装结构为三层：产品（包括内衬）、包装箱内缓冲衬垫和包装箱。

缓冲包装方法一般分为全面缓冲、部分缓冲和悬浮式缓冲三类方法。

（一）全面缓冲包装方法

全面缓冲包装是将产品（内装物）的周围空间用缓冲材料衬垫，而对其进行全面保护的一种包装方法，见图8-1。不同的缓冲材料有不同的包装方法。

1. 压缩包装法

用丝状、薄片状或粒状缓冲材料把产品和内包装填塞加固。这样能把材料吸收的冲击振动能量引导到内装物强度最高的部分。这种方法对形状复杂的产品也适用。

2. 浮动包装法

用块状缓冲材料把产品和内包装固定在其中。这种材料在包装箱内可以位移和流动，并利用材料流动来分散内装物所受的冲击力。

3. 裹包包装法

用片状缓冲材料把产品和内包装裹包起来置于外包装箱内。这种方法多用于小件物品。

4. 模盒包装法

通常用聚苯乙烯泡沫塑料预制成与产品形状一样的模盒，将产品固定在其中。这种方法适用于小型轻质产品。

5. 就地发泡包装法

这种方法所采用的设备是盛有异氨酸酯和多元醇的容器及喷枪。使用时，先把两种材料的容器内的温度和压力规定调好，然后再将两种材料混合，用单管道通向喷枪，由喷枪喷出，喷出的化合物在10s后就开始发泡膨胀，不到40s时间即可发泡膨胀到原来体积的100~140倍，形成聚氨酯泡沫体，经过1分钟变成硬性或半硬性的泡沫体。这种泡沫可现场喷入外包装内，能将任何形状的物品包裹住，起到缓冲衬垫作用，见图8-2。

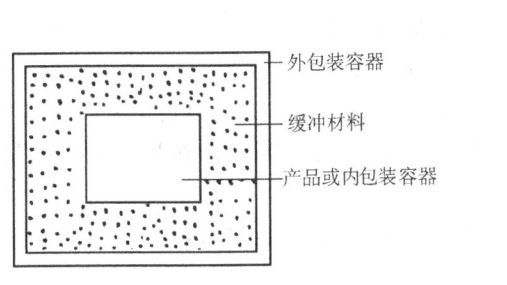

图8-1　全面缓冲包装

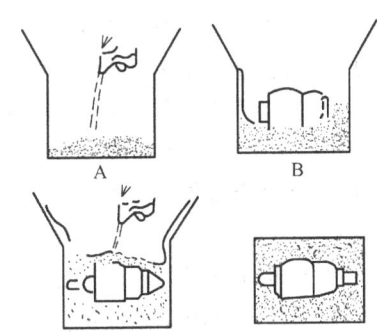

图8-2　就地发泡包装法

（二）部分缓冲包装法

部分缓冲包装是指仅在产品或内包装的拐角或局部使用缓冲材料衬垫。它既能得到较好的效果，又能降低包装成本，适合于包装大量成批生产的产品，如家电产品、仪器仪表等，应用非常广泛。部分缓冲可以有天地盖、左右套、四棱衬垫、八角衬垫（见图 8-3）和侧衬垫（见图 8-4）几种。

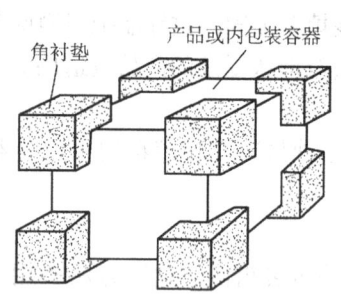

图 8-3　八角衬垫式缓冲包装

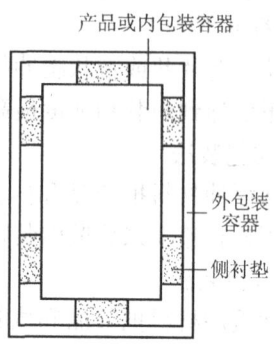

图 8-4　侧衬垫式缓冲包装

（三）悬浮式缓冲包装方法

悬浮式缓冲包装是指先将产品置于纸盒中，产品与纸盒间各面均用柔软的泡沫塑料衬垫妥当，盒外用帆布包紧、缝合，或装入胶合板箱，然后用弹簧张吊在外包装箱内，使其悬浮吊起。这样通过弹簧和泡沫塑料同时起缓冲作用（见图 8-5）。这种方法适用于极易受损，且要求确保安全的产品，如精密机电设备、仪器、仪表等。

在选择具体缓冲包装方法时，往往还需要根据产品的特殊形状、质量、尺寸、大小等情况采用一些特殊处理措施。

（1）在流通过程中外力的作用方向在特定面上，且包装的体积很大时，可以考虑在该方向以外的其他方向上采用简化包装。

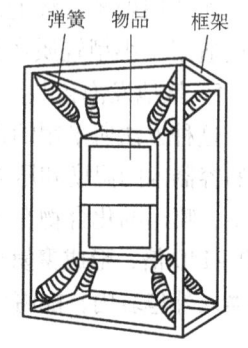

图 8-5　悬浮式缓冲包装

（2）由于产品脆值在不同方向上有很大差异，可对特定方向的材料作适当调整。

（3）对有突出部位的产品，其缓冲材料的厚度计算应从突出部在最外侧到外包装容器的内侧为止。

（4）对形状不同的产品，应装入成型材料中，或用组合的硬格纸板等材料将其支撑牢，然后用缓冲材料予以保护。

（5）当大型产品中的某一部位的脆值比整个产品小时，应该将其卸下来单独包装。

综上所述，各种缓冲包装方法都在最后形成一定的缓冲包装结构和一个整体的缓冲能力来抵抗外部各种作用力的作用。

第三节 防潮包装技术

在商品流通过程中，商品不可避免地要受大气中水蒸气及其变化的影响。大气中的水蒸气是引起商品种种变质情况的重要因素。有些易吸潮的产品如医药品、农药、食盐、食糖等会潮解变质；有些含有水分的果品和食品会因水分散失而变质；还有很多食品、纤维制品、皮革等会受潮变质甚至发霉变质；金属制品受潮而生锈等。

防潮包装就是为防止因潮气影响包装件而影响内装物质量所采取一定防护措施的包装。即采用防潮材料对产品进行包封，以隔绝外部空气相对湿度变化对产品的影响，使得包装内的相对湿度符合产品的要求，从而保护产品质量。

一、防潮包装的原理

潮湿是指空气中所含的水蒸气量超过了正常状态。空气湿度常用水汽压、绝对湿度、饱和湿度、相对湿度、露点等参数表示。相对湿度是指空气中水汽量（绝对湿度）与同温度同体积的饱和水汽量（饱和湿度）的百分比。相对湿度越大，表明空气越接近饱和，空气越潮湿，水分越不易蒸发；反之，空气越干燥，水分越容易蒸发。包装的防潮性能就是防止水蒸气通过，或将水蒸气的通过减少至最小限度的能力。因此包装防潮性就是水蒸气阻隔性。一般气体都有从高浓度区向低浓度区扩散的性质，水蒸气也不例外。当包装材料或容器的某一面所处环境中的水蒸气浓度高（湿度大）时，而另一面的水蒸气浓度低（湿度小）时，水蒸气就将从浓度高的一面向浓度低的一面渗透。一定厚度和密度的包装材料，可以阻隔水蒸气的透入。金属和玻璃的阻隔性最佳；纸板结构松弛，阻隔性较差，但表面涂布防潮材料，就具有防潮性能；塑料薄膜有一定的防潮性能，但它是由无间隙、均匀连续的孔穴组成，这种结构导致空气中形成水蒸气分子溶入塑料孔穴结构，并在孔穴中扩散，造成其透湿特性。透湿强弱与塑料材质有关，特别是加工工艺、密度和厚度不同，其差异甚大。

二、防潮包装的材料与容器

（一）材料的透湿特性

包装材料或容器的防潮性能在很大程度上取决于所采用防潮材料或容器的透湿性能，这种性能通常用透湿度的概念表示。

防潮包装材料的透湿度是指在单位面积上、单位时间内透过水蒸气的质量，其单位为 $g/(m^2 \cdot 24h)$。透湿度的值受测定条件和方法的影响很大，所以应按标准测定。薄膜材料透湿度的测定可按 GB 1037《塑料薄膜和片材透水蒸气性试验方法》进行，容器的透湿度测定按 GB 6981《硬包装容器透湿度试验方法》和 GB 6982《软包装容器透湿度试验方法》进行。表 8-2 是常用柔性防潮包装材料的透湿度。

表 8-2 常用柔性防潮包装材料的透湿度

材料名称	薄膜厚度/mm	透湿度/[g/(m²·24h)]
聚乙烯（PE）	0.03	<25
	0.04	<20
	0.05	<18
	0.06	15
	0.08	11
	0.10	6.2
	0.15	4.2
	0.2	2.2
	0.25	2
聚氯乙烯（PVC）	0.15	23.9
	0.25	21.0
聚氨酯（PU）	0.22	170~200
玻璃纤维增强双层聚乙烯	1.05	10~13
偏氯乙烯	0.03	8~10
丁基胶布	0.45	1.5~2.2
铝塑薄膜	0.39~0.44	0.24~0.5
铝箔	0.007~0.008	<7
	0.008~0.010	<5
	0.010~0	<2.5
	0.015~0.020	<1.5
	0.020~0.025	0

材料或容器的透湿度大，则防潮性能低，透湿度小则防潮性能高，具有一定厚度的金属和玻璃的透湿度可视为零。对于某些多层纸（也是层叠材料）来说情况就不同了，从湿度高和湿度低的不同两面所测出的透湿度不同。这种两个方向透湿度不同的材料，叫做两面性透湿性材料。这种材料的双面或一面的透湿度受材料两侧湿度的影响，采用这种材料叠合时，为使其总透湿度最小，需要把湿度较大的一面置于低湿度一侧。这种两面性透湿材料，对于湿度较高的内装物有非常重要的意义。在内装物湿度较高的情况下，在包装件运输和保存期间，外界气温和湿度会经常发生变化，为防止内装物水分增加，使用这种具有两面性透湿的防潮材料是比较有利的，因为从包装内部向外方向的透湿度比反方向的透湿度大。为了提高包装材料的防潮性能，降低其透湿度，往往采用多层不同种类的材料进行复合，制成复合薄膜。常见复合薄膜的透湿度见表 8-3。

（二）防潮材料与容器

凡具有阻隔潮气功能的材料均可作为防潮包装材料。最常用的是具有一定厚度的各种金属、玻璃、陶瓷、塑料和各种经过处理的木材、纸、棉、麻等传统材料。

表 8-3 常见复合薄膜的透湿度

复合薄膜组成	透湿度/[g/(m²·24h)]
玻璃纸 30g/m²/聚乙烯 20~60μm	12~35.3
防潮玻璃纸/聚乙烯 10~60μm	10.5~18.6
拉伸聚丙烯 18~22μm/聚乙烯 10~70μm	4.3~9.0
聚酯 12μm/聚乙烯 50μm	16.5
聚碳酸酯 20μm 聚乙烯 27μm	12.4
玻璃纸 30g/m²/纸 40g/m²/聚乙烯 20μm	2.0
玻璃纸 30g/m²/纸 70g/m²/聚偏二氯乙烯 20g/m²	<1.0
玻璃纸 30g/m² 铝箔 40/聚乙烯 20μm	0
聚乙烯/铝箔/纤维细布	0
聚乙烯/铝箔/人字玻璃布	0
聚乙烯/铝箔/涤纶	0
聚乙烯/铝箔/亚麻布	0

现代防潮包装中使用了许多的塑料薄膜。

三、防潮包装技术方法

防潮包装技术的选择要根据内装物的形状、性质、防潮要求来确定。

（一）包装等级的选用

选择防潮包装技术的一条重要原则是：既要防止产生不足包装，又要防止产生过分包装。为了使防潮适度，应正确地根据产品性质、储运地区的气候条件和储运期限来区分防潮等级，然后进行合理选用。GB/T 5048—1999《防潮包装》对防潮包装进行了分级，见表 8-4。

表 8-4 防潮包装等级及储运条件

等级	包装储运条件		
	储运期限	气候种类	内装物性质
Ⅰ	1年以上 2年以下	A	贵重、精密、对湿度敏感、易生锈、长霉变质的产品
Ⅱ	半年以上 1年以下	B	较贵重、较精密、对湿度轻度敏感的产品
Ⅲ	半年以下	C	对湿度不甚敏感的产品

在选择包装等级中，应首先分别根据产品的性质、储运环境气候特征和估计需要的储运期限，确定包装等级；然后从确定的三种等级中选择最高的等级作为防潮包装件设计的等级；最后根据所选择的等级来选择防潮阻隔层材料的透湿度及容器。国家标准中推荐优先采用的防潮阻隔材料的等级标准见表 8-5。

表 8-5　包装用防潮阻隔材料的透湿度

防潮包装等级	薄膜/[g/(m²·24h)]	容器/[g/(m²·30d)]
Ⅰ	<2	<5
Ⅱ	<5	<120
Ⅲ	<15	<450

（二）防潮包装类型和方法的选用

对于上述三类防潮包装等级，都可采用不同类型的包装方法来实现。如何选用防潮包装类型和方法，不能仅根据防潮需要这一要素，还需根据其他因素如所要求的销售包装和运输包装形式，所要求的机械强度、封口方法等来通盘考虑，选用保护性、经济性、操作便利性等均较优越的防潮包装类型和方法。可选用的防潮包装类型见表 8-6。

表 8-6　防潮包装类型

类型序号	名称	方法
1	刚性容器密封包装	采用透湿度为零的金属或非金属刚性容器，将干燥的内装物置于容器，将容器口焊封或用盖密封
1.1	加干燥剂密封包装	将干燥的内装物，连同适量干燥剂置于刚性容器内，再将容器口焊封或用盖密封
1.2.1	不加干燥剂的真空包装	将干燥的内装物，装入气密性的刚性容器内，抽出包装体内残留潮湿空气，并加以密封，防止潮湿空气及凝露对内装物的侵蚀影响
1.2.2	不加干燥剂的充气包装	将干燥的被包装物，装入气密性的刚性容器内，抽出包装体内残留潮湿空气，再充入干燥清洁的空气或惰性气体（如氮气），并加以密封以避免潮湿空气对内装物的影响
2	柔性材料容器加干燥剂密封包装	采用低透湿度的柔性材料制成容器，将干燥的被包装物和适量干燥剂置于其中，然后将容器密封，使包装内残留的潮气为干燥剂所吸收，从而保护内装物免受潮气影响
2.1	单层薄膜加干燥剂密封包装	采用的低透湿度的柔性材料为单一薄膜，然后加干燥剂并密封
2.2	复合薄膜加干燥剂密封包装	采用的低透湿度的柔性材料为复合薄膜，然后加干燥剂并密封
2.3	多层密封包装	采用塑料薄膜加干燥剂包装后再用蜡纸包装浸蜡，以提高防潮性或进行其他再次包装
3	复合薄膜真空包装	将干燥的产品装入防透气性、防潮性较好的复合薄膜容器内，然后将容器内的空气抽出并加以密封，使内装物与外界大气隔绝

（续）

类型序号	名称	方法
4	复合薄膜充气包装	将干燥的产品装入防透气性、防潮性较好的复合薄膜制成的软性容器内，再将其内存空气抽出，并置换入等量干燥清洁的空气或氮气、二氧化碳气体，然后给予密封
5	热收缩薄膜包装	采用热收缩薄膜，将干燥产品包装起来，然后通过热空气加热，使薄膜收缩，从而使包装体内部空气压力稍高于外部大气压，外部潮湿大气不易渗入其内部，减少外界潮湿大气的浸蚀作用

在具体进行防潮包装时，应注意以下几点：

（1）产品在包装前必须是清洁干燥的，不清洁处应擦净，不干燥时应进行干燥处理。

（2）防潮阻隔性材料应具有平滑均一性、无针孔、砂眼、气泡及破裂等现象。

（3）当产品在进行防潮包装的同时，尚有防护要求的，则应按防护标准规定的相应措施来加以解决。

（4）产品有尖突部，并可能损伤防潮阻隔层时，应预先采取包扎等保护措施。

（5）为防止在运输途中因震动和冲击有可能使内装物发生移动、摩擦等而损伤防潮阻隔层材料，应使用缓冲衬垫材料予以卡紧、支撑和固定，并应尽量将其放在防潮阻隔层的外部。所用缓冲衬垫材料应采用不吸湿或吸湿性小的，不干燥时应进行干燥处理，对内装物不得有腐蚀及其他损害作用。

（6）应尽量缩小内装物的体积和防潮包装的总表面积，尽可能使包装表面积对体积的比率达到最小。

（7）防潮包装应尽量做到连续操作，一次完成包装，若中间要停顿作业时，则应采取有效的临时防潮保护措施。

（8）包装场所应清洁干燥，温度应不高于35℃，相对湿度不大于75%，温度不应有剧烈变化以避免发生凝露现象。

（9）防潮包装的封口，不论是粘合还是热封合，均须良好地密封。塑料薄膜包装的防潮阻隔层的热焊或粘合封口强度应通过封口性试验。

第四节 防霉包装技术

为了防止内装物霉变影响质量而采取一定防护措施的包装称之为防霉包装。它除了防潮措施外，还需对包装材料进行防霉处理。

产品的发霉变质是由霉菌引起的。霉菌在一定条件下很容易在各种有机物上繁殖生长，具有个体小、繁殖快、对环境适应能力强、易变异等特点，因而广泛分布。霉菌要从产品中吸取营养物质产生霉物，使产品中的有机物产生生物化学变化而分解，由此有的产品会变糟、牢度降低；有的产品长霉后影响外观，还会引起机械、电工、仪器、仪表的机能故障；对有的金属产品还能引起腐蚀的加快。

一、物品霉变机理及影响因素

（一）物品霉变机理

影响产品发霉变质的因素是霉菌的生长繁殖。霉菌是真菌，必须从有机物中摄取营养物质以获取能源。对工农业产品及材料有侵蚀作用的菌种约有4万种，但霉菌的生长与所有的生命体一样，受周围环境的影响。环境适宜，霉菌能迅速地生长繁殖；环境恶劣，霉菌生长繁殖受到抑制或完全停止。霉菌生长繁殖除了需要有一定的温度、湿度、酸碱度（PH值）、氧气等条件外，还需外界提供一定的营养物质。

霉菌生长繁殖最适宜的温度是25～35℃，但个别菌种能在50℃以下和在 -6℃的冷藏肉食上生长。

湿度是霉菌生长的必要条件之一，霉菌孢子只有在较高的湿度条件下，吸收足够的水分后才能萌发，营养物也只有在湿润状态下才能吸收。对于大多数霉菌来说，都生长在相对湿度75%以上的环境中，只有少数耐干的霉菌能在60%～70%的相对湿度下生长。对于一般霉菌来说，空气相对湿度低于65%时，霉菌孢子就趋于不萌发和不生长状态，在该数值以上，湿度越大，霉菌生长得越快。

霉菌还需要在一定的酸碱度环境中才能正常生长，PH值过高或过低都会影响霉菌生长繁殖。一般霉菌在PH值为4～6之间的环境里发育最好。

霉菌与植物一样，具有呼吸作用，即吸收氧气，放出二氧化碳，为生存提供能量。试验表明，霉菌中的青霉、毛霉，在空气中二氧化碳的质量分数达20%时，死亡率就达50%～70%；如空气中二氧化碳的质量分数达50%时，霉菌全部死亡（孢子除外）。

（二）物品霉变的影响因素

防霉包装要能防止其内装产品发霉，必须考察包装和内装产品及所处环境与霉菌生存条件之间的内在联系，即分析影响包装及内装产品发霉的种种因素。按系统观点，这些因素可分为内部因素和外部因素两大类。内部因素主要是指产品和包装及其材料的特性，以包装内微气候条件，如温度、湿度、氧气等。这些因素的差异性及包装时所进行的调整是决定内装产品发霉的内在依据。外部因素是指包装外部环境条件及其影响包装内部因素的程度。

1. 产品和包装及其材料的特点

产品和包装所采用的材料中，有机材料的应用非常广泛，如塑料、橡胶、胶粘剂、涂料、油漆、纸张、木材、棉、麻、丝、毛织品等。这些物质含有能被霉菌直接利用的丰富的营养物，常常导致霉菌滋生。除此以外，一些非有机物如玻璃、金属等本身并不含有能被霉菌直接利用的营养物质，但因在生产、装配、运输、储存过程中受到灰尘、油脂、汗水、昆虫尸体等物质污染，也为霉菌的侵蚀提供了间接条件，在适宜的条件下这些材料表面也有霉菌生长。

2. 包装内的微气候条件

引起产品发霉的包装内微气候条件要素是：温度、湿度和氧气浓度。如果对上述气候条件不加以控制，就会为霉菌提供繁殖的环境。

3. 包装外部环境条件

包装外部环境条件是指包装作业、运输、储存的环境。在包装作业时，如果油渍、灰尘进入产品包装容器内，将给霉菌留下养料。在运输中，运输条件恶劣程度、运输时间长短、装卸状况，以及在储存中库房结构、温湿度条件和库存时间等因素都会对包装的防霉产生影响。

包装外部的大气湿度条件对防霉包装的影响很大，因为外包装材料的含水量直接与大气湿度有关，在一定的湿度和温度条件下，经过一定时间后，各种条件均能达到该条件的平衡含水量。如果材料的含水量过高，就给霉菌的生长提供了条件，使材料长霉变质，但材料含水量过低，也会引起不利于包装的其他保护作用的变质现象如干裂、发脆、变形等。所以包装外部环境的相对湿度最好能保证把包装材料的含水量控制在"安全水分"的范围之内。各种材料的安全水分范围是不同的，如包装用木材的安全水分范围为 12% ~ 15%。

二、防霉包装的原理

为了使产品和包装不利于霉菌的生长，可以选用抗菌性强的材料如金属材料；或改进材料的配方和工艺提高其抗霉性，如塑料中减少有利于霉菌生长的增塑剂、稳定剂等有机物质的用量；或加工时在涂布过程中加入防霉剂，杀死霉菌或抑制霉菌的生长。

特别重要的是，包装本身的发霉会直接影响内装商品的霉变，所以选择抗霉性好的包装材料是很重要的。各种包装材料（包括外包装、内包装和衬垫材料）的抗霉性有很大差异，大致可划分为下列几种类型。

1. 抗霉性较好的材料

它主要指金属材料和钙塑瓦楞纸和箱。金属材料以钢铁和铝为主。金属容器比任何其他材料制成的容器更能耐霉、耐湿、不渗油、不透气、机械强度高，能承受压力和振动，适用于大、中、小型产品的密封（长期封存）包装，小型产品可用马口铁。钙塑瓦楞纸和箱是以聚烯烃树脂为基料，轻质碳酸钙为填料，配以少量助剂，通过压延热粘等成型加工方法制造而成的。钙塑瓦楞箱的防霉性和防潮性均较好，但耐老化性能差，且表面光滑不利于堆垛。

2. 半抗霉性材料

半抗霉性材料大多是一些塑料及其复合材料。塑料品种繁多、性能各异，能适应多方面的要求，适用范围广。在包装中使用较多的是聚乙烯、聚丙烯、聚苯乙烯等热塑型软薄膜、薄片，熔化后通过挤压、吹塑等工艺成型为各种形状的瓶、罐、盒等塑料容器。上述容器多数有可能不同程度地长霉，并因原料和配比量的不同而有所差别。

复合材料是两种或多种不同薄膜材料相层合的包装材料。铝箔和多层塑料复合而成的铝塑复合材料，其阻隔性强，有较好的防霉防潮性能，但铝箔易折裂，出现针孔，性能会降低。另外，塑—纸或铝—塑—布等复合材料含有有机纤维材料，抗霉性差。纺织材料最好经防霉处理，再复合成复合材料。

3. 不抗霉材料

纸、纸板、油毛毡、木材、棉麻纤维织物、绳索等几大类材料都比较容易长霉，属不抗霉材料。由于这些材料均属有机物，经加工后的材料表面往往又涂覆有涂料、油墨、颜色等，使这些材料沾有更丰富的营养物质，如多糖类、蛋白质和油脂等，有利于霉菌的生长。这些材料除非经干燥处理后在密封包装容器中使用，或包装采取防霉措施，否则必需经防霉处理以提高其抗霉性能。

不抗霉的材料进行防霉处理时，最好在材料的生产工艺过程中直接加入防霉剂，制成防霉材料后使用。如果用不抗霉的材料制包装容器，可用下列两种方法进行防霉处理：浸渍或涂刷防霉剂溶液；浸渍或涂刷防霉剂涂料。

防霉剂要具有高效、低毒、使用安全、操作简便等特性；产品及材料防霉处理后，不影响其外观、性质和质量，对产品的金属零件及镀层无腐蚀作用；防霉剂应具有较好的稳定性、耐热性和持久性。

三、防霉包装技术方法

（一）防霉包装等级的选择

GB/T 4768—1995 规定防霉包装分 I、II、III、IV 共 4 个等级（见表 8-7）。分级的标准是以包装件长霉试验结束后，打开包装检查内装产品，根据长霉的情况为依据划分的。

合理选择防霉包装等级的原则：一是满足产品的运销、使用；二是尽量减少费用，经济合理。在具体选择时，应根据产品的使用要求来确定。

表 8-7 防霉包装等级

包装等级	要　求
I 级包装	内外包装材料与包装件表面，按 GB/T 4857.21 进行 28 天霉菌试验，均未发现霉菌生长 I 级包装是在 2 年内经常处于 GB 4797.3 中所规定 B4 区中或相应的环境条件（如海边、坑道等）下的包装件，在运输过程中常处于 GB 4798.2 中规定的 8D1 区或有霉菌生长条件的 aD2、8B3 区域内，但包装件已采取防霉措施

(续)

包装等级	要　求
Ⅱ级包装	经28天霉菌试验后，内包装密封完好，产品表面未见霉菌生长，内包装薄膜表面也无霉菌生长。外包装（以天然材料组成）局部区域有霉菌生长，生长面积不得超过整个包装件的10%，但还能因长霉而影响包装件的使用性能 Ⅱ级包装的产品是经常处于GB 4797.3中规定的B2、B3区的环境条件下的包装件
Ⅲ级包装	经28天人工加速霉菌试验后，产品及外包装均出现局部长霉现象，长霉面积不得超过包装件全面积的25% Ⅲ级包装适合于GB 4797.3规定的B1区与GB 4798.2中规定的sB1区或相应环境条件下的包装件。包装件本身未采取任何防霉措施
Ⅳ级包装	产品包装件进行经28天霉菌试验后，局部或整件产生严重长霉现象，长霉面积占包装件全面积的25%以上。若试验延长至84天，试验期内包装材料机械性能下降，产生霉斑而影响外观 Ⅳ级包装的产品不适于湿热季节在GB 4797.3规定的B2、B3及B4区之间或相应环境条件下进行长时间的运输和储存

（二）防霉包装设计原则

从上述影响包装防霉的种种因素来看，防霉的途径可以是多样的：可以选用耐霉材料进行防霉；可以改变产品结构达到表面隔离而防霉；可以采用防霉剂处理进行防霉；也可以通过包装结构和工艺达到防霉；还可以控制包装件储运环境防霉。

（三）防霉包装技术的类型

防霉包装技术大致可分为两大类，一类为密封包装，另一类为非密封包装。

1. 密封包装

（1）抽真空置换稀有气体密封包装。采用密封包装结构，在密封容器内抽真空，置换稀有气体。

（2）干燥空气封存包装。选择气密性好及透湿度低的各类容器或复合材料等进行密封包装。在密封容器内放入硅胶及湿度指示纸，以控制包装容器内的相对湿度使其大于或等于60%。

（3）防氧封存。选择气密性好、透湿度低、透氧率低的复合材料或其他密封容器进行密封包装。在密封包装容器内放置适量的除氧剂和氧指示剂，除氧剂可把包装容器内的氧气浓度降至0.1%以下，实现以除氧封存来防止产品长霉。

（4）挥发性防霉剂防霉。根据产品的具体情况，在密封包装容器内放置具有抑制的挥发性防霉剂进行防霉包装。一般对外观及性能要求高的产品可选用密封包装来防止其在运输、储存过程中长霉。

2. 非密封包装

（1）产品经有效防霉处理。对易长霉的产品及零部件经有效防霉处理后，外包防霉纸，然后再包装。

（2）包装箱开通风窗。对属于长霉敏感性较低或吸水率低的产品，且包装箱的体积较大时，可在包装箱两端面上部开设通风窗，以控制包装箱内的含湿量。通风窗的作用是防止和减少由于温度升降在产品上产生凝露，致使产品长霉。

一般对经有效防霉处理的产品或对长霉敏感性较低的产品可以采用非密封包装。

（四）防霉包装技术的选用

正确选用防霉包装技术需要考虑下列多种因素：

（1）防霉包装等级，即在产品技术条件中规定的防霉等级，反映了对产品的防霉要求。

（2）产品的特点，即产品的抗霉性能，有无采用防霉措施及防霉处理。

（3）内外包装材料的特点，即包装材料受霉菌侵蚀损坏的敏感程度和防霉处理情况。

（4）销售目的地的气候环境。

（5）整个运输、装卸和储存环境条件的恶劣程度、时间长短，有无防霉措施等。

对于各类产品，应根据上述因素来设计防霉包装结构、工艺和方法，无需规定一种适合于所有产品防霉包装的统一结构，即可使包装达到防霉性能最佳。

（五）防霉包装技术的质量要求

防霉包装的技术要求包括包装质量、包装材料和包装环境条件等三方面的要求。

（1）根据产品的性质、储运和装卸条件，设计防霉包装结构、工艺和方法，使包装的产品在出厂后2年内应符合防霉包装等级要求。

（2）密封包装要求在出厂后2年内，能控制包装容器内相对湿度小于或等于60%。产品包装后，应保证在容器内外压差为0.2kPa的情况下没有漏气现象。所包装的产品有效期内不长霉。

（3）非密封性包装可在包装中采取有效的防潮、防霉措施，使所包装的产品在出厂后2年内达到专业产品技术文件所规定的防霉等级要求。

（4）产品经检查，确认其外观、性能及质量符合专业产品技术文件的规定，没有霉腐及其他缺陷，方可进行包装。

（六）防霉包装技术对材料要求

（1）与产品直接接触的包装材料，不允许对产品有腐蚀作用，也不允许使用易产生腐蚀性气体的材料。

（2）用于防霉包装的各种材料，必须是耐霉的，凡耐霉性差的材料，应按相应标准和专业产品技术文件规定进行防潮、防霉处理。

（3）应选择吸水率和透湿度较低的包装材料进行防霉包装。

（4）可发性聚苯乙烯发泡塑料及同类材料制成的包装容器必须干燥，防止包装后引起相对湿度升高导致产品生霉。

（5）用硅胶作干燥剂时，应选择细孔型的硅胶，其吸水率应大于33%。

（七）防霉包装环境条件

包装环境应保持清洁、干燥、无积水与无有害物质。包装过程应保持产品和包装容器整洁，避免手汗和其他污染物污染；避免有利于霉菌生长的介质带入包装容器内。

第五节 防锈包装技术

金属和合金制品极易受水分、氧气、二氧化碳、二氧化硫、盐分、尘埃等的影响而造成各种各样的腐蚀，称为锈蚀或生锈。为防止内装物锈蚀采取一定防护措施的包装，称为防锈包装。用包装的方法来防锈是指当包装件中的产品投入使用时，该防锈包装材料可以顺利地除去。经验证明，防锈包装的有效期为几个月到数年，有时甚至超过10年以上，因此对金属或合金制品的生产、运输和储存具有重大意义。

一、影响金属锈蚀的环境因素

1. 温度与相对湿度对金属锈蚀的影响

空气中水分对金属生锈的影响是相对湿度的大小，而不是绝对湿度的大小，因为水膜的生成是随相对湿度转移的。在高温低湿地区，因金属表面不能形成水膜，不易形成腐蚀电池，温度虽高但不会引起明显腐蚀。但当绝对湿度不变而温度有较大变化时，温度升高金属不易生锈，然而温度降低后反而会引起生锈，这是因为降温后相对湿度升高的缘故。

在某一相对湿度下，即使金属长期放在空气中，锈蚀仍很缓慢，然而如果超过这一相对湿度时，金属就会生锈。这一使金属腐蚀速度突然加大的相对湿度，称为临界相对湿度。临界相对湿度随金属的种类、金属表面的状态以及环境气氛的不同而有所不同。一般说来，金属的临界相对湿度在70%左右。当相对湿度低于临界相对湿度时，无论在什么温度情况下金属几乎不生锈。而当相对湿度在临界相对湿度以上时，金属就会产生锈蚀，并且温度每升高10℃，锈蚀速度约提高2倍。

2. 氧气作用对金属的腐蚀

在大气中氧的含量约占大气总量的1/5。当金属吸附大气中的水分形成很薄的水膜时，氧气很容易溶解在水膜中并渗透水膜。在水滴边缘的金属表面上，氧容易达到高浓度，此处电位也高，因而形成阴极，进行着取得电子的还原过程；越往水滴中心，其浓度越低，因此水滴中心区电位低，因而形成阳极，进行着金属溶解的氧化过程。金属制品在存放过程中往往发现重叠面锈蚀，特别在接触面的边缘部分腐蚀更为严重。这是因为各部分接触的空气多少不一，使氧气不均匀所致，通常把这种现象叫做氧的浓差腐蚀。

3. 二氧化硫的作用对金属的腐蚀

工业大气中各种有害气体杂质对金属锈蚀的程度也与湿度有很大关系。大多数情况下含有各种工业气体的干燥大气对金属并没有多大影响，但只要微量的湿气存在，锈蚀活性会很快上升。在大气污染物质中，二氧化硫对金属的腐蚀影响最大，它很容易在金属表面催化作用下氧化生成三氧化硫，并在液膜中生成硫酸，促进金属腐蚀。例如，硫酸与铁反应生成硫酸亚铁，而硫酸亚铁又在氧的作用下生成硫酸铁，硫酸铁又水解生成硫酸，继续促进腐蚀。

4. 氯化钠作用对金属的腐蚀

在沿海地区或在海上，影响侵蚀强度的主要因素是积聚在金属表面的盐粒或盐雾。盐的沉积量与海洋气候环境、与海面的距离以及曝露时间有关。如从含盐量与海面距离大小变动为例，据测定，距海面0.50~0.8m时，空气中所含氯化钠为0.38mg/L；距海面800m时，空气中所含氯化钠为0.001mg/L。因此，对同种金属在其他条件相同的情况下，距海面越近则空气中所含氯化钠越多，对金属的腐蚀也越大。表8-8是用失重法测定的不同金属在距海面不同距离存放3个月后的失重数据。

关于盐雾对金属腐蚀的影响，一般可以用氯离子的特殊性质说明。其一，由于氯离子具有较小的离子半径，因此它很容易穿过保护膜使保护膜遭受破坏；其二，由于氯离子具有不大的水合能，因此它很容易被金属表面所吸附，把能促使金属生成钝化状态的氧取代出去，破坏了金属表面的钝化状态，造成金属腐蚀。

表8-8　各种金属在海洋大气中3个月的腐蚀失重　　（单位：g/m^2）

金属	距海面 0.5~0.8m	距海面 20m	距海面 200m	距海面 800m	金属	距海面 0.5~0.8m	距海面 20m	距海面 200m	距海面 800m
软钢	322.7	200.51	32.23	31.00	铝	0.09	0.07	0.04	0.12
铸铁	264.1	125.2	71.64	77.05	钢/镀锌 20μm	53.16	3.90	0.34	0.61
锌	25.74	17.57	5.59	5.59					
铜	18.72	15.72	1.52	1.35	钢/镀镉 20μm	9.28	1.54	0.27	0.28
黄铜	5.24	4.09	1.46	0.51					

5. 灰尘作用对金属的腐蚀

大气流动产生的风速会使地面上的尘土飞扬，而灰尘的成分因地点不同而异。经监测，灰尘的成分如下：

SiO_2	60%~75%	CaO_2	2.5%~3%
Al_2O_3	11%~17%	K_2O	3%以下
Fe_2O_3	5.5%~7%	Na_2O	2%以下

灰尘中有些成分易吸湿，这样的灰尘若落在金属表面上，则在相对湿度不大的环境条件下，就会使沾附灰尘的部位湿度增大，造成金属制品局部腐蚀。

6. 有机气体作用对金属的腐蚀

非金属材料是各种工业产品不可缺少的材料，使用量很大，但大多数非金属材料在使用中，都或多或少地逸放出有机气体挥发物。如木材、塑料、油漆等所放出的有机气体，易于在金属制品的周围形成一种"微气候"（含有甲酸、乙酸、醛、酚、氨等），会加速金属的腐蚀作用，这对金属制品与包装材料的相容性必须加以注意，一定选取不腐蚀金属的材料作为防锈包装材料。

二、防锈包装步骤

防锈包装是按清洗、干燥、防锈处理与包装等步骤逐步进行的，应选择各种适当的方法加以应用。

1. 清洗

清洗是尽可能消除金属制品表面的油迹、汗迹、灰尘、加工残渣等。清洗的方法主要有浸洗、擦洗、喷淋和超声波清洗等，通常根据清洗物的大小、形状繁简、批量大小等条件来选择清洗方法。清洗时选择清洗剂是很重要的。常用的清洗剂有：碱性溶剂如氢氧化钠、碳酸钠、磷酸钠、水玻璃等；表面活性剂如肥皂、合成洗涤剂等；有机溶剂如石油系列溶剂（汽油、煤油等）、烃类溶剂（三氯乙烯、丙酮、乙醇等）。

2. 干燥

干燥是指清除在清洗后残存的水和溶剂。干燥应迅速可靠，否则将使清洗工作变得毫无意义。金属制品清洗后，表面常附着溶剂与水分，应立即进行干燥处理，特别是有些制品除锈后，其金属表面处于极易生锈的状态，应尽快进行干燥。

干燥方法有压缩空气吹干、烘干、红外线干燥、擦干、滴干、晾干和脱水干燥。压缩空气吹干是用经过净化处理的压缩空气吹干；烘干是将产品或零部件放在烘房或烘箱内烘干；红外线干燥是用红外灯或远红外线装置直接进行干燥，此法效果好且适合大量生产；擦干是用干净的布或棉纱擦干，但要注意不要将纤维物、指纹等留在金属表面；滴干、晾干适用于用石油系列溶剂清洗的制件；脱水干燥适用于用水基金属清洗剂清洗的制件。

3. 防锈处理

防锈处理是指清洗、干燥后，选用适当防锈剂对金属制品进行处理的阶段。这是最根本、最重要的工作。在缺少适当的防锈剂或防锈剂应用得不理想时，应以密封防潮处理取代。由于操作原因，不能马上进行防锈处理时，应将制品存放在洁净而干燥的空气中，或将其保持加温状态以防止在制品的表面上凝结露珠，不致使清洗过的金属表面再次污染或生锈。当然如果采用干燥剂进行完全密封防潮包装，也可省略防锈处理，但是仅仅依靠密封防潮不一定合理，一是因为在储运过程中包装有可能遭到破坏而导致生锈；二是因为要做到完善的密封防潮和坚固的外部包装，往往成本很高，经济上不合理。因此，即使采用密封防潮包装，如有可能最好也要进行防锈处理。

防锈处理是指将腐蚀抑制剂以某种形式使用到金属表面上来防锈。通常采用防锈油脂、气相防锈和可剥离性塑料。

（1）防锈油脂能在金属表面形成隔膜，借此隔离外界种种腐蚀介质。由于单纯的机械油膜在金属上吸附力不强，不易形成坚固的油膜，且油脂中还易吸收和溶解部分水和氧气，机械油膜的防锈作用微弱。当油料中加入缓蚀剂时，因缓蚀剂多属表面活性剂，能在金属与防锈油脂的界面上定向吸附，一端与金属表面紧密吸附，而另一端则与基础油吸附，以致在金属表面形成牢固的吸附膜，达到隔绝水分、氧及其他锈蚀介质的目的，起到防锈作用。防锈油脂分为防锈油和防锈脂两类。防锈油又分为硬膜油和软膜油两种，常采用浸涂、刷涂、喷涂等方法；防锈脂则采用热刷涂、热浸涂、热喷涂等方法。防锈油脂作为防锈涂层，不失为适应面广泛、价格便宜的防锈方法。它的缺点是：施工时污染环境，影响金属制品外观和使用时要除膜等。

（2）气相防锈是采用挥发性缓蚀剂，在密封包装条件下对金属表面进行防锈的技术。气相缓蚀剂在常温下缓慢地挥发、扩散到金属表面，起阳极钝化作用，以阻滞阴极的电化学过程。有些带较大非极性基的有机阳离子定向吸附在金属表面上形成憎水性膜，既屏蔽了腐蚀介质的作用，又降低了金属的电化学反应能力，有的气相缓蚀剂与金属表面结合成稳定的综合物膜，增加了金属的表面电阻，从而保护了金属。气相缓蚀剂可制成气相防锈纸、气相防锈塑料薄膜、气相防锈油、气相防锈剂（粉末、丸、片）等。气相防锈纸一般采用包扎和衬垫产品两种方法，气相塑料薄膜除包扎、衬垫产品外，还可将其焊成袋，采用装或罩的办法包装产品。气相防锈有不影响制品外观、使用时不需除膜、防锈期长（有效期达3~5年，甚至达10年以上）的特点，但它对手汗锈抑制能力差、许多气相缓蚀剂不能用于多种金属组件，且有刺激性怪味。

（3）可剥离性塑料就是在可塑性树脂中加上腐蚀抑制剂而制成的。它可在金属表面上形成塑料薄膜，在薄膜的防潮性和薄膜中所含有的防锈剂的共同作用下，发挥出防锈效果。当需要使用制品时，只要把薄膜的一端拨开，就可将它剥离掉。可剥离性塑料有热熔融型（热型）和溶剂型（冷型）两种。见表8-9。热熔融型（热型）可剥离性塑料在180~190℃加热熔融后，将金属制品浸泡进去，能形成厚度1~2mm的薄膜，溶剂型(冷型)可剥离性塑料在常温下用刷涂或喷雾等方法使金属表面形成厚度0.2~

0.8mm 的皮膜。冷型与热型相比，处理简便且价格便宜，但因形成的皮膜较薄，容易形成气孔，因此其效果不及热型。

表 8-9 可剥离性塑料

种 类		成 分	备 注
加热熔融型（热型）	I	乙基纤维素（25%~30%）、防锈油（45%~70%）、增塑剂、稳定剂及其他	加热 180~190℃，皮膜呈微黄色透明
	II	醋酸纤维酯、丁酸纤维酯（43%）、防锈油（9%）、抗氧化剂、流动性下降剂及其他	加热 170~180℃，皮膜呈无色透明
溶剂溶液型（冷型）		氯乙烯、醋酸乙烯共聚物溶剂、增塑剂、稳定剂、颜料及其他（防锈颜料、铬酸铅）	喷射覆盖、皮膜不透明、呈绿色、暗绿色等

选择合适的防锈处理时，必须综合考虑下列几个方面的需要：制品特点（组成、形状、结构和加工精度）提出的要求；防锈程度和期限的要求；对处理的难易程度和方法的要求；使用时清除防锈材料的难易程度和方法的要求；防锈处理后包装的要求和经济性要求。总之，在选择防锈处理时，要特别注意将制品的特点和防锈剂的特性结合在一起考虑。

4. 包装及其方法的选择

包装是防锈包装的最后阶段。从防锈角度看，包装的目的是为了防止外部冲击造成防锈皮膜的损伤，防止防锈剂的流失而污染其他物品。防锈包装的效果应从单个包装、内包装和外包装来统一考虑。一般来说，防锈包装与其他包装不相同的主要是单个包装，其他内包装与外包装大体上与其他制品同样处理就可以了。就包装而言，防锈包装的单个包装主要是进行防锈处理。

在选择防锈包装方法时，需要考虑包装对象的种类、储运环境、搬运状况，以及包装材料费用、操作费用和时间等因素，并满足防锈期限的要求。表 8-10 和表 8-11 根据防锈期限不同，分别列出了防锈包装的等级及可供选择的包装方法。

表 8-10 防锈包装等级

级 别	防锈期限	防锈包装要求	
		清洗、干燥	防锈包装方法（代号）
A 级	3~5 年	制品表面完全无油污、汗迹及水痕	M-2-3，M-2-4，M-3，M-4，M-6，M-8，M-9（单独或组合使用上述方法均可）
B 级	2~3 年	制品表面完全无油污、汗迹及水痕	M-2-3，M-2-4，M-3，M-4，M-3-2，M-7，M-8
C 级	1~2 年	制品表面无污物及油迹	M-1，M-2，M-3
D 级	0.5~1 年	制品表面无污物、允许留少量油迹	M-1，M-2-1，M-2-2，M-3

表 8-11　防锈包装方法

代　号	名　称	方　法
M-1	一般防潮、防水包装	制品经清洗、干燥后，直接采用防潮、防水材料进行包装
M-2	防锈油脂的包装	
M-2-1	涂覆防锈的油脂	制品直接涂覆硬膜防锈油脂，不需采用内包装
M-2-2	涂防锈油脂，包覆防锈纸	制品涂防锈油脂后，采用耐油性、无腐蚀的内包装材料包封
M-2-3	涂防锈油脂，塑料袋包装	制品涂防锈油脂后，装入铝塑薄膜制作的袋中，根据需要用粘胶带密封或热压焊接
M-2-4	涂防锈油脂，铝塑薄膜包装	制品涂防锈油脂后，装入铝塑薄膜制作的容器中，热压焊封
M-3	气相防锈材料包装	
M-3-1	气相缓蚀剂包装	按制品的防锈要求，用粉剂、片剂或丸剂型气相缓蚀剂，将其散布或装入干净的布袋或盒内；气相缓蚀剂用量每立方米包装空间不少于30g，其离制品的防锈面不超过30mm
M-3-2	气相防锈纸包装	制品的形状比较简单而容易包扎时，用标准方法包封后，套塑料袋或容器密封；气相防锈纸包封制品时，要求接触或接近金属表面；离金属表面超过30mm的部位，应与气相缓蚀剂并用；气相防锈纸与气相防锈油并用时，根据需要在气相防锈纸外包覆耐油性包装材料，但具有耐油的气相防锈纸除外；形状复杂的大件制品，用气相缓蚀剂溶剂或悬浊液涂刷或喷涂后，再用气相防锈纸等材料包封
M-3-3	气相塑料薄膜包装	制品要求包装外观透明时，采用气相防锈塑料薄膜袋热压焊封；涂布的气相防锈塑料薄膜，涂覆面应朝袋内，吹塑的气相防锈塑料薄膜可直接使用
M-4	密封容器包装	
M-4-1	金属刚性容器密封包装	制品涂防锈油脂后，用防锈耐油性包装材料包扎和充填缓冲材料，装入金属刚性容器密封，需要时或作减压处理
M-4-2	非金属刚性容器密封包装	采用防潮包装材料制作的容器，将防锈后的制品装入，热压焊封或用其他方法密封
M-4-3	刚性容器中防锈油浸泡的包装	制品装入刚性容器（金属或非金属）中，用防锈油完全浸渍，然后进行密封

(续)

代　号	名　　称	方　　法
M-5	密封系统的防锈包装	制品内腔密封系统刷涂、喷涂或注入气相防锈油。气相防锈油的用量通常按内腔空间计算,以6kg/m² 为宜
M-6	可剥离性塑料包装	
M-6-1	涂覆热浸型可剥离性塑料包装	制品长期封存或防止机械碰伤,采用浸涂热浸型可剥离性塑料包装,需要时在制品外按其形状包扎无腐蚀的纤维织物(布)或铝箔后,再涂覆热浸型可剥离性塑料
M-6-2	涂覆溶剂型可剥离性塑料包装	制品的孔穴处填无腐蚀性材料后,在室温下一次涂覆或多次涂覆溶剂型可剥离性塑料;多次涂覆时,每次涂覆后必须待溶剂完全挥发后,再进行下次涂覆
M-7	贴体包装	制品进行防锈后,使用硝基纤维、醋酸纤维、乙基丁基纤维或其他塑料膜片作透明包装,真空成型
M-8	充氮包装	制品装入密封性良好的金属、非金属容器或透湿度小、气密性好、无腐蚀性的包装材料制作的袋中,充氮密封包装;制品可密封内腔,经清洗干燥后直接充氮密封
M-9	干燥空气封存包装	
M-9-1	刚性容器干燥空气封存	制品进行防锈后,放入防潮包装材料制作的容器中,并在容器中放入细孔硅胶后密封;金属刚性容器按M-4-1方法进行,非金属刚性容器按M-4-1方法进行
M-9-2	套封包装	制品进行防锈后,需要时进行包扎和缓冲,与干燥剂一并放入铝箔复合材料包装容器中密封;必要时施行内部减压和充氮

在具体进行防锈包装时,需要特别注意包装材料的选择。例如,选用包装纸、隔离材料、容器、缓冲材料、衬垫材料、粘胶带和捆绳等,应同时注意以下几点:应该干燥无吸湿性;应没有异物附着;应不含有酸性组成成分或可溶性盐类。

对于直接接触金属表面的里层包装材料和缓冲材料来说更需注意。例如,经常作为里层包装材料的牛皮纸、旧报纸、黄板纸和作为缓冲材料的稻草、刨花、碎纸和毛毡,对防锈包装来讲原则是不宜使用的。防锈包装用于单个包装(内部包装)的主要材料应是玻璃纸、羊皮纸、粘胶纸、蜡纸、皱纹防水纸、聚乙烯加工纸、聚偏二氯乙烯加工纸、金属箔胶贴纸等,作为缓冲材料也应使用聚乙烯屑、碎玻璃纸、防水性石蜡胶和泡沫塑料等。

第六节　各类危险品的包装

易爆、有毒及放射性物质都属于危险商品范畴。危险品包装一般包括两方面的作用：①保护危险品本身的质量（与一般商品包装目的相同）；②阻隔危险品对包装物以外环境的危害，使其危险性、破坏性只限于包装物之内。应当说，后者是危险品包装更重要的含义所在。

一、危险品的包装要求

在危险品包装上，我国主要是参照国际有关组织对危险货物运输的规定《国际危规》，制定了我国标准 GB 190—1990《危险货物包装标志》。其中把危险品分为：爆炸品；易燃气体、不燃气体、有毒气体；易燃液体；易燃固体、自燃产品；氧化剂、有机过氧化物；剧毒品、有害品（远离食品）、感染性产品；一级放射性产品、二级放射性产品、三级放射性产品；腐蚀品；杂类等 9 类危险货物，21 种标志。与此对应的国际统一标准，见表 8-12。

表 8-12　危险物的分类与代号

	危险物分类	分类代号	实用危险物
1	火药类	A、B	黑色火药、焰火、导火线
2	高压气体	C	压缩氢、液态氨、溶解乙炔
3	腐蚀性物质	F	盐酸、苛性钠（液体或固体）
4	毒物	G	溴化丙酮、对硫磷杀虫剂、苯胺油
5	放射性物质	L	镭、钴 60
6	易燃液体	D、E	汽油、原油、松节油
7	与水或空气接触后有危险的物质	I、J	电石、鱼粉、磷化钙
8	氧化性物质	H	高锰酸钾、硝石
9	可燃固体	K	黄磷、火柴、木炭
10	棉花	— —	棉花、木棉
11	有机过氧化物	M	过醋酸、异丙基氧化碳酸氢钠
12	易感染病毒的物质	N	病原体

（一）有关规定

《国际海上危险货物运输规则》，是由国际海事组织（IMO）发布的。该规则由于封面为橙色，又称为"橙皮书"。书中对每种危险货物的特性、包装、标志、堆码和注意事项都作了规定。在其第一册的附录中，对危险货物的包装进行了分类，提出了一般要求和19种包装的具体要求，并规定了包装试验方法，其中对危险货物包装级别分成三类：

(1) Ⅰ类包装：最大危险货物。

(2) Ⅱ类包装：中等危险货物。

(3) Ⅲ类包装：较小危险货物。

《国际海上危险货物运输规则》还规定了对危险货物包装的试验内容，其中包括：跌落试验、液压试验、堆码试验和琵琶桶质量试验。我国有关部门颁布的 ZBA 87001.1《海运出口危险货物包装检验规则》和《中华人民共和国铁道部危险货物的运输规则》等法规对危险货物的试验要求和合格标准都作了明确规定，而且都是参照《国际海上危险货物运输规则》制定的。它规定了垂直冲压击落试验、防渗漏试验、液压试验、堆码试验、制桶试验等五项试验标准。

(二) 危险品包装的设计原则

危险品包装设计的基本原则是：在保证危险品本品安全的同时，使其可能造成的对环境、人身的危害降至最低。具体原则是：

(1) 危险品包装，必须根据危险品的种类、特性，按照有关法令、标准和规定，专门设计与制造，并依照商品包装的技术要求制定和执行质量控制程序，如明确岗位责任、监督检查办法等。特别是易燃、易爆、剧毒、放射性商品，必须严加控制，保证万无一失。

(2) 放射性物质的包装，主要应防止放射性物质向外辐射，造成对人体的伤害和对环境的污染。

(3) 防爆和易燃商品包装中，为防止易爆易燃性内装物发生爆炸燃烧，应在运输和储存时采取不同的防护措施。

(4) 有毒商品包装，主要应防止有毒商品的渗漏、外泄而造成对人体的危害和对环境的污染。

以上危险品在包装设计过程中，技术人员必须遵照有关标准和规定进行设计。如果既无国内标准，也无国外标准可参照，就必须严格分析可能的使用与物流环境，从最恶劣、最严酷的条件出发进行包装设计。

二、危险品的包装方法

如上所述，危险品包装要根据危险品的特性选择包装方式。下面按照危险品的最基本分类作一般说明。

(一) 易爆危险品的包装

对于易爆危险品，如军工或民用产品中的弹药、火药、炸药、引信或电子引信、火工品一类易爆品的包装设计，必须对环境标准认真研究。根据运输中的各种条件，如冲击跌落高度、振动速度频谱曲线、堆码高度、温度、湿度范围、陆地地面环境、海面和海洋大气环境、大气环境、气压范围等，来适当地选择相应的内、外包装材料。此外还应注意：

（1）选择阻燃隔热材料以防日光照射或热辐射作用。

（2）采用真空或充气内包装以防氧化作用。

（3）采用气密性好的材料或内加干燥剂，以防水、防潮。

（4）涂布防锈油等，以防锈蚀、腐蚀或霉变。

（5）在内外包装之间，要合理选用缓冲材料，以防运输、装卸中振动引起爆燃。

（6）外包装箱应坚固，以适应不同环境下运输与储存的需要。

（7）还应注意防止动物性损坏，特别是啮齿类动物的啃食。

（8）如果是电子引信或其他电子产品，还应采取场强屏蔽措施，以防静电场、电磁场、磁场和放射线场等对易爆危险品的破坏和引爆作用。

（9）防止产品内包装的相对湿度下降到某种程度，可能使产品与包装材料之间在物流中发生摩擦而引起爆炸，因此应保持一定的湿度范围等。

（二）放射性危险品的包装

对于大多数放射性物品而言，它的直接破坏性并不明显，但潜在危害极大。因此，必须选择能屏蔽掉或使放射线衰减到对人体或环境无害的包装材料或防范措施。通常在内包装或内包装的外面增加一层一定厚度的金属铅或铝制的防辐射隔离层。外包装常常使用金属箱、桶等容器，而且密封牢固。为了防水、防潮、防氧化、防腐蚀等，应合理选择内、外包装材料或采取相应的技术措施。若使用塑料类或复合材料包装，还应保证这类材料受辐射后不应产生裂解，不影响封口质量、密封性能和牢固度。

（三）有毒危险品的包装

对于有毒商品的包装主要应保持包装的坚固性，在流通过程中不破损、不渗漏、不渗透。为达到这一要求，内、外包装必须具有气密性，包装材料抗腐蚀性良好，不与毒害品发生化学反应。另外，包装材料也应防潮、防水、防腐蚀。这类危险品包装之后必须经受标准中规定的各种试验，完全合格后才能完成设计。为了在储运中保证安全，在外包装上必须按国标 GB 190—1900、GB 191—1900 规定加印危险货物包装标志和包装储运图示标志，并保证在货物储运期内标志不会脱落。

对于每一种具体的危险品，在包装时还必须全面了解该产品对运输、储存的特定要求，如包装材料、箱型、罐型、环境等。与一般商品包装的最大不同是：相关人员必须经过培训后，持证上岗。

第九章 包装管理

包装管理是管理者为了实现产品包装科学化、现代化，以达到提高社会效益、环境效益和经济效益的目的，对产品包装这一管理对象进行的一系列组织和实践活动。

第一节 包装管理概述

一、包装管理的概念

包装管理是指对产品包装和包装产品在生产及流通整个过程中的经济活动，进行组织、指挥、监督和协调工作。它是指导人们如何管理包装的经济和技术活动的科学，也是一项综合性的系统工程。它的对象是包装的经济活动与技术活动。经济活动主要是组织产品包装与包装产品的生产、经营、计划，以及各种经济指标的核算等；技术活动主要是包装的质量管理、科学研究、标准化等。包装管理的目的在于以最小的物质和劳动的消耗，取得最大的社会效益与经济效益（这也是它研究的中心内容），其中最重要的是经济效益问题。

包装管理与经济管理一样，也具有两重性。其一，表现为与生产力或管理对象本身、社会化生产等相联系的自然性，对管理对象进行科学的规划、合理的组织，以及以先进的技术手段进行指挥与控制，因此可以说它是解放生产力的一种手段，具有科学技术的特点；其二，表现为与生产关系、社会制度相联系的社会性，具有上层建筑的某些特性，这主要体现为产品包装与包装产品如何坚持使用价值与价值的统一，实现包装产品的价值。因此，在包装的生产、经营和使用上，应始终坚持贯彻产品包装与包装产品的"科学、安全、经济、适用、美观"的原则。

二、包装管理的职能

管理是社会劳动过程的一种"特殊职能"。包装管理是随着商品经济的发展而形成的一种经济管理。其"特殊职能"是把人力、物力和财力等资源的潜力充分挖掘出来，并协调人与人之间的关系，调动人们的积极性，减少因企业内部人员相互摩擦而产生的"内耗"现象。用数学语言表示，管理的"特殊职能"是要使 $1+1>2$。包装管理的基本职能主要包括：产品包装和包装产品的经营决策、计划、组织、控制、协调、监督等主要活动。

1. 经营决策职能

所有管理中心都是决策。

经营决策包括经营分析和决策两个方面的内容：经营分析是用科学的方法，对与包装有关的各项生产与经营活动目标、技术与资源条件、外界因素与内部能力等进行技术的、经济的效果定量分析，并进行最优化的选择；决策则是在经营分析的基础上，根据分析的结果及其技术、经济效果的大小，列出几个可行性的计划（或行动方案），结合相关的非定量的条件与人的因素，经过综合判断，从中选择一个最适宜的方案，并加以实施。所以，决策是为达到一定目标，在多种可相互替代的方案中，选择一个最优方案（或手段）的全过程。

决策是判断以至选择最优方案的过程，即制定和实施计划方案的 PDCA 的过程。因此可以说，决策就是管理。

包装管理的决策对确定产品包装和包装产品的工作目标，决定包装工作的方针，制定有关的政策、法规和产品包装的技术标准等，均有重要的意义。在包装管理的决策中，既要考虑包装工作的近期目标，又要对包装的方向和发展趋势、生产规模、设备更新、技术引进、费用与成本水平等作出选择和决定。

2. 计划职能

计划就是根据经营决策目标、上级指令和市场的需要，制定出企业（或行业）的长期计划与短期计划，用以指导各项生产和经营活动。计划职能不仅限于编制定营计划，还包括制定经营目标与经营政策，通过计划把包装的各部门有机地结合起来，进行科学的组织，建立正常的生产和工作秩序。

应编制详细的经营计划（如原材料计划、设备计划、生产计划、成本与费用计划、包装供应计划、人员培训计划等），以指导包装工作。可以说，计划是包装管理活动的基础。

3. 组织与指挥职能

组织职能是指按照已制定计划的目标要求，对与包装活动相关的劳动力、劳动资料和劳动对象进行科学的组织安排，形成一个有机物整体，使人、财、物得到最合理的使用。同时，明确各岗位的责任与权限，决定合理的管理制度，确立相互协调的关系，促进包装工作的开展。组织职能还包括组织必要的活动，如包装展览、学术与情报交流等。

指挥职能是指管理者为实现企业的经营目标，有效地领导他人行为的一种管理活动。其内容有：一是指导和激励职工的行为，调动积极性，使其符合企业计划与组织结构职位的要求；二是要了解职工的需要和执行作业时所面临的问题，尽力加以解决。指挥职能的执行，必须对企业生产和经营进行全面指挥。对一个企业来说，一个良好的管理者,应该是一位优秀的领导者。

4. 控制职能

控制是对生产目标、质量目标、库存目标和成本目标等,通过信息的各种反馈系统,进行定期检查、监督和分析,并采取相应的调整措施的一项管理活动。控制与计划是紧密联系的。它通过检查产品包装计划的实行情况,调查各类包装的质量状况,以监督包装标准的实行,并通过制定严格的规章制度,建立各种责任制,实行经济核算,把人们的行动纳入实现计划的轨道上,履行自己的职责,从而保证包装行业规划和包装企业的生产和销售计划的实现,以达到提高经济效果的目的。

管理控制一般分为因素控制与职能控制两类。前者包括数量控制、品质控制、时间控制和成本控制等,后者属于企业基本经营机能活动的控制,包括生产控制、销售控制、人事控制、财务控制等内容。

5. 协调职能

协调是把产品包装工作的各个环节有机地联系起来,协调各种职能之间的关系,以建立纵向的、横向的或内部与外部的工作关系,并实行必要的调度,达到步调一致,更好地实现企业的共同目标。协调职能可分为垂直协调、水平协调、对内与对外协调等,它是企业管理的综合职能。它使产品包装工作得以顺利进行,又是整个管理过程的结果,也就是有效地实行计划、组织、指挥、控制四项基本职能活动的结果。

此外,现代化管理是建立在一系列科学理论和科学方法的基础上的,这就需要懂得经济理论、生产技术和现代管理知识。因此,要重视管理专门人才的培养,重视管理的教育职能。教育职能包括加强思想教育,评选优秀产品包装和优秀包装工作者,奖励产品包装发明创造和重大技术革新者,对严重失职与造成重大损失者进行处分和经济制裁等。

三、包装管理的原则

包装管理原则包括计划管理原则、责任制原则、质量管理原则、经济核算原则、促进商品流通的原则以及为消费者服务的原则等。

1. 计划管理原则

计划管理是企业管理的首要因素和组成部分,是企业各项管理的基础。计划管理的原则要求按最终产品来组织包装物料的综合平衡。它包括产品包装供应与社会需要的平衡、产品生产与包装用品供应、材料供应的平衡,即包装与产、供、销的平衡。包装企业经营管理活动,必须在计划指导下进行,要根据包装的实际用量和种类以及市杨的需要,确定包装材料和包装用品的生产计划、包装工业规模与布局,以及与其他部门的比例关系。

2. 责任制原则

没有明确的职责分工,就没有管理,因此责任制原则是企业管理的核心。产品包装工作包含着从生产到采购、调拨、储运和销售各环节，形成一个连贯的流水线，某一环节出现问题，必然影响其他环节。因此，必须实行严格的岗位责任制度，把责、权、利三者结合起来，建立完整的、科学的考核、监督和奖惩制度。

3. 质量管理原则

质量管理原则是保证产品包装与包装产品的质量的重要原则。它主要体现在包装保护产品的安全，符合各项技术标准。因此，包装企业必须建立严格的质量责任制度与检验制度，严格把好质量关口。

4. 经济核算原则

经济核算是社会主义企业管理的基本原则之一。它是建立在以价值形态比较企业经济活动的消耗与成果、支出与收入的基础上，力争取得较大的利润。因此，必须建立各项经济核算制度。

包装成本是产品成本的一部分。包装管理中厉行节约，既可降低成本、增加企业利润，又能减轻消费者负担，获得最佳的社会效益与经济效益，这是经济核算的根本目的。

5. 促进商品流通和为消费者服务的原则

促进商品流通也是包装管理的一项基本原则。合理组织商品流通，包括合理掌握流通时间、合理组织运输调拨和合理使用包装三方面含义。因此，产品包装的造型结构直至包装物料的供求关系都应从促进商品流通出发，保证包装产品价值的实现。

商品经济最本质的特征是商品交换，市场是整个社会生产、交换、分配、消费的心脏与命脉，是组织社会经济运行最强有力的机制。产品生产最终是以个人（或集团）消费为转移的，产品的产销工作（包括包装工作），必须把消费服务作为主要任务之一。现代销售学的产品整体概念，即所谓买方市场，是以顾客的需求为核心的，在核心和外围层（销后服务）的中层为产品形体，顾客对产品形体的要求，特别强调款式、结构、色调和包装。把产品包装作为"服务商品"，它具有品种复杂性（如有形与无形产品、物质与精神产品、生活必需品与享受性产品以及发展性产品等）和质量的复杂性。因此，产品包装水平在一定程度上反映了人们物质和文化生活的水平，产品包装对丰富与方便人们生活起着重大作用。所以，包装管理的计划、质量、费用与情报等一系列管理工作，都必须把落脚点放到扩大产品销售和维护消费者的利益上来。

第二节 包装质量管理

一、包装质量管理的概念

包装质量是指包装产品适合一定的用途，能满足产品流通、销售和消费的需要及其满足程度的属性。它包括适用性、可靠性、安全性、耐用性和经济性。产品包装质量通常以机械的、物理的、化学的、生物学的性能，以及尺寸、形状、重量、外观、手感等来表示。

质量管理是指运用科学的、经济的方法，研制（设计）、生产、销售用户满意的产品的各种活动，简称 QC（Quality Control）。产品包装的加工企业与使用企业，都要把包装的质量标准和用户满意的程度作为衡量产品包装质量的尺子。包装的加工企业，为了加强质量管理，应积极推行全面质量管理制度。

全面质量管理是指以企业的各个部门和全体人员为主体，应用各种科学方法和手段，控制影响产品（或产品包装）的质量的因素，通过企业质量保证体系（质量管理体系），用最经济的方法，研制（设计）、生产、销售（包括服务）用户满意的产品的全部过程。全面质量管理简称 TQC（Total Quality Control）。产品包装的全面质量管理和其他产品一样，包括于产品包装的设计过程、制造过程、辅助生产过程和用户使用过程之中，并涉及包装材料的质量与包装产品使用过程中遇到的问题等。

为了推行包装产品的全面质量管理，对包装产品的质量特性最好能数量化，以便科学地进行量度。如化学成分、物理性能和经济指标等，可直接定量进行分析，对某些难以直接定量的质量特征，应对产品包装进行科学试验研究和综合分析，以确定某些技术参数，从而间接地反映产品包装的质量特性，并用技术文件把质量特性的技术经济指标或技术参数明确规定下来。

二、包装质量管理的作用

产品包装的质量直接关系到产品质量、产品流通的安全，关系到所包装产品的价值和使用价值的实现。不断提高产品包装和包装产品的质量，是实现社会主义现代化的一个重要保证，也是社会主义生产目的的要求，是讲求经济效益的重要途径。

产品包装和包装产品涉及从生产包装部门到使用包装部门，以及产品流转过程的商业、交通运输等部门，应建立和健全包装质量管理体系，建立较完备的包装质量监督网。把质量保证的各项工作具体落实到各部门、各级进行管理，从组织上保证企业长期地、稳定地生产出符合用户要求的优质产品。全面质量管理体系的建立，可以使质量管理工作做到经常化、有效化和制度化。即使有时出现某些质量问题，也能及时发现和找出原因，并能得以根治。所以，有人认为质量管理体系的建立和健全，是全面质量管理的"精髓"。

三、包装质量管理的特点

产品包装的全面质量管理的基本特点有以下几个方面：

第一，为用户服务的思想是全面质量管理的指导思想。为用户服务包含两层含义：其一，企业为产品的用户服务；其二，企业内上道工序为下道工序服务。为用户服务就是要生产用户满意的产品，要求企业根据用户的需要，研制（或设计）、生产、销售产品，做好售后服务工作，并广泛收集用户对质量的意见，并将其作为改进质量的依据。

第二，全面质量管理的质量内容是广义的。它不仅包括狭义的产品质量，而且还包括信息的质量、成本的质量、生产量与交货期的质量、质量方针决策的质量、售后服务的质量以及技术与管理人员和工人的质量等。

第三，工作范围是企业生产经营活动的全过程。它包括调查、研制（设计）过程，生产制造过程和售后服务的过程。因此，涉及产品的市场调查、研究、设计、试制、技术设备、原材料的供应、计划、生产、劳动、销售、成本财务、售后服务等。所以，它是一项综合性的管理工作。

第四，主体是企业的全体人员。全面质量管理涉及企业的各个部门和全体人员，要使企业人人关心质量管理，个人对质量负责，并建立各种岗位责任制加以保证。

第五，其方法是预防性方法和科学的方法。全面质量管理工作通过对质量的事前控制、事后把关，实行防检相结合，贯彻"以防为主"的方针，使质量管理具有高度的预防性。同时，全面运用科学的方法，如先进的质量检测手段与方法、数理统计的方法等。一切用数据说话，积极改善组织管理，改革专业技术等，这都是一些行之有效的科学方法。

第六，采用 PDCA 工作循环，这也是全面质量管理的重要特点。

四、储运包装质量管理

产品包装和包装产品质量的好坏，只有实际使用后才能作出正确的判断，也才能更好地了解存在的质量问题，并以此作为进一步提高产品包装质量的依据。产品包装与包装产品的质量，直接关系到供货质量和消费者的利益，质量低劣就不能保证商品流通的安全。因此，商业、交通运输部门应严格检验产品包装质量，与生产部门紧密配合，抓好产品包装质量管理工作，一方面要保证产品包装以良好的状态进入消费过程，另一方面要保证产品包装在消费中有良好的使用效果，最大限度地实现包装产品的使用价值。

1. 实行质量监督

商业、物资等部门收购产品时，要把检验产品质量与产品包装质量放在同样重要的地位，严格按技术标准进行检验，对产品包装质量不合格者，拒收或限期改进，严格把好质量关。同时，产品购销合同必须详细签订包装条款，用经济立法来明确购销双方对产品的责任、要严格按标准和合同办事，对材料、结构和物理机械达不到要求和标志不清的包装应拒收，督促厂方及时改进。对因包装质量不良，造成的产品损失，坚决按经济合同处理。

2. 加强储存运输试验

商业、物资和交通运输部门，特别是商品检验机构，要加强对运检包装件质量的测试，进行模拟试验。这是检验产品包装质量最有效的手段。如跌落、滚动、振动、压力和堆码试验等，能及时测试各种包装的强度和牢度，确保产品包装在流通过程中的安全。

3. 促进生产部门的包装改革

商业、物资和运输部门，要经常反映用户和消费者对产品包装的意见，做好包装信息反馈的工作。针对产品包装质量存在的问题，提出改进办法。对生产部门积极推荐采用产品包装的新技术和新成果，进一步提高包装的质量。对已制定产品包装的标准，要坚决按标准来验收，暂时尚无统一标准的，要配合有关部门制定各类产品包装的企业标准，促进产品包装标准化的实现。

4. 加强储存运输的质量管理

要积极改革运输、装卸和堆码方式，分清商品搬运、装卸和仓储保管的责任。提倡"文明装卸"，反对和杜绝"野蛮装卸"，提高装卸、堆码的机械化程度，积极推广集装化运输，简化运输方法，节省包装费用。要按照运输包装标志做好货物的装卸和运交工作，选择最佳的装卸运输方式和货物的积载方法。

发挥仓储、运输部门对产品包装的监督作用。在仓储合同与运输合同中应有包装条款，不符合要求者拒绝进仓与承运。同时，要做好商品的拼装和分装工作，对已散架、散捆、破裂、水湿的包装，应及时更换或加固，以确保商品在流通中的安全，这也是储运系统的重要职责。应对腾空包装运费给予优惠，做好包装材料和包装用品的运输工作。总之，流通领域的包装质量管理的宗旨，就是要最大限度地降低商品的损失。

五、包装质量管理检验

产品生产过程受各种因素的影响，都有可能产生缺陷和不符合质量要求的产品，物流包装作为一种产品也是如此。因此，为了保证物流包装的质量，与其他产品一样，在生产制造过程中，必须包括一个与生产制造同等重要的质量检验和质量管理过程。

（一）物流包装的质量检验

1991年颁布的ISO/DIS 8402-1将质量定义为：实体具备能够满足明确的或隐含的需要的特征总和。这里的实体不仅是指产品，还包括活动、过程、组织等。

检验定义为：对产品或服务的一种或多种特性进行测量、检查、试验、计量，并将这些特性与规定的要求进行比较，以确定其符合性的活动。

1. 质量检验的目的

质量检验最主要的目的是决定产品是否符合规定的要求，此外还有以下几个比较重要的目的：

（1）区分产品的好坏。通常做法是全部检验，根据检验结果，按规定要求进行分类，以区分产品的类别。

（2）区分产品批次的好坏。通常对批量产品进行抽样检验，区分产品批次的好坏，决定是否接收。

（3）判定工序是否变化，也称控制抽样。其主要目的是观察工序是否变化，根据工序变化情况，找出原因，加以改进，保持工序在正常范围内波动。

（4）评定产品质量，也称产品审核。其目的是给产品质量以确切的评定。它是按用户使用质量来检验和评价的，最终的结果是以单件产品缺陷数来表示质量的变化。

（5）测量器的精密度。其主要目的是测量在相同条件下，再显示它读数的能力。通常用同一仪器对同一件产品进行检验。

（6）获取产品设计情况。其主要目的是制定产品功能是否达到设计要求。有时还须进行严格的性能试验，以获取设计的相关资料。

（7）评定检验人员的准确性。其主要目的是评定检验人员在找出缺陷工作过程中的有效性。

2. 质量检验工作应遵循的原则

（1）加强检验的原则。随着市场经济的不断发展，对产品的质量（如性能、精度、可靠性、安全性、经济性等）提出了越来越高的要求，影响产品质量的因素也越来越多，作为剔除废品为已任的检验工作，只能强化，不能削弱。无论工业生产如何发展，科学技术如何先进，检验的手段和形式可以变化，但检验工作不可缺少。尤其是随着科学的进步，检验形式向自动化、现代化的方向发展，检验更是不缺少的重要环节，检验的职能必须不断增强，这是企业生命力的关键所在。

（2）错漏检验减少到最低程度的原则。质量检验必须具备以下基本条件：有足够数量的高素质检测人员；有可靠而完善的检测手段；有明确而合理的检验标准和操作规程；有符合要求的检验环境。另外，由于检测人员心理、生理、技术、管理等因素的影响，使检验人员的检测水平不能正常发挥，也是产生错漏检测问题的原因之一。即使是自动化在线检测，也存在检测器具失灵的偶然情况。因此，在检验过程中必须严格控制影响检验的各种因素，提高检验人员的素质，选择合理的检验方式，创造良好的检验环境，最大限度地减少错漏检验。

（3）经济的原则。进行测量、检查、试验、计算等工作，需大量人员、设备、技术以最经济的手段，把废、次品减少到最低限度。这必须运用科学原理，以尽可能少的劳动消耗，在保证检验质量的前提下取得风险、成本和效益的最佳统一。

经济的原则应体现在各个环节之中。例如，在设置检验点时既要考虑不妨碍正常生产，又要保证废、次品不流入下道工序；尽量减少检验量、节省检验费用，缩短检验周期；在选择检验器具时，既要满足检验精度和流水线速度的需要，又要便于操作、维修、适应多功能、多层次的要求；在严把质量关的同时尽可能将废品率降为零；应以经济效益作为衡量标准，确定不同条件下的合理的废、次品率。

（4）预防的原则。一般情况下，前道工序的不合格品到了后道工序仍是不合格品。然而，在制产品的价值随着生产过程不断增加，每经一道工序都要增加一部分生产费用。所以应尽可能及时剔除不合格品，做到预防把关相结合，以减少损失。

另外，检验可以及时反映质量信息，暴露存在问题，将信息和问题及时反馈给有关部门，并组织有关人员分析、研究，及时改进，把质量问题消灭在早期或形成过程之中，这也是检验的预防原则。

3. 质量检验的方式及分类

按照检验方式的不同特点和作用，质量检验方式分为以下几类：

（1）按生产过程次序分类。

1）进货检验。进货检验的目的在于防止不合格的产品入库而降低产品质量。进货检验应注意以下几项：①进货检验应在物资入库或投产前进行。②进货检验前，有关部门向检验部门提供相关技术资料、技术协议、质量保证书、合格证书及标记等，检验人员认真核对这些技术资料及文件。③对重要的原材料、外协外购品，应派出专人常驻供货方，现场监督和检验，并且查证供应商品质量保证体系运行的有效程度。还可派经验丰富的检验员到供货方巡回检验或定期、不定期的检验或业务指导。④对于急需物资或缺乏检测手段，外委检验困难的产品，可认定牌号及供应商，办理必要手续后免检放行，但必须有明显标记，一旦发现问题，全数返回。

2）工序检验。工序检验的目的是防止不合格的半成品或产品进入下道工序，另外，工序检验还应检验与产品生产关系密切的生产工艺条件，预防不合格产品。工序检验一般分为逐道工序检验或几道工序集中检验。

3）完工检验。完工检验是对全部加工的半成品和完工零配件进行检验。在进行完工检验时，重点要检验以下几个方面：①各工序所加工的项目是否已全部完工；②被检验的零配件是否符合图纸和技术标准的要求；③通过审查材质报告及检测、检查零件的材料是否符合要求；④零件的外观是否完美、整洁、无表面缺陷；⑤产品标记和验证状态标识等标志是否齐全、清晰；⑥票据、卡片、文件是否齐全，记载是否完善、正确。

4）成品检验。成品检验又称最终检验，是入库前最后一次检验，应做好以下几项工作：①外观检验。观察产品静态特性和特征，检查其完整性和表面质量。多以感观检查为主，应建立产品外观检验的标准样品。②安全性检查。按照国家或有关上级部门规定及产品技术标准逐个进行检验。③按照产品标准逐条逐项进行产品最终检验。④成品检验必须认真做好记录，同时要检查各零部件的标记。

（2）按检验地点分类。

1）固定检验。固定检验是指检验场所固定不变，设专门的检验站和检验室，其内配置有关检验仪器、仪表等。

2）现场检验。现场检验是指在生产现场或货源所在地进行检验。

3）巡回检验。检验人员在生产现场，随机抽查检验，巡回面覆盖整个生产现场。物流包装生产一般采用巡回检验方式，对产品质量的提高和稳定起到了很好的作用。

(3) 按检验对象及数量分类。

1）全数检验。对一批产品逐一检验，筛选不合格产品。

2）抽样检验。按照数理统计的方法，从一批产品中随机抽取适当数量的样品进行检验。

3）免检。对一些已有足够证明产品是合格的，无需检验。

除上述分类之外，还有按检验的预防作用分为首件检验和抽样检验；按检验手段分为感官检验、物理化学检验；按检验目的分为生产检验、接收检验、复查检验、监督检验、仲裁检验；按检验产品破坏情况分为破坏性检验和非破坏性检验。对于物流包装的检验方式的采用，企业应根据受检对象的具体情况，选择较为适宜的检验方式。

(二) 物流包装的标准化管理

包装标准的范围大致分为三个层次：

第一个层次是包装综合基础标准，这是所有包装共同遵守的，同时是跨行业、跨部门、跨专业凡是与包装有关的经济技术和科研活动都应遵守的。它包括包装术语、包装尺寸、包装标志、包装个件试验方法、包装技术方法、包装管理等标准。

第二层次是专业基础标准。它是针对包装某个方面制定的，如关于包装材料、包装容器、包装机械等的标准。

第三层次是产品（商品）包装标准。它是针对某产品（商品）包装的科学合理而制定的，是整个包装标准化为之奋斗的最终目标。上述第一层次和第二层次是为第三层次标准化服务的。

1. 包装专业基础标准

包装专业基础标准主要有：包装材料标准、包装容器标准、包装机械标准等。包装材料标准的主要内容是：①适应范围；②种类；③质量要求；④形状尺寸；⑤制造方法；⑥检验方法；⑦检验；⑧包装标志。包装容器标准的主要内容是：①适应范围；②种类；③结构尺寸；④材料；⑤使用方法；⑥检验。

2. 产品（商品）包装标准

(1) 产品（商品）包装标准适应范围。产品（商品）包装适应范围极其广泛，包括农业、建材、轻工、机械、兵器、医药、邮电等 24 大类。

(2) 产品（商品）包装分级。产品（商品）包装的分级可根据下列情况确定：

1）物流包装所经受的环境条件、运程、周转次数、储存时间及装卸搬运方式。

2）产品（商品）贵重、精度、危险程度等。

产品（商品）分级内容包括：①分级档次，例如，一级防潮包装、二级防潮包装等；②不同等级对包装试验项目和定量值的要求；③不同等级对包装容器、包装材料和包装方法的要求。

3. 包装技术要求

包装技术要求一般是指根据产品（商品）包装等级和用户要求，对包装环境、包装产品、包装材料、包装容器提出要求。

4. 包装件运输要求

包装件运输要求主要是指根据物流环境条件和有关规定，对运输方式、运输条件、在途时间、装卸搬运等提出要求。

5. 包装件储存要求

包装件储存要求是指对包装件的库存管理与养护，在必要的情况下，作出规定和要求。

6. 试验方法要求

试验方法要求一般规定对物流包装件、包装材料、包装容器的试验方法。

7. 检验规则

检验规则包括检验分类、批组与抽样、判定规则等方面的规定。

（三）物流包装标准的意义

（1）稳定包装质量，加强质量管理的有效措施。

（2）采用包装标准能够明确责任和权限。

（3）采用包装标准能够降低成本。

（4）采用包装标准能够有效地判断包装件的适应性。

（5）采用包装标准有利于个人技术均衡化。

（四）物流包装标准的发展趋势

（1）研究有关物流环境的试验条件。

（2）研究有关出口商品物流环境的试验条件。

（3）按照物流系统的要求，实现包装尺寸标准化。

（4）研究装卸搬运程序标准，通过作业动作分析找出最有效的作业方法。

（5）研究包装造型的图案设计、文字、色彩、标志、设计风格等标准化。

第三节 包装成本管理

包装成本管理是包装管理的一个重要组成部分。最佳的包装应该是用最少的费用获得最大的经济效益。因此,加强包装成本管理、降低包装成本是非常重要的。

一、包装成本的概念

包装成本是指企业在一定时期内,为生产和销售一定数量的产品包装所支出的费用的总和。就其经济实质来说,它是产品价值的一部分,是生产产品包装时,被消耗的生产资料价值(物化劳动)和劳动者支出的必要劳动所创造的价值的总和。包装成本主要包括:已消耗的生产资料的价值,如原材料、燃料动力、机器、折旧费和其他生产费用等;必要劳动所创造的产品包装的价值,即以工资形式支付给职工的劳动报酬(包括奖金、岗位津贴等)。成本的内容是构成产品包装价值的一切生产性支出,不应该包括不构成产品包装价值的非生产性开支。

成本项目按经济性质可分为七个项目:①原材料与辅助原材料;②燃料与动力;③工资及附加费;④废品损失;⑤车间经费;⑥企业管理费;⑦销售费等。

二、包装成本管理的主要任务和要求

包装成本管理对物流包装过程中所有费用的发生及包装成本的预测、计划、控制、核算、分析和考核等一系列的科学管理工作,是通过成本管理诸环节实现的。成本管理的环节和运转见图9-1。成本预测是成本管理的重要环节,它是进行成本计划的前提。成本计划是成本管理的准则,又是成本控制和成本分析的依据。成本核算是对成本计划执行情况所进行的经常性、系统性及全面性的反映和监督。成本分析和考核是对成本计划的执行情况进行总结,并为编制新的成本计划提供依据。

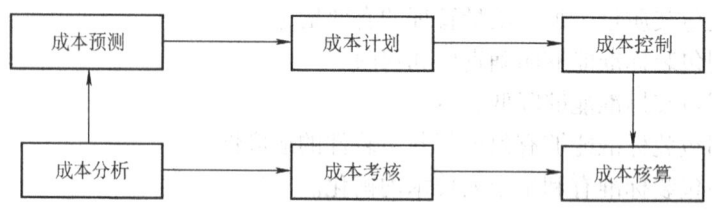

图9-1 成本管理的环节和运转

(一)包装成本管理的主要任务

包装成本管理是从包装产品设计、试制、生产到销售的全过程管理,其主要任务包括:

1. 精确的成本预测

物流包装成本的预测是经营决策的主要内容之一,企业在进行经营决策时,必须考虑投入与产出之比。因此,对各种物流包装方案的成本必须要进行精确的预测、比较各方案的成本水平,才能最后确定最佳方案。物流包装成本预测实质上是科学决策的方法之一。

2. 正确的成本计划

物流包装成本计划是成本管理的事前控制，为成本分析和考核提供依据，是反映和监督经营活动中的耗费，是进行成本管理的准则。

3. 降低物流包装成本

削减物流包装费用，提高经济效益，这是物流包装成本管理的中心任务。因为它是成本预测、计划、控制、核算、分析和考核等一系列工作的最终目的和主要目的，降低成本意味着在其他条件不变的情况下增加盈利，减少资金占用量，进而降低商品的价格，提升综合竞争力。

（二）物流包装成本管理的基本要求

1. 严格执行物流包装成本费用支付范围的标准

严格执行物流包装成本费用支付范围的标准，并且划清成本费用与投资性支出的界限；划清成本费用与收益分配的界限；划清成本费用与偿还债务的界限。属于成本费用以外的开支不得列入成本费用，属于成本费用之内的开支不得列入其他开支。不得任意提高成本费支付范围的标准，扩大开支。

2. 正确核算物流包装成本费用

成本费用核算是成本费用管理的基本环节。成本费用核算准确与否，直接影响到企业的经济效益。为此，在核算时，要分清本期成本费用和下期成本费用限量；分清内部各部门成本费用支出界限；分清各种产品的成本费用限量。

3. 实行全面的物流包装成本管理

所有相关部门，各个工序、环节都要追求经济效益，力争做到优质、高产、低耗，将成本费用管理贯穿于产品的寿命周期全过程。物流包装成本管理要从包装设计、试制、原材料供应、生产、销售、使用及回收再利用全过程进行管理。并开展全员成本费用管理。无论管理者、技术人员，还是一般职员都要认识到加强成本费用管理的重要性，从我做起，尽量削减成本费用，杜绝浪费。

三、包装成本的构成

物流包装成本主要由物流包装前期费用、物流包装器具制造费用、物流包装作业费用、物流包装器具回收费用、物流包装废弃物流通费用等费用构成。物流包装前期费用主要包括物流包装器具设计、物流包装计划、物流包装预测等前期准备工作费用；物流包装器具制造费用主要包括材料费用、工程及工艺费、人工费、管理费等费用；物流包装作业费用主要包括个装费用、内装费用、外装费用及其材料费用，人工费、相关材料与器具的装卸搬运费、材料与器具保管运输等流通费、管理费等费用；物流包装器具回收费用包括周转利用、落地转用、梯级利用及再生利用的物流过程中所发生的费用；物流包装废弃物流通费用主要包括在物流包装器具制造及物流包装作业等与物流包装有直接关系的环节所产生的废弃物回收处理所发生的费用。

物流包装材料费用是指直接用于物流包装的材料费用，包括主要材料、辅助材料、备品配件、外购半成品等费用，是通过包装材料数量与材料价格表示的，材料价格中包含采购及供应物流所发生的单位费用；物流包装人工费用是指用于物流包装的相关劳务费用，它包括工资、奖金、津贴及补贴、福利费、劳动保险费、退休金、待业保险费、临时工费用及管理人员的劳务费用分摊等内容；工程及工艺费是指与包装关连的设施设备折旧费、环境保护费、设施与设备大修及检修费、土地使用费、技术服务、技术转让及技术咨询费、设施设备租赁费、低值易耗品费用、水电燃料费及防止商品受损害所采取的包装技术费用等；物流包装管理费是指为物流包装所进行的组织、策划、调研及实施过程中的管理费用，包括办公费、会议费、差旅费、党团组织及工会妇联活动费、消防、安全、卫生费、交际宣传广告费、职员培训费、通信费、审计费、业务招待费、劳动保护费等费用。除上述费用之外还应包括贷款利息、各种保险费，因不可抗拒因素而停工损失费、税金及金融机构手续费等。

另外根据有关规定，下列费用不得列入物流包装成本：新建或购置固定资产、无形资产及其他资产、对外投资；被没收的财物；支付的滞纳金、罚款、违约金、赔偿金、企业赞助、捐赠支出；国家法律、法规规定以外的其他各种费用支出。

四、包装成本预测及目标成本

（一）物流包装成本预测

成本预测是根据企业现有的经济技术条件和发展前景，通过对影响成本的有关因素进行分析和测算，科学地测定在未来一定期间内成本水平和变动趋势。按预测的时期划分，分为近期（月、季、年）及远期（3年、5年、10年等）两种预测。物流包装成本预测的方法步骤如下：

1. 分析宏观经济对物流包装的影响

这主要是经济结构的变化，生产力布局的变化，流通体制及管理体制改革的变化，相关材料的价格变化等影响物流包装的因素。

2. 可比产品成本预测

可比产品成本预测的基本步骤见图9-2。

第一步：拟订初步目标成本，即以某种先进成本（如国内外某产品的先进成本、历史最低成本、标准成本）为目标成本，或者根据企业计划年度的生产经营目标来测算目标成本。

第二步：初步测算。进行初步测算的方法如下：

（1）按上年预计平均单位成本测算计划年度可比产品成本，首先计算上年预计平均单位成本，其公式为：

$$某产品上年预计平均单位成本 = \frac{1\sim9月的实际成本 + 10\sim12月的预计产量 \times 10\sim12月的预计平均单位成本}{1\sim9月的实际产量 + 10\sim12月的预计产量}$$

然后按上年预计平均单位成本计算计划期可比产品的总成本。其公式为：

$$计划期可比产品的总成本 = \sum 各种可比产品上年预计的平均单位产品成本 \times 计划年度各种可比产品计划产量$$

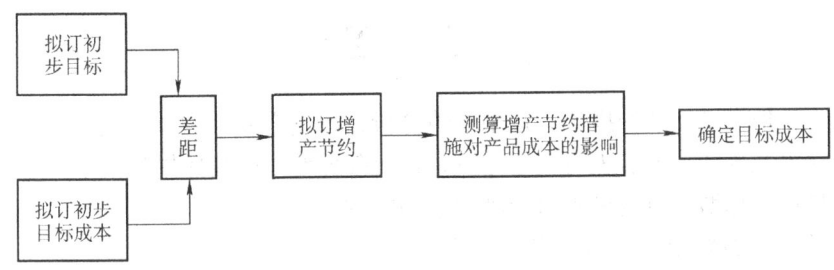

图9-2 可比产品成本预测的基本步骤

（2）按最近三年可比产品实际平均成本预测计划年度可比产品成本。其计算公式为：

计划期可比产品的总成本 = 近三年可比产品平均成本 × [1 ± 计划年度可比产品增减百分数]

（3）分解混合成本。为了使成本预测尽可能准确，可将成本分解为固定成本（如折旧费、维修费、保险费、管理人员工资等）和变动成本（如材料消耗和职工计件工资等）两部分。目前分解混合成本的方法通常有两种：

1）第一种：高低点法。

这是根据成本资料中产量最高和最低时的成本数据，来测算其固定成本费用和变动成本费用，其计算公式为：

$$y = a + bx$$

式中　x——产品产量；

　　　y——混合成本；

　　　a——固定成本，a = 总成本 - 单位变动成本 × 该期产量；

　　　b——单位产品（单位业务量）变动成本，一般用下式求得：

$$b = \frac{最高点产量的成本费用 - 最低点产量的成本费用}{最高点产量 - 最低点产量}$$

从以上计算公式可以看出 x、y 均为已知数，只要求出 b，就可以根据总成本和单位变动成本确定固定成本，从而进行成本预测。

2）第二种：运用"最小二乘法"。根据企业若干期产量和成本费用的历史资料，测算最新代表产量与成本费用之间关系的回归直线，由此分解混合成本。这种方法计算单位变动成本 b 如下式所示。

$$b = \frac{n\sum xy - \sum x \sum y}{n\sum x^2 - (\sum x)^2}$$

式中　n——期数。

固定成本 a 用下式求得：

$$a = \frac{\sum y - b\sum x}{n}$$

第三步：拟订增产节约措施。运用价值分析，改进产品结构及工艺，选择最佳经营方案，合理组织生产；最后进行费用分析，提出降低费用的具体措施。

第四步：测算增产节约措施对产品成本的影响。

(1) 测算材料费用降低影响成本的降低率：

材料消耗定额影响成本的降低率 = 该项费用占成本的百分数 × 该项费用降低的百分数

(2) 测算劳动生产速度大于工资增长速度而影响成本降低率：

$$成本降低率 = 生产工人工资占成本的百分数 \times \left(1 - \frac{1+平均工资增长的百分数}{1+劳动生产率增长的百分数}\right)$$

(3) 测算由于产量增加而形成费用的节约、成本降低。

当固定费用随产量的增加而略有增加时：

$$成本降低率 = 固定费用占成本的百分数 \times \left(1 - \frac{1+固定费用增长的百分数}{1+生产增长的百分数}\right)$$

当固定费用的增长幅度为零时：

$$成本降低率 = 固定费用占成本的百分数 \times \left(1 - \frac{1}{1+生产增长的百分数}\right)$$

(4) 测算废品率降低而形成的费用节约、成本降低。

3. 不可比产品成本的预测

(1) 技术测定法。根据设计结构、生产技术条件和工艺方法，确定产品成本，此法比较科学，但工作量大。

(2) 产值成本比例法或销售收入成本比例法。按照工业总产值或销售总收入的一定比例确定成本的一种方法。

(3) 金额测定法。根据产品价格的构成(成本、税金和利润)确定产品成本。

(二) 物流包装目标成本

1. 物流包装目标成本的作用与意义

目标成本是指一定时期内，产品成本应达到的目标，一般用数字表示的产品成本发展目标。这个目标是降低成本方面的奋斗目标。目标成本是一种预计成本，一般是指计划成本、定额成本。

通过对目标成本的控制，使成本工作的重点由被动的事后核算，转向主动的事前控制；由单一的生产过程控制，转向原材料采购设计、销售等全过程控制；由单一的费用管理，转向主要经济指标控制，从而显示出目标成本的预见性、全面性和科学性。

2. 物流包装目标成本的计算

目标成本是在市场调研与预测的基础上，根据价格变化及市场信息而确定的。其计算公式如下：

单位产品目标成本＝单位成品价格－单位成品目标利润－单位成品销售税金－单位产品预计费用

预计费用包括销售费用、管理费用、财务费用等。此外还可以先求出总目标成本，然后确定单位目标成本。其计算公式为：

总目标成本＝预计销售额－目标利润－应交销售利润－预计费用

$$单位产品目标成本 = \frac{总目标成本}{预计销售量}$$

3. 物流包装目标成本的管理

目标成本是现代管理的一种理论和制度，是以目标为基础的管理，即在一定时期内，不仅企业有总目标，而且各单位，每个人都有分目标的目标管理体系。它将管理的目的和任务转化为目标，将目标成本进行合理分解、控制，并努力去实现的一系列活动。

五、包装成本计划与控制

（一）包装成本计划

成本计划是财务计划的重要组成部分，是加强成本成费用管理的重要内容。编制成本计划，要以先进合理的定额为依据，留有余地，切实可行，服从企业发展和管理的需要。同时成本计划也是反映企业经营和管理的水平和质量指标。

1. 成本计划的主要内容

物流包装企业产品成本计划包括：①主要商品产品单位成本计划；②全部商品产品成本计划（按产品类别编制）；③全部商品产品成本计划（按成本项目编制）。

产品成本计划包括：①商品产品成本计划；②生产费用预算；③降低成本主要措施方案。

产品成本计划的主要内容如下：

（1）主要商品产品单位成本计划。该计划主要反映单位产品成本结构以及该产品在计划期内应达到的成本水平，它是根据主要生产经营产品分成本项目编制的。每个项目均应列出上年预计平均数、本年计划数、降低额及降低率。主要商品产品单位成本计划表见表9-1。

表 9-1　主要产品单位成本计划表

企业名称：　　　　　　　　　××××年　　　　　　　　　（单位：元）

成本项目	上年平均(预计)(1)	本年计划(2)	降低额(3)=(1)-(2)	降低率(%)(4)=$\frac{(3)}{(1)}\times 100\%$
原材料 其中：				
动力与燃料 其中：用电　　　　煤炭				
职工工资 其中：工序1　　　　工序2				
职工福利费				
废品损失				
制造费用 其中：工序1　　　　工序2				
管理费用				
合　计				

注：降低额、减低率均以降低值为正数，如果超支用负号表示。

（2）全部商品产品成本计划（按产品类别编制）。该计划是根据产品单位成本计划汇编而成的，用来确定全部商品产品总成本，包括可比产品总成本和不可比产品总成本。对于可比产品成本的管理，要求逐年降低成本，因此还要列出可比产品成本降低额和降低率。按产品类别编制的全部商品产品成本计划表见表 9-2。

表 9-2　全部商品产品成本计划表（按产品类别编制）

企业名称：　　　　　　　　　××××年　　　　　　　　　（单位：元）

产品名称	计量单位	行次	计划产品	单位成本		总成本			
				上年预计	本年预计	按上年预计平均单位成本计算	本年计划	降低额	降低率（%）
			(1)	(2)	(3)	(4)=(1)×(2)	(5)=(1)×(3)	(6)=(4)-(5)	(7)=$\frac{(6)}{(4)}\times 100\%$
1.可比产品 其中：　A产品　B产品		1 2 3							

(续)

产品名称	计量单位	行次	计划产品	单位成本		总成本			
				上年预计	本年预计	按上年预计平均单位成本计算	本年计划	降低额	降低率(%)
				(1)	(2)	(3)	(4)=(1)×(2)	(5)=(1)×(3)	(6)=(4)-(5)	(7)=$\frac{(6)}{(4)}\times100\%$
2.不可比产品 其中:C产品		4 5							
全部商品产品制造成本		6							

注：降低额、减低率均以降低值为正数，如果超支用负号表示。

（3）全部商品产品成本计划（按成本项目编制）。该计划是按成本项目编制的全部商品产品成本计划，编制时对可比产品、不可比产品要按成本项目分别计算，其中可比产品还要按项目列出按上年预计单位成本计算的总成本和按计划单位成本计算的总成本，以及成本降低额和降低率。按成本项目编制的全部商品产品成本计划表见表9-3。

表9-3　全部商品产品成本计划表(按成本项目编制)

企业名称：　　　　　××××年　　　　　　　　　　（单位:元）

成本项目	行次	可比产品计划总成本				不可比产品计划总成本	全部商品产品计划成本
		按上年预计平均单位成本计算	按本年计划单位成本计算	降低额	降低率(%)		
		(1)	(2)	(3)=(1)-(2)	(4)=$\frac{(3)}{(1)}\times100\%$	(5)	(6)=(2)+(5)
原材料	1						
动力与燃料	2						
职工工资及其福利	3						
废品损失	4						
制造费用	5						
管理费用	6						
全部商品产品制造成本	7						

注：降低额、减低率均以降低值为正数，如果超支用负号表示。

表 9-2 和表 9-3 求得的全部商品产品总成本应该相等。这两个计划中反映出的可比产品成本的降低额和降低率，也就是可比产品降低计划。

(4) 生产费用预算。它体现的是按费用要素反映的计划期内生产费用的支出总额。它由两部分组成：第一部分是反映费用要素计算的各项生产费用数额以及占费用总额的比重；第二部分是为调整计算部分，在生产费用总额的基础上加减有关调整计算部分，使生产费用总额与商品产品成本总额相等，以便于与全部商品产品成本计划相互核对。生产费用预算可以作为编制材料采购计划、劳动工资计划、流动资金计划等的依据，它不能为企业计算工业净产值和国家汇编国民经济计划提供资料。生产费用预算表见表 9-4。

表 9-4 生产费用预算表

企业名称： ××××年 （单位：元）

生产费用要表	行次	上年实际（预计）		本年计划	
		金额	占合计（%）	金额	占合计（%）
外购材料	1				
外购燃料	2				
外购动力	3				
职工工资	4				
职工福利	5				
折旧费	6				
维修费	7				
其他支出	8				
生产费用合计	9				
加：在产品、自制半成品期初金额	10				
减：在产品、自制半成品期末金额	11				
减：自制设备	12				
减：不包括在工业总产值内的生产费用	13				
商品产品制造成本	14				

2. 成本计划编制的程序和方法

物流包装成本计划编制与企业的核算体系和管理要求相一致。如果企业是一级核算，由财务部门编制成本计划。编制程序为：先收集资料，特别是耗用材料、劳动费用等各项定额和指标，然后编制单位产品成本计划，最后再按产品类别和成本项目分别编制商品产品成本计划。其详细程序见图9-3。这种方法适用于小型企业和管理水平较低的企业。

对于实行分级核算的企业，编制成本计划的主要特点是：间接地逐级累计进行编制费用预算，然后在由财务部汇总统一。其程序是：先由辅助车间（或分部、子公司）编制其费用预算及分配表，再由主要车间（或分部、子公司）编制各自的经费核算及分配表、车间成本计划，财务部同时编制管理费用预算，最后汇总编制成商品产品的成本计划及生产费用预算。分级核算的单位产品成本计划的编制程序详见图9-4。这种方法适用于大中型企业成本计划的编制。

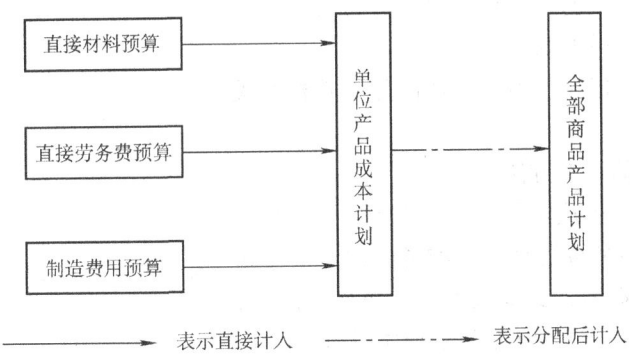

图9-3 一级核算的单位产品成本计划的编制程序

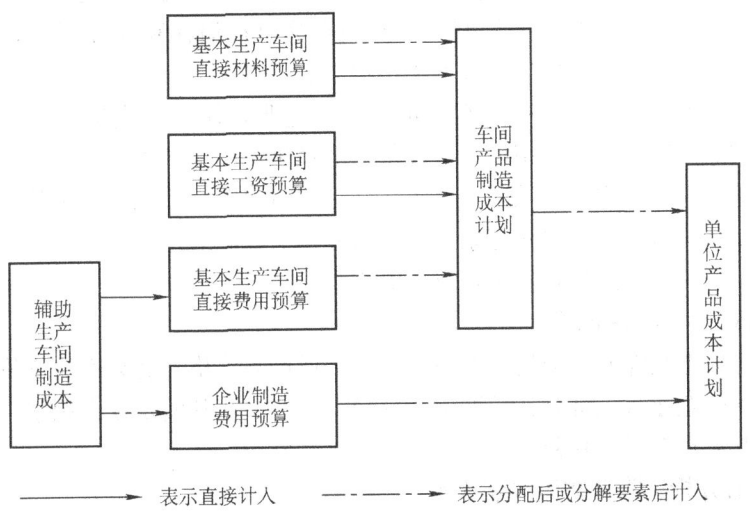

图9-4 分级核算的单位产品成本计划的编制程序

（二）物流包装成本控制

物流包装成本控制就是用科学的方法对生产经营活动中所发生的各费用进行有效的审查和限制，尽可能降低成本中各项费用的含量。

1. 成本控制的主要内容

一般产品成本控制分为以下三个阶段：

（1）事前控制。通过成本预测和成本计划进行。

（2）产品形成过程中的控制。通过费用开支的审批和发动群众进行监督。

（3）事后控制。对实际成本进行分析考核，总结经验发现问题，纠正偏差。

上述三个阶段相互联系，不断循环，其相互关系见图9-5。

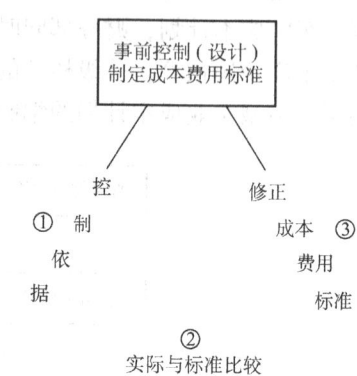

图9-5 产品成本控制三个阶段的关系

2. 成本控制的基本方法

（1）建立和完善成本管理的责任体系。建立、健全产品成本归口分级管理，在财务部门对成本进行集中管理的前提下，组织发生费用的各部门参加，实行全企业、全过程和全员的成本管理。

（2）原材料费用的控制。材料费用一般由两个主要因素构成，即消耗数量和采购成本。对材料消耗加强定额管理，降低材料费用支出；建立材料领退制度，防止虚报冒领和积压，建立严格的验收和保管制度，控制在途材料消耗和库存消耗。在材料采购时，规定材料价格差异率指标，以降低采购成本。

（3）劳务费用的控制。正确定编、定员，使企业既保证完成生产任务，使劳务费用支出不超过总定额，劳动费用增长率应低于劳动生产率的增长幅度。

（4）综合费用的控制。综合费用的控制是指对管理费用、销售费用、财物费用等项费用的控制。项目较多、内容庞杂，但相对固定。一般采用预算控制，根据各项费用开支标准编制费用，据此按月确定各单位的用款指标。

六、降低包装成本的途径

降低包装成本是降低整个物流费用，进而降低产品价格、提高产品竞争能力的重要前提；可以减少企业占压资金，扩大生产规模，增加企业利润及社会积累。降低物流包装成本的主要途径有以下几种：

1. 用价值分析法降低物流包装成本

价值分析法的目的在于：从品质、使用、耐用、技术、外观等方面考虑降低成本的可能性。通常所采用的价值分析法是比较法，检查分析的内容已在包装成本计划与控制中论述。

2. 采用机械化包装降低包装成本

机械化包装可以提高包装工作效率、节省人工成本费用，这在劳动力不足、劳动费用较高的地区是很有效的。另外，还应尽可能地提高机械设备利用率，充分利用生产设备，增加产量，减少折旧费用和其他固定费用的支出，制定先进的设备定额；加强机器设备的维修保养，提高设备完好率。

3. 改进包装设计，降低原材料和能源的消耗

产品设计是决定产品成本的先天性因素，合理设计能使产品在保证质量、充分发挥其功能的前提下，减少原材料、动力等消耗，缩短生产周期，提高劳动生产率。原材料一般占产品成本的比例较大，合理利用原材料，避免大材小用、优材劣用，可以降低物流包装的成本。除此之外，还应对包装容器进行修旧利废、回收复用，这样可以节省包装材料及包装容器制造费用，起到降低包装成本的作用。

4. 推行包装标准化，提高劳动生产率，降低包装成本

实现包装标准化，可以在保证包装质量的前提下，提高劳动生产率，同时可以降低运输、装卸等物流各环节的成本及管理费用，而且有利于节省包装材料及包装容器的再利用。另外，提高劳动生产率意味着单位时间内生产的产品数量增加，或生产单位产品所需要的社会必要劳动时间减少、单位产品成本降低。为了提高劳动生产率，除推行包装标准程度之外，还要不断采用新工艺、新技术、合理安排生产，改善经营管理及劳动组织，使单位产品成本降低。

5. 提高产品质量和工作质量，减少损失

在生产过程中努力提高产品质量及等级，防止和减少废品、次品的产生，这样不但能增加销售收入，同时也降低了产品成本。

在成本费用中还包含损失性开支，如季节性停工损失、维修停工损失、坏账（无法收回的账）损失、存货盘亏、损坏及报废损失，所以在提高产品质量的同时还需要提高工作质量减少上述损失支出，进而降低包装成本。

参考文献

[1] 刘作义,郎茂祥. 运输商务[M]. 北京:中国铁道出版社,2003.
[2] 沈志云. 交通运输工程学[M]. 北京:人民交通出版社,2000.
[3] 对外经济贸易大学. 国际货物运输实务[M]. 北京:对外经济贸易大学出版社,1999.
[4] 汝宜红. 物流学[M]. 北京:中国铁道出版社,2003.
[5] 现代物流管理课题组. 运输与配送管理[M]. 广州:广东经济出版社,2002.
[6] 朱新民. 物流运输管理[M]. 大连:东北财经大学出版社,2004.
[7] 朱隆亮. 物流运输组织管理[M]. 北京:机械工业出版社,2003.
[8] 孙家庆. 国际货运代理[M]. 大连:东北财经大学出版社,2004.
[9] 徐月芳,石丽娜. 航空客货运输[M]. 北京:国防工业出版社,2004.
[10] 吴育俭. 运输市场营销学[M]. 北京:中国铁道出版社,2004.
[11] 徐冠军. 水运危险货物安全与监督管理[M]. 上海:上海科学技术出版社,2001.
[12] 诸鸿. 现代商品包装学[M]. 北京:中国人民大学出版社,1994.
[13] 韩永生. 包装管理、标准与法规[M]. 北京:化学工业出版社,2003.
[14] 秦明森,王方智. 实用物流技术[M]. 北京:中国物资出版社,2001.
[15] 孙宏岭,武文斌. 物流包装实务[M]. 北京:中国物资出版社,2003.
[16] Edward J. Bardi,等. 运输管理[M]. 刘南,等译. 北京:机械工业出版社,2009.
[17] 尹章伟,等. 包装概论[M]. 北京:化学工业出版社,2003.
[18] 金国斌. 现代包装技术[M]. 上海:上海大学出版社,2001.
[19] 阎子刚. 物流运输管理实务[M]. 北京:高等教育出版社,2006.
[20] 朱强,阎子刚. 运输管理实务[M]. 北京:中国物资出版社,2006.
[21] 张理,李雪松. 现代物流运输管理[M]. 北京:中国水利水电出版社,2005.
[22] 杨家其. 现代物流与运输[M]. 北京:人民交通出版社,2003.
[23] 高自友,孙会君. 现代物流与交通运输系统[M]. 北京:人民交通出版社,2005.
[24] 秦明森. 物流运输与配送管理实务[M]. 北京:中国物资出版社,2006.
[25] 杜文. 物流运输与配送管理[M]. 北京:机械工业出版社,2006.
[26] 李勤昌. 国际货物运输[M]. 大连:东北财经大学出版社,2008.
[27] 徐丽群. 运输物流管理[M]. 北京:机械工业出版社,2007.
[28] 吴文一. 国际物流运输实务[M]. 上海:立信会计出版社,2006.
[29] 金戈. 运输管理[M]. 南京:东南大学出版社,2006.
[30] 王效俐. 运输组织学[M]. 上海:立信会计出版社,2006.